团结与尺度

——加缪"南方思想"的两个维度

郑轶伦 著

WUHAN UNIVERSITY PRESS
武汉大学出版社

图书在版编目(CIP)数据

团结与尺度:加缪"南方思想"的两个维度/郑轶伦著.—武汉:武汉大学出版社,2023.6

ISBN 978-7-307-23632-5

Ⅰ.团… Ⅱ.郑… Ⅲ.加缪(Camus,Albert 1913-1960)—哲学思想 Ⅳ.B565.59

中国国家版本馆 CIP 数据核字(2023)第 044191 号

责任编辑:黄金涛　　　责任校对:李孟潇　　　版式设计:马　佳

出版发行:**武汉大学出版社**　　(430072　武昌　珞珈山)

(电子邮箱:cbs22@whu.edu.cn　网址:www.wdp.com.cn)

印刷:湖北恒泰印务有限公司

开本:720×1000　1/16　印张:12.75　字数:181 千字　插页:1

版次:2023 年 6 月第 1 版　　2023 年 6 月第 1 次印刷

ISBN 978-7-307-23632-5　　定价:79.00 元

前　言

在《反抗的人》一书中，加缪提出"南方思想"用以克服 20 世纪欧洲的虚无主义。而该书在出版后所引起的巨大争议掩盖了"南方思想"的重要性，也给阅读加缪造成了不可小觑的误会。表面上，"南方思想"针对的是欧洲反抗运动发展为革命时的杀人行为，而用加缪自己的话概括，"南方思想"则可以表述为"人是否可以靠自己而创造出他的价值"。这一理念不是加缪阶段性的创作意图，而是其全部创作主旨的总括，可以追溯到加缪的全部创作中去，理解为人如何在自身的反抗中寻找属于自己的价值这一动机。

从"南方思想"所要面对的问题来看，从荒诞发展而来的反抗运动因为误入歧途，从而导致了欧洲的虚无主义境况，加缪试图以团结人类共同命运和平衡不同价值的"南方思想"来超越欧洲的虚无主义困境，因此"南方思想"形成了"团结"与"尺度"两个维度，前者为反抗之基础，后者为反抗之准则，两者合一试图在人的价值上给出确定的答案。而"南方思想"的这两个维度各自可以追溯到加缪创作中"快乐主义"的发展与对话陀思妥耶夫斯基两条线索之中，两条线索拥有各自的发展路径，最终在"南方思想"处合二为一。

在小说《快乐之死》中，加缪提出了一种"一定要快乐"的"快乐主义"，进而在《局外人》中，"快乐主义"从一种模糊的反抗意识发展为对自我的肯定与面对荒诞的快乐。在剧本《卡利古拉》和《误会》中，由荒诞带来的快乐面临着伦理的危机，从而使对快乐的追求变为悲剧。因此加缪一方面对快乐的含义进行修正，另一方面开始将快乐定位到人类共享的普遍价值上来。在《鼠疫》等中后期作品中，加缪展现了全新的以团结为基础的快乐理念，从而形成一条清晰的从荒诞快乐到团结快乐的发展线索。

在陀思妥耶夫斯基《作家日记》的启发下，加缪形成了对于荒诞的基本认识，进而在与《群魔》《卡拉马佐夫兄弟》以及陀思妥耶夫斯基本人的对话中确立了荒诞意识之下的自由理论。然而在 20 世纪欧洲新的局势之下，以原本的自由理论所进行的反抗运动已经不能维持反抗的本真性，加缪通过与陀思妥耶夫斯基的重新对话，提出"尺度"这一概念来修正反抗的局面，并在剧本《正义者》中塑造了符合"尺度"理想的反抗者形象，从而形成一条清晰的从荒诞自由到反抗尺度的发展线索。

经过两条线索的发展，加缪最终形成了"南方思想"，但"南方思想"作为"反抗系列"的最终成果，未必会是加缪创作的最终定论。"南方思想"本身即是一个运动的、生成的概念，而加缪的手记中透露了下一个以"爱"为核心的创作计划，暗示着加缪下一步的思想倾向。

目　　录

第一章　引言

1.1　选题意义

阿尔贝·加缪（Alber Camus），法属阿尔及利亚文学家，1957 诺贝尔文学奖得主。在加缪留下的两个"系列"中①，与一般读者的印象不同，并不是"荒诞系列"中的《西西弗斯的神话》(*Le Mythe de Sisypphe*)，而是"反抗系列"中的《反抗的人》(*L'Homme révolté*)，可以视作加缪在创作主旨和哲学思辨上最为成熟的一部作品。除去《反抗的人》之外，加缪从 1940 年代开始的种种作品，包括小说、剧本、散文等，都是围绕《反抗的人》中的问题而展开的。1957 年加缪获得诺贝尔文学奖的理由是"在他的重要著作中以明察而热切的眼光照亮了我们这个时代中人类良心的种种问题"，这同样是更侧重于他在"反抗系列"中所获得的成果。可以说，以艺术家成长路径的普遍规律来看，加缪在"荒诞时期"侧重于关注自己个人的内心，而到了"反抗时期"，加缪则开始成为一个关心全人类重要问题的成熟艺术家，其探讨的问题从个人的困苦与挣扎扩展到欧洲甚至是普遍人类的矛盾与

---

① 1950 年加缪在日记中将他的创作列为三个层层递进的系列，分别是"荒诞系列"、"反抗系列"和"涅墨西斯的神话"。1960 年因车祸意外去世，加缪没有完成第三个系列。反抗者之后加缪有《堕落》和《第一个人》两部小说问世，从内容上来说，《堕落》并不完全符合加缪对于第三系列的设想，而《第一个人》直到 70 年代才得以出版，属于未竟稿。见 Camus, Albert. *Carnets. Œuvres complètes IV*, Paris：Édition Gallimard, 2008, p. 1093.

困境。

虽然如此，《反抗的人》一书在 1951 年出版之后却与当时的期待几乎相反，很快就发生了那场世人皆知的和以萨特及其伴随者之间的争论，包括波伏娃(Simone de Beauvoir)、梅洛·庞蒂(Merleau-Ponty)等人在内的当时法国主要左翼知识分子都与加缪划清了界限。即使是大众读者，也对加缪在《反抗的人》中那种过于肯定的、带有命令色彩的气息感到疏远和模糊。随之而来的，也是可想而知的是，加缪在与萨特争论中的"战败"印象也在一定程度上影响到了学术领域，在随后的相当一段时间内，《反抗的人》仍旧不能获得较好的与较为中肯的评价。

虽然在《反抗的人》遭遇"滑铁卢"之后，加缪意志消沉了相当长的一段时间，甚至一度决定将余生的创作精力都用在舞台剧上。但是随着时间的推移，我们可以看到加缪在《反抗的人》中所讨论的问题，或者说他所担心的问题，正在不停歇地，甚至是愈演愈烈地在我们周遭发生着。而当时法国知识分子界带有强烈左翼倾向的知识分子之种种主张，在今天看来却并不完全正确。加缪在《反抗的人》以及围绕着《反抗的人》中所提出的问题而创作的一系列作品，在今天仍旧具有重大意义。当今的世界仍旧面临着如履薄冰一般的危险，意识形态的冲突、暴力与血腥的不断重现，仍旧是威胁人类价值的大问题。而加缪"反抗系列"中的种种作品，正是试图反思与解决人类社会所面临的这些问题的作品，在这些作品中加缪反复强调人类最珍贵的那些品质：自由、平等、爱、尊严，以及人的价值。

根据加缪两个系列的划分，对于这两个系列的研究也呈现出相区别的样态。对于"荒诞系列"的研究常常集中在形而上的部分，永无休止地推石头的西西弗斯的形象代表一种孤独的荒诞英雄形象，在这一形象的启示下，《局外人》(L'Étranger)中的莫尔索、《卡利古拉》(Caligula)中的暴君卡利古拉、《误会》(Le Malentendu)中的让，以及加缪小说处女作《快乐之死》(La Mort heureuse)中的梅尔所，都与西西弗斯的形象相呼应，代表了个人的一种精神求索状态。这种精神上的求索状态与这一时期加缪的主题词"荒诞"紧密联系在一起，形成了一种"在荒诞中孤独反抗"的形象。而对于

"反抗系列"的研究与前者出现较为不同的形态，常常集中在政治学领域与伦理学领域。《鼠疫》(*La Peste*)中的里厄医生、《正义者》(*Les Justes*)中的暴力革命组织，结合《反抗的人》中关于政治欧洲政治纷争的论述，集结为关于人的行动界限、国际政治行为中的善、殖民主义理论等等诸多话题。

然而这实际上是将加缪的整体创作人为割裂了。1955年《西西弗斯的神话》在美国出版时，加缪在前言中清楚地解释了这一问题："《西西弗斯的神话》标志着我一种反思的起点，这一反思将继续到《反抗的人》中……在《西西弗斯的神话》之后我的所有创作，我都在尝试追寻超越虚无主义的办法。"①一方面，这说明加缪的所有创作是序列性的，前期和后期呈现出一种一致性。"荒诞系列"和"反抗系列"并不是两个相异的主题，而是一种线性关系，正是因为发现了荒诞，所以才要反抗，而之所以要重新审视反抗，是因为反抗出现了问题。另一方面，这也说明这两个系列的创作归旨是同一的。虽然"荒诞系列"更加集中于形而上的反思，而"反抗系列"聚焦于欧洲的革命运动和战后欧洲氛围，然而两者的问题核心在加缪的创作谱系中始终归结到一个问题，即人如何创造属于自己的价值。从人的价值这一根本性问题出发，才得以发散开来，出现自由与正义等问题。

而加缪这种一致性，最终可以体现在"南方思想"(*La Pensée de midi*)上。"南方思想"是加缪在《反抗的人》一书中提出的最重要的结论。犹如西西弗斯的形象在《西西弗斯的神话》一书中作为结尾出现在最后一个章节一样，"南方思想"出现在《反抗的人》一书的最后，作为加缪用以克服由反抗导致的20世纪欧洲虚无主义的方法。以荒诞作为起点，人必须起而反抗，而"南方思想"用以纠正反抗的行为。因此，"南方思想"是作为加缪在"反抗系列"中一种总结性的概念而出现的。在"反抗系列"时期如小说《鼠疫》、剧本《正义者》以及时政评论杂文，都是加缪"南方思想"的一种表达。甚至在加缪诺贝尔文学奖的演讲中，也透露出他在"南方思想"中所得

---

① Camus, Albert. *Préface à l'édition americaine du Mythe de Sisyphe. Œuvres complètes III*, Paris：Édition Gallimard, 2008, p. 955.

出的结论。"南方思想"是加缪写作生涯在这一阶段的总结性成果。同时，"南方思想"不仅仅起到了连接加缪所有作品的作用，它甚至在一定程度上统率了加缪所有作品的意义。然而这部分内容在我们的阅读和研究中是不被重视的：总的来说加缪始终被认为是一个"荒诞家"，而不是一个"南方思想者"。众所周知的是，加缪的创作围绕着"荒诞"和"反抗"两个概念展开。在这两者中，荒诞是作为一种人与世界的关系被加缪确定下来，是一种定义性的概念。一旦这种概念被确定，除非加缪重新回到《西西弗斯的神话》中对其进行推翻和修改，否则的话荒诞将不会有较大的变动。事实上，加缪也从未否认过他在《西西弗斯的神话》中对于荒诞作为一个起点的确定。而反抗则是一种运动的、生成的、存在性的概念，它是变动不居、保持变化的，甚至是模糊、不确定的。在这一意义上，反抗概念留给我们的探讨空间无疑是远远大于荒诞概念的。我们纵观加缪的全部创作，可以发现虽然加缪自始至终都肯定荒诞作为一种起点的意义，但是实际上出现一种荒诞逐渐让位给反抗的变化。荒诞是确定的，而反抗作为一种行动，是容易出现错误和误入歧途的。也因此，在加缪的创作中，反抗的部分具有更多的模糊地带和探讨空间。所以，我们若是想要更加完善地理解和厘清加缪的创作和思想，反抗的理论以及"南方思想"是更加值得的切入点，也是更加重要的理论入口。

1.2 研究现状

郭宏安的《新中国 60 年的加缪小说研究》和李军的《加缪在中国的译介与研究》对加缪作品传入中国并逐渐获得影响的过程以及加缪在中国的学术研究发展作了非常细致的梳理和考据。其中值得我们注意的有三点：

首先，加缪的小说《局外人》最初在 1958 年由孟安从法文翻译成中文，以内部发行的形式出现在作家出版社上海编译所。直至 2002 年为了迎接加缪诞辰 90 周年，河北教育出版社出版了迄今为止最全面的 4 卷本中文版《加缪全集》，并于 2017 年由译林出版社以 7 卷本的形式重新发行。然而，这套《加缪全集》虽然被称为"全集"，实际上却仍旧缺失了一部分对于加缪研究来说十分重要的内容。与法国巴黎伽利玛出版社 2013 年版的 4 卷本《加缪全集》相比，国内的《加缪全集》明显缺失的比如有：加缪的三册手记、加缪为获得阿尔及利亚教师职位的论文《基督教形而上学与新柏拉图主义》、加缪在《战斗报》的一部分重要文章以及加缪的小说处女作《快乐之死》等。加缪的三册手记由浙江大学出版社于 2016 年以《加缪手记》的名字出版、论文《基督教形而上学与新柏拉图主义》由上海人民出版社于 2020年以《理性与神秘》的名字出版、小说处女作《快乐之死》由上海文艺出版社于 2016 年出版。但是加缪在《战斗报》写作并发表的文章至少有 130 篇以上（有一部分由于使用笔名不能确定是不是加缪所写），但中文《加缪全集》中只收录了加缪在生前集结出版的三册《时政评论集》，这里面只包括了 22篇文章。因此我们可以看到，虽然加缪作品的译介经过几十年的发展已经得到了非常好的成绩，尤其是他最著名的几部小说作品与散文作品甚至有超过 40 种的翻译版本，但是我们仍旧无法获得比较完整的中文版加缪作品全集。加缪在《战斗报》的杂文以及论文《基督教形而上学与新柏拉图主义》是研究加缪地中海思想与"南方思想"非常重要的文献，如果在中文世界没有很好的翻译与推介，势必会在这一研究主题上出现空缺。

其次，虽然加缪否认自己是一个哲学家，并且最喜欢称自己为艺术家，但是无论是作为普通的阅读对象，还是学院中的研究对象，加缪都无法避免同时被称为文学家与哲学家。这一情况也反映到了对于加缪作品的翻译问题上来。比如，根据李军的统计，在新千年以来，至少《局外人》就有 19 个以上的翻译版本，《西西弗斯的神话》有 15 个以上的翻译版本。在这些翻译者当中，除去有一些译者是加缪爱好者之外，有一些译者是哲学研究者，而另一些是文学研究者。而不同的译者对于加缪的翻译常常出现较大的不同，甚至会出现意义相反的情况。与加缪在英文世界有比较通行与固定的译本情况不同，在中文世界里加缪的作品实际上并没有一个最为通行的翻译版本，这对于研究加缪来说，在某种程度上也是一个需要解决的问题。

最后，加缪最初进入中文世界时被视作"荒诞派文学"，随后与萨特一起被称作法国存在主义作家。用"荒诞派"来定义加缪是一个明显的谬误，并且这一情形也影响到了学术界。1979 年《译林》第 1 期上刊登了冯汗津的《卡缪和荒诞派》，在其中冯汗津表示加缪的哲学核心是"世界是荒诞的，人生就是幻灭"。在随后易丹的《论加缪〈〈局外人〉中主人公的冷漠》、张荣的《荒诞的人生——评加缪〈〈局外人〉》等论文中，都继承了这一理解倾向，认为加缪的"荒诞哲学"乃是一种消极的、无所作为的理论。这种情况直到 90 年代才得以出现一些纠正。但是在 21 世纪，仍旧有这种情况的影响，如在 2013 年，仍旧有学者指出"加缪是荒诞派文学的代表"。

综上所述，面对中文世界加缪的译介与研究情况，我们首先是要注重加缪法文版著作，其次是面对我国对于加缪研究历史上的一些谬误与偏差，我们也需要注意与警惕。

另外，值得注意的中文研究有：郑克鲁的《加缪小说创作简论》，其中提出加缪小说中的两大主题为对荒诞的认识和对命运的反抗；张静的《论加缪的死亡哲学》，其中表示加缪的反抗是一种海德格尔式的"向死而生"；黄晞耘的《重读加缪》、王洪琛的《荒诞的人——加缪文学思想研究》、郭宏安的《阳光与阴影的交织——郭宏安读加缪》等等。

李元的博士论文《加缪人本主义新哲学探要》从人本主义的角度研究加缪的思想，在哲学的意义上分析了加缪思想当中的人本主义内涵。人本主义作为加缪思想中的一个重要部分，和他的地中海思想与"南方思想"有一定的重叠之处。2010 年举行的"纪念加缪逝世 50 周年学术研讨会"上，首都师范大学的黄晞耘教授作了关于加缪的报告，在刊登于 2010 年第三期《法国研究》的《"纪念加缪逝世 50 周年学术研讨会"纪要》上，黄晞耘教授的报告被概括为三点：（1）荒诞哲学仅仅是其思想的出发点，地中海式的人道主义思想才是加缪的主要贡献；（2）加缪和萨特在信仰上大相径庭，加缪在否定上帝之后并未走向虚无主义，而是坚持要有人间信仰，承认共同的永恒价值标准；（3）阿尔及利亚孕育了他的人生观、反抗精神和人道主义精神，对他的思想和创作有着深远的影响。《纪要》中的这三点对于中文世界的加缪研究来说是一个重要的新认识，但是对于这三点中的任何一点而言，现在中文世界中并没有详细地展开研究。

被称作古希腊四大美德的正义、勇敢、谨慎、节制都是加缪写作的主题，在反复阅读加缪的过程中，我们可以清晰地感觉到加缪的古希腊源泉，或者说是地中海思想，作为一种历史背景与气息出现。同时这种古希腊源泉常常作为一种基督教文化的反面出现。对于这一方面的研究论文与著作并不多，但是有一些值得注意。亨利·拜尔（Henri Peyre）的《异教徒加缪》（*Camus the Pagan*）、西蒙·弗赖斯（Simone Fraisse）的《从卢克莱修到加缪，反抗的矛盾》（*De Lucrce à Camus，ou les contradictions de la révolte*），沃特·斯特劳斯（Walter Strauss）的《加缪的卡利古拉：古代来源与现代同辈》（*Albert Camus' Caligula：Ancient Sources and Modern Parallels*）等几篇论文提到了加缪的古希腊文化源泉，细致论述了加缪文学形象的古希腊对应。但是这几篇论文并没有将加缪思想作为一个整体来进行反思。

约瑟夫·麦克布莱德（Joseph McBride）的专著《阿尔贝·加缪：哲学家与文学家》（*Albert Camus：Philosopher and Litterateur*）专门研究了《局外人》与《西西弗斯的神话》两部作品与奥古斯丁和尼采之间的联系，麦克布莱德认为奥古斯丁和尼采都代表了一种希腊化的文化，体现在加缪的身上。麦克布莱德最终得出的结论是，加缪的核心观点在于拒绝基督教式的终极意义与道德上的中立，但是麦克布莱德得出这种结论的一个重要原因是他并没有将加缪后期的著作加入考量，如果引入《反抗者》中的观点的话，也许会得出不同的结论。

沃克（I. H. Walker）在论文《加缪、普罗提诺和"故乡"：神话的重建》（*Camus，Plotinus，and "Patrie"：the Remaking of a Myth*）中研究了加缪早期的两部散文集《反与正》《婚礼集》中对普罗提诺的引用。沃克表示加缪对于古希腊文化是有着仔细的研究的，加缪身上所体现出来的对于古希腊的熟悉，并不同于他对于胡塞尔等德国哲学家的熟悉程度。但是在另一部由保罗·阿尔尚伯（Paul Archambault）所写的专著《加缪的希腊源头》（*Camus' Hellenic Sources*）中，作者得出了相反的观点。保罗·阿尔尚伯对加缪所谓的"地中海思想"是不是真正意义上的古希腊文化提出了质疑，尤其认为加缪大部分古希腊知识都是一种谬误。总的来说，加缪的古希腊思想仍旧应该放到他整体的作品中去考察，尤其加缪在出版《反抗的人》之后，古希腊的气息在某种程度上显得更加浓重。

尼尔·福克斯李（Neil Foxlee）的《阿贝尔·加缪的'新地中海文化'》（*Albert Camus's 'The New Mediterranean Culture'*）是重要的研究加缪前期"南方思想"起源的专著。早在1937年加缪曾为阿尔及尔文化宫的开幕撰写了文章《新地中海文化》，尼尔·福克斯李的著作以这篇简短的文章作为研究中心，由此发散看来，将加缪的全部思想贯穿起来。这同路易斯（R·W·B·Lewis）的观点不谋而合，即加缪是这样一种作家：他的不同作品构成一个整体，并且每一部都互相照亮。每一部作品都是其他作品必要的一部分，同时这一部中也包含其他作品。对于加缪来说，一部作品往往可以作为另一部作品的解读，甚至是作为另一部作品的注脚，反之亦然。尼尔·福克斯李提出了两个重要的观点，其一为加缪后期的"南方思想"中所谓的"地中海"，代表的是一种"安静"（la silence）的气质，这种"安静"的气质可以一直往前追溯到《新地中海文化》与加缪早期的散文集《反与正》；其二为对于加缪地中海思想的研究，多数只局限于加缪早期的思想，而忽略了其后期的思想。另外，尼尔·福克斯李的一个重要的研究提示在于，在以往研究中，要么认为加缪是一个自由人道主义者，要么认为加缪是一个西方殖民主义先见者，但尼尔·福克斯李反对这种观点，他采用了第三种更为平衡与温和的方法来看待加缪。

索菲·巴斯蒂昂（Sophie Bastien）的著作《卡利古拉和加缪：超历史的影响》（*Caligula et camus：Interférences transhistoriques*）是重要的研究加缪早期写作与加缪古希腊渊源的文本。索菲·巴斯蒂昂从历史上的卡利古拉出发进行研究，探究卡里古拉形象的演变过程以及最终如何在加缪的写作中被其按照自己思想要求来进行改写。索菲·巴斯蒂昂认为卡利古拉作为"前荒诞"（pré-absurde）的形象，对于加缪构建荒诞理论有重要的作用，不仅如此，如若将卡利古拉的形象作为起点，其中的延续性可以一直贯穿到加缪最终的政治伦理主张。卡利古拉的形象包含了加缪的荒诞、反抗、上帝、革命、南方思想等所有重要的关键词。索菲·巴斯蒂昂研究的特点在于，从卡里古拉这一形象出发，贯穿了加缪创作中几乎所有重要的概念，在整体性研究上是一个重要的范本。

局外人作为加缪研究的一个重点，其中的论文不下千篇，关于本研究的主题比较重要的论文包含：伊曼努尔·罗伯雷（Emmanuel Roblés）的《加缪，我们的年轻岁月》（*Camus, our youthful years*），让·丹尼尔（Jean Daniel）的《加缪和陀思妥耶夫斯基的天真》（*Innocence in Camus and Dostoievsky*），弗朗茨·佛弗（Frantz Favre）的《〈局外人〉和存在焦虑》（*L'Etranger and 'Metaphysical Anxiety'*），阿尔贝·王德（Albert Wendt）的《发现局外人》（*Discovering The Outsider*），克里斯蒂娜·阿舒赫（Christiane Achour）的《加缪和阿尔及利亚作家》（*Camus and Algerian Writers*）等。另外，阿黛尔·金（Adele King）为其主编的论文集《五十年来的加缪〈〈局外人〉〉》（*Camus's L'Etranger: Fifty Years On*）所撰写的前言《五十年之后，仍旧是局外人》（*After Fifty Years, Still a Stranger*）介绍了加缪《局外人》的总体研究情况，可作为一份较为细致的文献综述来看待，但是该论文集中所收录的关于诸如《局外人》叙述学研究等论文对本研究来说并不是最重要的文献。

伊曼努尔·安妮·凡伯赫（Emmanuelle Anne Vanborre）主编的论文集《阿尔贝·加缪写作中的独特性和复杂性》（*The Originality and Complexity of Albert Camus's Writings*）作为近年来重要的加缪研究论文集，集结了从不同角度研究加缪的论文。其中有几篇重要的论文值得我们注意。奥赫里·巴吕（Aurélie Palud）的《〈鼠疫〉的复杂性和现代性》（*The Complexity and Modernity of The Plague*）提供了对加缪小说《鼠疫》的一种现代性阅读视角，认为《鼠疫》不能再仅仅被视作是对德国纳粹的一种影射，其写作本身是杂合性的、多义性的、复杂性的。奥赫里·巴吕得出的结论是《鼠疫》描述的正是我们现代性的生活，所反映的也是我们现代性的哲学和文学问题。米歇尔·本内特（Michael Bennett）的《加缪的未知遗产：或者是"我正在经历一个存在性危机！"难道不是一个加缪式的危机吗？》（*Camus's Unbeknownst Leg-*

acy：*Or*，"*I'm Having an Existential Crisis！*"*Don't You Really Mean a Camusian Crisis?*）将萨特的虚无主义存在论和加缪的荒诞思想作了一种新的融合，试图让两者不再相互冲突，以此分析了两者对于 20 世纪的哲学、文学、艺术等领域的影响。马修·宝客（Matthew Bowker）的《西西弗斯式的愤怒和对哀伤的拒绝》（*Sisyphean Outrage and the Refusal to Mourn*）从心理学的角度分析了我们对于哀伤过程的加缪式理解，认为加缪的写作提供了现代人面对哀伤过程的一种重要方法，在此基础上，马修·宝客认为对于哀伤过程的理解，是我们解读加缪作品的关键，除此之外，也是在更广义的范围上理解传统文学、戏剧、哲学的重要途径。阿拉塞莉·埃南德斯-拉赫舍（Araceli Hernández-Laroche）在《阿尔贝·加缪交战的二十世纪：从他的祖先西班牙到他的地中海乌托邦》（*Alber Camus's Warring Twentieth Century：From His Ancestral Spain to His Mediterranean Utopias*）中分析加缪与地中海周围的种种关系。马马杜·阿波杜来伊·李（Mamadou Abdoulaye Ly）在《阿尔贝·加缪的夏天：镜中小说的散文》（*Summer by Albert Camus：The Essay in the Mirror of Fiction*）一文中对加缪的短篇小说集《夏天》中的古希腊形象进行了细致的分析，论述了加缪是如何使用古希腊文化源头来进行写作的过程，并阐述了古希腊文化对于加缪文学与哲学思想的重要影响。托马斯·艾普斯坦（Thomas Epstein）在《折磨的阴影：加缪的陀思妥耶夫斯基》（*Tormented Shade：Camus's Dostoevsky*）一文中表示尽管对于加缪来说，他对于陀思妥耶夫斯基的写作有其自己的改写，但是陀思妥耶夫斯基对于加缪来说仍旧是好像火炬一样的存在。该论文梳理了陀思妥耶夫斯基对于加缪的整体影响，重点在于整理出了以前对于加缪和陀思妥耶夫斯基关系研究中所没有提及的相当一部分内容。

进入 21 世纪以来，可以参考的重要论文收入于两本论文集中。一为马修·夏普（Mathew Sharp）主编的《加缪、哲学家：回到我们的开端》（*Camus，Philosophe：To Return to Our Beginnings*）；二为克里斯蒂娜·马格利森（Christine Margerrison）、马克·奥姆（Mark Orme）、丽萨·林肯（Lissa Lincoln）主编的《21 世纪的阿贝尔·加缪：新千年初对加缪思想的重新评估》(*Albert Camus in the 21st Century*：*A Reassessment of His Thinking at the Dawn of the New Millennium*)。后者是于 2004 年在巴黎举办的一次加缪会议论文集，这次会议以加缪思想中关切到当代社会的"现实问题"为主题而举办。诚然有评论家指出该论文集的最大问题在于这场会议在法国巴黎举办，却没有充分使用当时最新出版的《加缪全集》(*Pléiade Camus*)。但是文集中的一部分论文仍旧展现出对加缪写作与当代问题之间关系的重要思考。如凯文·纽马克(Kevin Newmark)的《不可言说：加缪小说所不能告诉我们的伦理学和政治学》(*Tongue-tied*：*What Camus's Fiction Couldn't Teach Us about Ethics and Politics*)、约恩·布瓦瑟(Jørn Boisen)的《快乐主义和伦理学：一种矛盾的加缪主义?》(*Hédonisme et éthique*：*un paradoxe camusien?*)、热哈蒂内·蒙哥梅里(Geraldine F. Montgomery)的《超越道德：加缪主义的道德和超越思考》(*Plus loin que la morale*：*considérations sue la quête cambrienne d'une éthique et d'un au-delà*)、约翰·弗雷(John Foley)的《阿贝尔·加缪和政治暴力》(*Albert Camus and Political Violence*)等等。

对于加缪研究来说，另一个重要的问题在于，文学化的分析常常忽略了加缪思想中的哲学倾向，而哲学化的研究又常常过多关注于纯粹理论的问题。前者如大卫·斯布莱岑(David Spritzen)的《加缪：一个批判性研究》(*Camus*：*A Critical Examination*)，后者如杰弗雷·伊萨克(Jeffrey C. Issac)的《加缪和现代反抗》(*Camus and Modern Rebellion*)以及李元的博士论文《加缪人本主义新哲学探要》。加缪并不是一个严格意义上的理论哲学家，也没有学院式的哲学论著，但是我们在对加缪进行研究的时候却不能离开他的哲学思想，必须将两者结合起来考量，这是加缪自身的特点。

对于比较研究，与本研究相关的亦有三本重要文献。一是罗伯特·所罗门(Robert C. Solomin)将加缪和萨特及其存在主义进行比较研究的《黑暗感受、阴冷思想：对于加缪和萨特的经验和反思》(*Dark Feelings*，*Grim Thoughts*：*Experience and Reflection in Camus and Sartre*)，二是雷·戴维森(Ray Davison)研究加缪和陀思妥耶夫斯基关系的《加缪：陀思妥耶夫斯基的挑战》(*Camus*：*The Challenge of Dostoevsky*)，三是弗兰茨·法福(Frantz

Favre）研究加缪与尼采主义传统的《蒙特朗和加缪：一个尼采主义传统》
（*Montherlant et Camus：Une Lignée Nietzschéenne*）。

1.3 研究思路

本研究将分为五个章节进行。除去第一章引言中的选题意义和文献综述之外，第二章将集中于"南方思想"的含义、渊源、维度等方面的问题进行研究。作为一种思想或者概念，"南方思想"围绕《反抗的人》一书中所论述的反抗问题展开，首先是加缪关于反抗的一种思想。"南方思想"的目的是为了纠正反抗运动中所出现的虚无主义问题，所以在"南方思想的含义"这一层面上，需要我们仔细厘清加缪对于反抗的论述，即在20世纪欧洲反抗出现了什么问题。同时，"南方思想"并不仅仅是作为《反抗的人》一书中的一个概念出现的，他实际上是加缪创作整体的一种思路或者气质，"南方思想"可以放入加缪的整体创作中去理解。所以，在这一章中我们要从概念意义上和思想意义上两个方面去理解"南方思想"。

在《反抗的人》一书中，加缪论述反抗历史的部分分为"形而上的反抗"（La Révolte métaphysique）和"历史的反抗"（La Révolte historique）两个章节。在"形而上的反抗"这一部分中，加缪梳理了反抗运动在发展成革命运动之前的历史逻辑，而这一部分在一定意义上也囊括了加缪自己前期的思想发展路程，在这一部分之后，反抗发生了一种突然的转折，成为一种"历史的反抗"，而这是20世纪出现虚无主义的焦点。因此，这部分既可以看成加缪对于反抗运动的分析，也可以看作是加缪自己思想的一个发展历程，要完整地理解南方思想，我们需要对这一部分内容进行梳理。

总结加缪对于反抗的观念，"南方思想"可以从团结和尺度两个维度来理解，团结作为反抗的基础出现，而尺度作为反抗的一种规则约束自身。在这一章的第三部分我们将厘清这两个维度的含义和两个维度之间的相互关系，并且揭示这两个维度各自在加缪创作中的渊源。"团结"和"尺度"各自在加缪的创作过程中形成一条线索。"团结"的维度从加缪最早创作中的

"快乐主义"发展而来，而"尺度"的维度从加缪与陀思妥耶夫斯基的对话中发展而来。两者各自形成一条发展线索，并且关联到加缪那些最为重要的思想，并且最终在"南方思想"处合二为一。

第三章将集中论述"南方思想"第一个维度的线索，即加缪如何从最初的快乐主义发展到团结的理论。"快乐主义"最早在加缪的处女作小说《快乐之死》中被提出，主角梅尔所在小说中以一种尼采式的口号"快乐意志"（la volonté de bonheur）来寻找快乐，并且要求连同死亡也是快乐的。快乐的问题在《快乐之死》中虽然仍旧是模糊的，但是它与加缪"荒诞系列"中的作品有紧密的联系。《局外人》中的莫尔索同样面临了死亡的境地，而在小说的最后也感到一种快乐。两种快乐之间可以找到加缪最初的创作动机与冲动。因此这一部分将论述对快乐的追求在加缪早期作品中所象征的含义，以及在这种追求背后暗示的价值及其留下的问题。《快乐之死》可以作为加缪在快乐问题上的起点，而《局外人》则是《快乐主义》经过加缪修改之后对快乐主义的一种发展和明确。

剧本《卡利古拉》和《误会》是加缪开始反思快乐的作品，在这两部作品中，主角的目的依旧是希望寻找快乐。但在他们的失败中，加缪已经开始反思其中的原因，并且加入了其他的角色来与寻找快乐的主角进行对话，表现出一种用对话解决快乐悲剧的倾向。因此这部分内容将集中于论述加缪在创作中如何反思快乐主义中隐藏的问题，以及加缪如何尝试修正其中的缺陷。《卡利古拉》中第一次出现了与寻找快乐的主角持相反态度并且与其争锋相对的人物，而《误会》则是从反面描述了在《快乐之死》和《局外人》中那种孤独的快乐其失败的必然性，一方面加缪将快乐含义转变为一种现世的快乐，而不再是以往那种关于形而上的快乐，另一方面加缪提出了一种对清醒对话的要求。

在《鼠疫》《反抗的人》以及"反抗系列"时期的一系列散文中，加缪经由对于对话的要求，发展出一种基于人类普遍共享的、共同分有的团结理论，基于这种团结的意识，快乐才是有可能的。因此这一章节的最后部分将集中论述作为"南方思想"维度之一的团结如何在加缪的创作中体现，其中《鼠疫》作为加缪这时期的重要小说作品，突出体现了团结在人类面对荒诞境遇时的重要性。同时，从快乐主义一直发展到团结的反抗，加缪自身思想也一直处于修正的过程中，孤独的快乐形象终究被加缪摒弃，成为一种普遍的快乐。

第四章将集中论述"南方思想"第二个维度的线索，即加缪如何在与陀思妥耶夫斯基(Fyodo Dostoevsky)的对话中得出尺度的理论。作为加缪思想奠基的哲学散文《西西弗斯的神话》可以看作是一场与陀思妥耶夫斯基的初始对话。这种对话可以分为三个方面来看待。首先，《西西弗斯的神话》中荒诞概念的提出，与陀思妥耶夫斯基《作家日记》(*The Diary of a Writer*)中对于几次俄国自杀事件的记录有紧密的关系。加缪从《作家日记》中继承了被他称为荒诞感的形而上焦虑。其次，陀思妥耶夫斯基小说《群魔》(The Devils)中的基里洛夫、斯塔夫罗金和《卡拉马佐夫兄弟》(*The Brothers Karamazov*)中的伊万·卡拉马佐夫在这一时期被加缪认为是意识到荒诞之后进行反抗的典型人物。因此，《西西弗斯的神话》中对于反抗的论述则展现出与这三个角色对话的形式。然而加缪对陀思妥耶夫斯基的态度又是复杂的，在继承了对于荒诞感的揭示之后，采取了与陀思妥耶夫斯基全然不同的应对荒诞之方法，采取了强烈拒斥陀思妥耶夫斯基回到宗教信仰路径的方法。因此，本章这一部分将论述加缪在"荒诞系列"中与陀思妥耶夫斯基的对话，这种对话中既包括继承的关系，又含有反对的态度。

在加缪的"反抗系列"时期，由于欧洲局势的大幅度变化，暴力与杀人事件遍布，加之加缪自身饱受战争之苦，其对于反抗的态度有了极大的转变，在这时加缪重新开始审视自己的反抗理论，以及跟陀思妥耶夫斯基的关系。因此，加缪在"反抗系列"中重新与陀思妥耶夫斯基展开对话，试图在陀思妥耶夫斯基中找到应对欧洲局面的方法。这时期加缪将主要的论述集中在《卡拉马佐夫兄弟》中的伊万·卡拉马佐夫身上，并且对伊万进行了重新的审视。加缪这时对于伊万的态度分成赞同和反对两个部分，即伊万身上一方面仍旧有面对荒诞的反抗精神，而另一方面则在反抗过程中任意使用自由从而走向绝对。这是一次彻底的重新对话，伊万·卡拉马佐夫不再是加缪在"荒诞时期"所肯定的反抗英雄，而是一种将反抗带入歧途的角色。因此，加缪在与陀思妥耶夫斯基的第二次对话中，尤其在重新审视伊万这一角色时，修正自己的反抗观点，提出"南方思想"中的第二个要求，即尺度。在这种对话中，加缪创作出了一部崭新的陀思妥耶夫斯基意义上的剧本《正义者》。因此这一部分将集中于论述加缪第二次于陀思妥耶夫斯基的对话，尤其是加缪对伊万·卡拉马佐夫的重新审视，进而我们将进入到《正义者》的创作中去，找到尺度这一含义在"南方思想"中的作用。

作为结论部分的第五章将总结加缪"南方思想"两个要求在各自维度中的发展，以及加缪"南方思想"的意义与作用，同时尝试提出"南方思想"所遗留下的问题。加缪在"荒诞系列"和"反抗系列"之后仍旧有长足的创作计划，根据我们对前两个系列的分析与论述，未尝不可以对加缪原本接下来的计划作一些设想。

对于普遍的读者来说，加缪的身份是一位小说家，以《局外人》《鼠疫》等小说著名，诺贝尔文学奖给予加缪的身份是小说家和剧作家。而加缪同时又是一位以"荒诞"为名的哲学家，相当数量的人也认为他是一个存在主义者。此外，加缪同时亦有"道德学家""伦理学家""地中海主义者"等种种身份。这种身份的多样性并不是没有原因的。加缪自身认为，文学的创作实则是为了体现一种可以实践的哲学思想，哲学与文学的关系在加缪看来是紧密的，合二为一的。这种态度可以追溯到启蒙时期的伏尔泰身上，是法国知识分子一个重要的文学与哲学相结合的传统，加缪自然不是例外。另外，加缪所提出的思想与强调的概念是众多的，甚至是繁杂的，这又造成了加缪各种思想散布在不同创作中的情况。因此，对于加缪的研究势必是要采取一种文学与哲学相结合的方法，一方面从加缪的哲学思想来看待其文学作品，另一方面从加缪的文学创作来对照其哲学思想。

第二章 "南方思想"的含义与维度

2.1 "南方思想"的含义

《反抗的人》一书从开始构思到最终付梓，加缪花了将近10年时间①。准确来讲，"南方思想"除了作为一种概念在《反抗的人》最后一章被提出之外，也是加缪很长一段时间的写作主旨与文字气质，甚至在地理概念上，加缪也顽固地区分自己出生的地中海地区与欧洲大陆的区别。所以要理解"南方思想"的含义，势必要从两方面来考察其含义，在整体上对加缪的创作进行一定的把握。

2.1.1 《反抗的人》中的"南方思想"

如同西西弗斯作为一个总结性的形象出现在《西西弗斯的神话》最后一章那样，"南方思想"出现在加缪《反抗的人》最后的同名章节中。虽然两部作品的出版相隔了近十年，但是加缪这种在不同时期的创作对称性显然是有意为之②。这种创作上的构思同样带给我们阅读的思路。面对荒诞以及

---

① 加缪关于《反抗的人》的写作笔记最早出现于 1942 年的日记中，在 1951 年 3 月 7 日的日记中加缪表示《反抗的人》初稿完成，见 Camus, Albert. *Carnets. Œuvres complètes IV*, Paris：Édition Gallimard, 2008, p. 1105。

② 《西西弗斯的神话》和《反抗的人》都由法国巴黎伽利玛出版社出版，《西西弗斯的神话》出版于 1942 年，《反抗的人》出版于 1951 年。称之为"有意为之"，是因为除去这两部作品的结构有对称性之外，加缪在这两个时期的其余创作也同样具有对称性。比如这两部作品各自构成一个系列，分别为"荒诞系列"和"反抗系列"，每个系列都包括散文、小说和戏剧三种不同类型的创作。

随荒诞而来的自杀危机，西西弗斯是加缪在早期认为的最佳形象；同样，面对反抗事业误入歧途的情况，"南方思想"是加缪在这一时期所认为的最佳选择。

在《西西弗斯的神话》中，加缪并没有对西西弗斯作直接定义性的描述，而只是在最后表示："应当想象西西弗斯是快乐的。"①西西弗斯究竟快乐与否，仿佛成为了我们解读《西西弗斯的神话》，乃至整个"荒诞系列"的钥匙。我们同样可以发现，在《反抗的人》中，加缪虽然以"南方思想"命名了整个最后一章，但是也没有给"南方思想"下直接的定义。关于"南方思想"，加缪留给我们的是："人性中不可战胜的愿望，地中海保存着这一秘密，在那里智慧与炙热的阳光相伴。"②

因此，"南方思想"中有两个关键词，即"阳光"与"智慧"。"阳光"是贯穿加缪全部写作的重要意象，出现在包括散文、小说、戏剧，甚至日记的所有写作中。在《反抗的人》中，加缪对于"阳光"这一意象的描述是"反抗的人所分享的共同斗争与共同命运"③。首先，反抗是我们的基本生活形式。根据加缪在《西西弗斯的神话》中得出的结论，一个人如果没有选择自杀，那么留给他的其余选择就只能是反抗。在《反抗的人》中，加缪用笛卡儿式的定义来描述反抗的事业："我反抗，故我们存在。"④在加缪看来，反抗是存在的最先基础，是不可怀疑的第一原则。因此，人的反抗是一种宿命式的结果，人不能作其他任何选择，这种反抗是一种"命运"。其次，加缪在《反抗的人》中同样像笛卡儿那样，在确立了第一原则之后，开始使用演绎的方式来建立自己的理论大厦。如同笛卡儿从他的第一原则演绎出

① Camus, Albert. *Le Mythe de Sisyphe. Œuvres complètes I*, Paris：Édition Gallimard, 2008, p. 304.

② Camus, Albert. *L'Homme révolté. Œuvres complètes III*, Paris：Édition Gallimard, 2008, p. 318.

③ Camus, Albert. *L'Homme révolté. Œuvres complètes III*, Paris：Édition Gallimard, 2008, p. 323.

④ Camus, Albert. *L'Homme révolté. Œuvres complètes III*, Paris：Édition Gallimard, 2008, p. 79.

两个确定存在的实体一样，加缪从"我反抗，故我们存在"所得到的第一条反抗要义就是人类共同的、普遍的反抗命运，即"团结"（solidarité）："在思想的序列中，反抗扮演着'我思'的角色，是第一条命题。它使人脱离孤独，将首要的价值建立在所有人身上。"①因此，"阳光"的意象在这里既是一种关于团结的思想，也是一种关于团结的命运。

然而，人类的反抗事业并不总是能够沐浴在阳光之下，20世纪的欧洲就遭遇了以"逻辑的杀人"为表现的极端虚无主义，地中海的阳光随时伴随阴影。加缪生活在动荡的年代，出生不久其父亲就在"一战"中身亡，随后依次而来围绕着加缪的是第二次世界大战、西班牙内战、苏联清洗运动，以及故乡阿尔及利亚的独立战争，这一系列事件造成的结果是一个生灵涂炭的欧洲，人类失去了共同的团结与命运，陷入了虚无主义的状态。在《反抗的人》中，加缪将这种人类共同团结丧失的原因归结为反抗没有保持其本真性，误入歧途，从而导致杀人。在这种情况下，我们需要加缪所谓的"地中海的智慧"来找回和维持反抗的本真性，这种智慧被加缪称为"尺度"②。

在《反抗的人》中加缪用大量篇幅描述了"形而上的反抗"和"历史的反抗"两种反抗进程，用以说明反抗的事业如何在历史进程中误入歧途，从而造成现今的结果。在西方社会经历了启蒙之后，上帝失去了其本来的作用和位置，人们失去了一种垂直向上的超越性保障。而这种保障的失去造成了人们价值上的空虚，因此根据启蒙思想带来的新世界观，人们将这种保障寄托在以时间为单位的历史进程中。这时就出现了一种以"绝对历史"（histoire absolue）为标准的反抗，人们相信在历史的终点必将出现崭新的美好社会，这种原本由上帝所保障的美好未来成为了历史的终点。在这种情

---

① Camus, Albert. *L'Homme révolté. Œuvres complètes III*, Paris：Édition Gallimard, 2008, p. 79.

② 尺度（mesure）一词作为名词，在法语中解释为"行动和判断的节制与适度"。加缪有时候将它与"过度（démesure）"并列做形容词使用，这种情况话亦可翻译成"节制"。

况下，"人们放任本能，以效率为先，并且蔑视智慧"①。因此，反抗事业的发展最终变成的情况是，反抗仍旧有一个正义的目标，它将在历史的终点达到，而在反抗的过程中遵循效率优先主义，这表示为了达到在未来才会出现的正义目标，我们可以使用任何方法来促进效率的提高。在这种情况下，结果正义优先于程序正义，在革命的进程中，杀人成为理所当然的事情，人类的团结命运遭到破坏。

这种时候，为了阻止反抗继续误入歧途，找回反抗最初的本真性，必须将"尺度"的限制加入到反抗运动中。加缪的"尺度"概念来自地中海的希腊精神，象征着亚里士多德的"中道"以及普罗提诺的"美"。地中海永恒的潮起潮落代表着沐浴在阳光下的一种永无休止的运动，犹如古希腊赫拉克利特的火与罗格斯（Logos）。在《反抗的人》中，加缪将反抗的事业比作一架巨型的钟摆，钟摆以最大的力量作不规则的摇摆运动，但同时，钟摆始终绑缚在摆动轴上，在摆动轴的限制中大力又不会突破极限地摆动。加缪表示："这种摆动解释了人类的共同本性，也揭示了这种共同本性中的尺度与限制"②。在这个意义上，"南方思想"可以概括成这样一种思想：它既肯定反抗，也肯定反抗的节制，通过尺度的原则揭示反抗的本真性，即人类所拥有的一种共同的、团结的命运。

2.1.2　加缪创作中的"南方思想"

在我们考察加缪的作品时可以发现，几乎从加缪开始从事创作之初，就出现一种欧洲南方与北方对立的意象。在加缪的处女作小说《快乐之死》中，阿尔及利亚土生土长的青年梅尔所获得了萨格勒斯的金钱后开始去北方的欧洲寻找快乐，然而他得到的却是一连串的失败，包括异化的陌生感、严重的发烧、对城市感到生理上的恶心等，等他回到了地中海之后，

---

① Camus, Albert. *Lettres à un ami allemend. Œuvres complètes II*, Paris：Édition Gallimard, 2008, p. 10.

② Camus, Albert. *L'Homme révolté. Œuvres complètes III*, Paris：Édition Gallimard, 2008, p. 313.

他的生活才得以慢慢康复；在小说《局外人》中莫尔索的老板提供给他一个可以从阿尔及利亚去巴黎工作的机会，可是莫尔索此表示"无关紧要"，对巴黎的印象是"肮脏的"①；戏剧《误会》的故事发生在欧洲中部，那里阴冷和潮湿，女主角一生的梦想就是要去南部有大海的地方；在《不贞的妻子》（*La Femme adultére*）中，雅妮娜跟着丈夫在阿尔及利亚继续往南直到沙漠深处，才能突然感觉到"有什么东西在等待着她"②；《鼠疫》中侵袭了奥兰城的瘟疫，似乎总是透露出来自北方的意味；在《海伦的流放》（*L'Exil d'Hélène*）中，加缪甚至直接表示："欧洲（与南方地中海）则相反，欧洲人发起追求全部的战争，是没有节制的子孙。"③

加缪这种对于北方与南方的甚至似乎带有敌意的划分在一定意义上并不是无意为之的。严格来讲，加缪虽然被认作是法国作家，然而他是法属阿尔及利亚人，出生于地中海边，并在地中海长大④。1940 年 3 月加缪来到法国巴黎开始正式工作时，他的印象是这整座城市都是灰色的⑤。而加缪从小生活的环境就是一个充满多民族混合气息的环境，这里原本分布着阿拉伯人和伯伯尔人，而自从法国开始殖民阿尔及利亚之后又迁入大量的欧洲移民，不同民族与文化的碰撞和冲突是他从小的生活体验。作为欧洲移民的后代，加缪一方面意识到自己的殖民者身份，而另一方面，加缪也同时对阿尔及利亚有强烈的身份认同感，阿尔及利亚对于他来说是"一种

---

① Camus, Albert. *Étranger. Œuvres complètes I*, Paris：Édition Gallimard，2008，p. 165.

② Camus, Albert. *L'Exil et le Royaume. Œuvres complètes IV*, Paris：Édition Gallimard，2008，p. 13.

③ Camus, Albert. *L'Été. Œuvres complètes III*, Paris：Édition Gallimard，2008，p. 597.

④ 加缪出生于阿尔及利亚东部海滨城市蒙多维（Mondovi）下的一个小乡村，8 岁时随母亲与祖母迁移至阿尔及尔（Alger），亦是海滨城市。有过几次去欧洲的短途旅行，但是加缪将近 30 岁才前往巴黎工作。

⑤ ［美］赫伯特·R·洛特夏：《加缪传》，肖云上、陈良明、钱培鑫等译，南京：南京大学出版社 2018 年版，第 70 页。

贫穷的幸福"①。

早在 1937 年，在其文学活动还局限于阿尔及利亚的时候，加缪作为"文化之屋"（Maison de la Culture）的秘书发表了名为《新地中海文化》（*La Nouvelle Culture Méditerranéenne*）的演讲②。在法国伽利玛出版社出版的《加缪散文集》中，这篇文章被置于加缪思想的重要位置，其主编罗杰·纪约（Roger Quilliot）甚至认为只有阅读《新地中海文化》才能完全理解加缪《反抗的人》的含义③。我们在加缪这篇似乎并不成熟甚至是有些偏激的讲稿中，同样可以发现"南方思想"的一些重要线索，以及"南方思想"最初的源头。

首先，加缪在这时已经表露了他最为重视的人本主义思想。加缪表示，文化的兴起绝对不能够是以阿尔及利亚为基础的民族主义为带头的。在欧洲历史上，民族主义的出现象征着衰败。罗马帝国通过它的宗教精神将欧洲人民统一起来，然而当罗马帝国倒塌的时候，欧洲人民得以共同生活的精神基础也不复存在，正是在这样的情况下，即衰败的开始，才出现了民族主义。这之后西方世界就再也无法获得以往的那种统一性。而现在国际主义正在使欧洲重新获得它的含义与使命，因为"它的原则不再是基督宗教的，也不再是神圣帝国的教皇，它的原则是人本身"④。因此，对于文化之屋来说，无论是左翼与右翼，拉丁民族、日耳曼民族、阿拉伯民族，都是受欢迎的，不存在高级文化与低级文化之分，只有真的文化与假

---

① Camus, Albert. *L'Envers et l'endroit. Œuvres complètes I*, Paris：Édition Gallimard, 2008, p. 32.

② 文化之屋是阿尔及利亚首都阿尔及尔一家由共产党指挥的剧院，加缪在当时还是共产党员，担任文化之屋的总秘书。《新地中海文化》是加缪在文化之屋开幕式上的演讲，最初题目为《本土文化》（La Culture Indigéne），收录在当地报纸《年轻地中海》（Jeune Méditerranée）中，后改名为《新地中海文化》收录在文集中。

③ Quilliot, Roger. *Notice historique*, dans Albert Camus, *Essais*, Paris：Édition Gallimard, 1965, p. 1316.

④ Camus, Albert. *La Nouvelle Culture méditerranéenne. Œuvres complètes I*, Paris：Édition Gallimard, 2008, p. 566.

的文化之分。我们可以看到,加缪在这一时期提出的这种人本主义思想已经将基督宗教的成分摒除在外,这一思想在他后来的创作中将极为重要,无论是荒诞思想还是反抗思想,都是建立在没有基督宗教成分在内的基础上的。同时,加缪这时所主张的不同文化之间交流的思想,虽然在"荒诞系列"中并没有明确提及,但是在"反抗系列"中成为"他者"的概念出现,成为了反抗的一个重要准则,即人与人之间普遍存在的团结。

第二,拒绝自杀与杀人的思想。加缪认为,地中海的遗产并不是罗马文化,而是古希腊文化。罗马文化并没有从古希腊文化中继承关于生命的概念,相反,罗马文化体现出来的是"天真与狂妄的抽象"①,在这个意义上,墨索里尼是继承了罗马人的思想,而非古希腊人的思想,因为他根据罗马主义的抽象,"牺牲了真理和伟大,献身于没有灵魂的暴力"②。加缪在这里重点强调的"抽象",即指宗教的抽象教条,也指"反抗的人"违背反抗初衷所主张的"绝对"。加缪认为地中海的阳光照耀到每一个地中海人的身上,这意味着每一个受到阳光普照的人,其生命都应该是值得被尊重的,人的智慧应该带领这种普及到每一个人的尊重,而不是带来争端或者是杀人。这种观点与加缪在《反抗的人》中的"南方思想"立场几乎完全一致,加缪基于一种朴素的情感认定任何的杀人都是不正确的,以此为基础才得以展开对于反抗与"南方思想"的论述。

第三,加缪在《新地中海文化》中反复提及与描述了地中海与欧洲北方全然不同的特点。"地中海是一个鲜活的地方,充满了游戏与笑容",地中海的人民"可以用皮肤闻到无需解释的地中海味道",他们"要求获得的是生命",而欧洲北方的人"从头到脚都是拘束的",他们"不知道快乐是与嘲笑不同的东西",当地中海人去欧洲北部旅行,只会感到"奇怪的尴尬"和

---

① Camus, Albert. *La Nouvelle Culture méditerranéenne*. *Œuvres complètes I*, Paris: Édition Gallimard, 2008, p. 568.

② Camus, Albert. *La Nouvelle Culture méditerranéenne*. *Œuvres complètes I*, Paris: Édition Gallimard, 2008, p. 569.

"沉重的担心"，只有回到了地中海地区，才能感到家乡的含义，然而欧洲北方人并不知道家乡的含义，只知道"导致杀戮的抽象"①。加缪的这些描述在如今看起来是怪异的甚至是不合适的，但是这无疑是他日后十分重视"南方"与"阳光"这一类意象的重要因素，也从侧面揭示了"南方思想"之所以被称作"南方"的原因。

尼尔·福克斯李（Neil Foxlee）称在《新地中海文化》中"加缪第一次构建了他的人本主义视野，"②我们可以看到，在这里被称为"人本主义"的加缪思想，实际上已经出现了加缪在《反抗的人》中所提出的几乎所有要点，虽然很大程度上它们都还停留在雏形或者是模糊的阶段。这些要点同样如"南方思想"那样被概括为"人所共同享有的价值与命运"。

另外，在学理层面上，加缪的"南方思想"也代表一种价值倾向。以色列历史学家大卫·奥哈那（David Ohana）在《地中海人文主义》（*Mediterranean Humanism*）一文中将加缪和阿尔贝·麦米（Albert Memmi）、塔哈·本杰伦（Tahar Ben-Jelloun）、乔治·桑普伦（Jorge Semprun）、娜吉·玛弗兹（Najib Mahfouz）、埃德蒙·嘉贝（Edmond Jabès）等一批来自地中海地区的重要作家统称为"地中海人本主义的知识地震仪"③。虽然严格意义上他们并不形成一个流派或者作家体系，但是他们都共享一部分比较接近的价值观，诸如反对暴力、整体民族主义、极权主义、激进意识形态和种族主义，对"他者"采取宽容和接受的态度，对后现代社会持多元化的观点，肯定对话是人类活动的基本形式，等等。在面对地中海社会的种种问题时，与其是希望出现一种"新的人类"，他们更加倾向于不同社会和种族之间的交流和对话。他们尤其反对的是一种主导20世纪欧洲的思想，即"通过激进的意

① Camus, Albert. *La Nouvelle Culture méditerranéenne. Œuvres complètes I*, Paris: Édition Gallimard, 2008, pp. 566-568.

② Foxlee, Neil. *Albert Camus's 'Mediterranean Culture'*. Bern: International Academic Publishers, 2010, p. 54.

③ Ohana, David. *Mediterranean Humanism*. Mediterranean Historical Review, Vol. 18, NO. 1, June 2003, p. 59.

识形态，并且将暴力合法化，以渴望出现'新的人类'"。① 而这正是加缪的"南方思想"，甚至是加缪终其一生想要表达与抗争的内容。

因此，"南方思想"不仅仅局限于加缪在《反抗的人》中的描述，它除了作为一种概念出现于《反抗的人》的最后一章之外，同时是加缪所有创作的一种价值倾向。我们可以说，"南方思想"本身就是加缪自身所带的创作气质，而只是在《反抗的人》中需要给解决反抗问题的办法命名时，加缪才自然而然的将其称之为"南方思想"。当然，我们也需要厘清《反抗的人》中加缪所描述的反抗事业中所出现的具体问题，在这之后，我们再根据反抗的不同维度来全面理解"南方思想"。

2.2 "南方思想"所面对的问题

加缪在《反抗的人》中用了超过三分之二的篇幅描述与分析人类历史上的各种反抗运动，细致地阐释了"反抗的人"是如何在反抗的过程中遗忘了自己的初衷，误入歧途，最终陷入虚无主义从而导致了"逻辑的杀人"。但反抗并不是一个仅仅在"反抗系列"才出现的主题，事实上，加缪笔下的所有人物，都是一种"反抗的人"。因此，"南方思想"所要处理的反抗问题，并不局限在"反抗时期"的作品，而是蔓延到了加缪所有作品里。同时，加缪意义上的反抗，其起点始终是荒诞，因此"南方思想"也是和荒诞联系在一起的。只是到了"反抗系列"中，加缪才重新从反抗的源头审视反抗运动。反抗的人最初是一个同时说"不"和"是"的奴隶，但是"这个奴隶从要求正义开始，以试图获得皇冠结束"②。反抗的人经过了"形而上的反抗"和"历史的反抗"之后，并没有获得自己在最初所要求的正义，甚至是否定

---

① Ohana, David. *The Anti-Intellectual Intellectuals as Political Mythmakers*, in Zeev Sternhell(ed.), *The Interllectual Revolt Against Democracy*, 1870-1940, Jerusalem, 1996, p. 103.

② Camus, Albert. *L'Homme révolté. Œuvres complètes III*, Paris：Édition Gallimard, 2008, p. 82.

了对于正义的要求，站在的非正义的那一面。加缪这部分的分析是具体和细致的，也是我们理解反抗问题的关键。

2.2.1 承接荒诞的反抗事业

在加缪的"荒诞系列"里，《局外人》中的莫尔索无疑是在用冷漠的方法反抗他所遭遇的一切事件，在《卡利古拉》中，卡利古拉进一步明确加缪的一个主题，即我们要反抗人之必死命运，这在《卡利古拉》中表现为卡利古拉想要获得月亮，在剧本《误会》中，女主角马尔达反抗的则是毫无希望的生活，在《西西弗斯的神话》中，加缪明确提出了一种西西弗斯式的反抗，用以面对永恒的荒诞。在后期的"反抗系列"中更是如此，虽然不同的角色所要面对的问题并不相同，如鼠疫、暴君、魔鬼，抑或仅仅是不动声色的生活，但是从始至终，加缪作品中的人物无疑都处在一种反抗的姿态中。

在《西西弗斯的神话》中，加缪最后从荒诞中得出三个结论：我的反抗、我的自由和我的激情。① 在这三者中，后两者作为前者的具体方式而出现，因此这一结论又可以表述为：我自由和激情的反抗——反抗正是作为《西西弗斯的神话》的重要结论而出现的。但是值得注意的是，虽然《西西弗斯的神话》和《反抗的人》和相同，都表明反抗是一种基本的生存方式，人如果不放弃自己，就只能选择以反抗的方式来生活，但是这两者中的反抗又是大为不同的。这种不同表现在两个方面：首先，《反抗的人》中所确立的反抗第一要义是一种普遍的、平等的、共同的、集体的反抗，而《西西弗斯的神话》中西西弗斯的反抗则是一种孤独的咒骂姿态。其次，《西西弗斯的神话》中的自由和激情的反抗，无疑是和"南方思想"中的"尺度"是相对的。在《西西弗斯的神话》中，加缪对他所得出的这种反抗观如此评论："仅仅通过意识的游戏，我就改变了生活的规则。"②这显然是和"尺

---

① Camus, Albert. *Le Mythe de Sisyphe. Œuvres complètes I*, Paris：Édition Gallimard, 2008, p. 263.

② Camus, Albert. *Le Mythe de Sisyphe. Œuvres complètes I*, Paris：Édition Gallimard, 2008, p. 263.

度"的观点背离的。

反抗已经作为《西西弗斯的神话》的一个重要结论被得出，然而加缪在《反抗的人》的开篇仍旧提出了一个在他看来一定要重新提问的问题，即："什么是反抗的人？"加之前后两种反抗所体现出来的种种差异，加缪在这里无疑体现出前后不一致的矛盾。事实上，关于"荒诞系列"和"反抗系列"两者的关系，一直以来都是加缪研究里讨论的重点，对于这个问题，我们可以从两个方面来切入。

首先，加缪在三个地方明确地解释了荒诞和反抗的关系，它们分别是《反抗的人》的前言部分、《西西弗斯的神话》1955 年美国版本的前言，以及 1945 年发表于《存在》(*L'Existence*)杂志的散文《对于反抗的评论》(*Remarque sur la révolte*)。

加缪在美国版的《西西弗斯的神话》前言中写道："《西西弗斯的神话》标志着我一种反思的起点，这一反思将继续到《反抗的人》中。《西西弗斯的神话》试图解决自杀的问题，如同《反抗的人》试图解决杀人的问题，它们两者一样，都没有永恒价值的帮助，而这种永恒的价值在此是消失或者扭曲于当代欧洲的……《西西弗斯的神话》表明，即使在虚无主义的内部，仍旧有可能找到超越虚无主义的办法。在《西西弗斯的神话》之后我的所有创作，我都在尝试追寻这种超越虚无主义的办法。尽管它提出了死亡的问题，但是《西西弗斯的神话》对我来说表现为一种身处沙漠中去清醒生活和创造的邀请。"①

在这里加缪向我们透露的是关于这两部作品互相关系的重要信息。首先，《西西弗斯的神话》和《反抗的人》这两部作品有一个相同的大前提，即上帝的角色在其中被搁置在外，因此上帝无法为人类作永恒价值的保障，在这种境况下，人是孤立的、流放的，人的行动必须要依靠自己，而不能祈求于超越的世界。这不仅仅是这两部作品的大前提，甚至是加缪所有作

---

① Camus, Albert. *Préface à l'édition americaine du Mythe de Sisyphe. Œuvres complètes III*, Paris：Édition Gallimard，2008，p. 955.

品的大前提。其次，加缪所透露的是这两部作品之间的相继关系。虽然
《西西弗斯的神话》处理的是自杀的问题，而《反抗的人》是杀人的问题，但
是这两部作品中的"反思"是一种先后的顺序关系，因此自杀的问题与杀人
的问题也是如此。① 面对荒诞、拒绝自杀的唯一途径是反抗，而反抗在发
展的过程中误入歧途，导致杀人，因此《西西弗斯的神话》与《反抗的人》之
间也体现出一种因果关系，正是加缪在《西西弗斯的神话》中的论述，才导
致了他必须进一步开始他在《反抗的人》中的研究。《西西弗斯的神话》在
"二战"前开始写作，于1942年出版，而《反抗的人》出版于1951年，虽然
这时二战已经结束，法国甚至是欧洲也面临新的局面与问题，但是实际上
加缪最早对于"逻辑的杀人"的论述在《战斗报》时期就已经出现②，在1946
年已经提出了"这个时代唯一的问题是杀人"这样的论述③。因此两者客观
上也并没有一个非常长的时间距离。而在主观上，加缪自己也同样将两者
联系在一起。在《反抗的人》中，加缪仍旧将《西西弗斯的神话》作为《反抗
的人》的起点，他将《西西弗斯的神话》时期称为"否定的时代"，而《反抗
的人》时期称为"意识形态的时代"。在"否定的时代"人们倾向于否定价
值，甚至否定自己，因此会造成自杀。上帝在其中扮演的欺骗者的角色，
所以自杀是当时的问题。而在"意识形态的时代"，人们倾向于否定他者，
因此会导致杀人。意识形态在其中替代了上帝，扮演欺骗者的角色，所以
杀人是这一时代的问题。同时，这两个问题是前后连贯的，"一个紧随着
另一个，我们是被迫接受的"④。所以在这个意义上，自杀的主题和杀人的

---

① 根据约翰·弗雷(John Foley)的研究，加缪原本就打算将《西西弗斯的神话》与
《反抗的人》两者作为单本发行，实际上在其他一些国家也确实是如此刊印的，见
Foley, John, *Albert Camus: From the Absurd to Revolt*, London: Acumen Publishing,
2008, p. 188。

② Camus, Albert. *Actuelles chroniques 1944-1948. Œuvres complètes II*, Paris:
Édition Gallimard, 2008, p. 409.

③ Camus, Albert. *Nous autres meurtriers. Œuvres complètes III*, Paris: Édition Gal-
limard, 2008, p. 686.

④ Camus, Albert. *L'Homme révolté. Œuvres complètes III*, Paris: Édition Gallimard,
2008, pp. 64-65.

主题一方面并不是我们，或者说加缪，主观选择的，而是以时代主题的方式为我们所被迫接受的；另一方面，这两者是息息相关的，它们拥有相同的逻辑推理和相同的价值结果———一种否定生命的虚无主义。因此，在《反抗的人》最初，加缪就表示要"面对谋杀和反抗，进行一种由自杀和荒诞作为开始的反思"①。

第二个方面需要我们具体考察《西西弗斯的神话》和《反抗的人》两部作品的行文逻辑。在《西西弗斯的神话》中，加缪花了整部书近三分之二的篇幅论述两种自杀的不可行性。仅仅在行动上而言，自杀最终是个人的行为，任何一个人都同时面对自杀与不自杀两个选择，是一种非此即彼的状态。因此在一定意义上整部《西西弗斯的神话》的重要内容都集中在加缪如何对两种自杀行为进行反驳。如若可以确定任何一种自杀都是没有合法性的、不能为我们所采取的，也就是说生活值得我们一过，那么反抗就是一种自然而然的、唯一的、必定的选择。而在《反抗的人》中，加缪仅仅在前言中就直接驳斥了杀人的合法性：如果杀人有其合法性，那么在逻辑上我们自身和我们的时代都将面临被毁灭的结果，而如果杀人没有合法性，那么我们就更应该去解决弥漫欧洲的这一问题，"如果杀人是合理的，那么我们的时代和我们自己，都处在杀人的后果中；如果杀人是合理的，那么我们都疯了"②。因此，与《西西弗斯的神话》不同，包括《反抗的人》在内的整个"反抗系列"，其重点将被置于具体讨论反抗的内涵、方法、准则、后果等要素上面，而"杀人是否合理"的问题，本身并不是一个值得探索的问题。因此，虽然在《反抗的人》和《西西弗斯的神话中》中有如此几乎相同的表述："荒诞是一个经过的通道，是一个起点"③，"重要的不是追寻事

① Camus, Albert. *L'Homme révolté. Œuvres complètes III*, Paris：Édition Gallimard, 2008, p. 65.

② Camus, Albert. *L'Homme révolté. Œuvres complètes III*, Paris：Édition Gallimard, 2008, p. 64.

③ Camus, Albert. *L'Homme révolté. Œuvres complètes III*, Paris：Édition Gallimard, 2008, p. 21.

物的根源，而是知道在如此的世界中如何行动"①，但是直到在在"反抗系列"中，问题才真正地聚焦到"如何行动"上来。

因此，我们可以从中得出的信息是，一方面，我们自然可以将"反抗系列"和"荒诞系列"联系起来，两者在逻辑上并没有冲突，荒诞、反抗和"南方思想"三者在加缪的整体思想中可以构成一个稳定的三角关系。而另一方面，两个系列之间的侧重点实则有极大的不同，与"荒诞系列"相对，1950 年代加缪新创作的"反抗系列"是将核心关键词放在了"反抗"上，而不是之前的"荒诞"上，"反抗系列"中的"反抗"，也势必与"荒诞系列"中的反抗有所不同。这种不同可以理解为加缪的修正和改进，而不是一种断裂。

2.2.2 反抗事业的歧途

反抗的问题出现于反抗的过程中。对于加缪来说，上帝是一个欺骗的角色，而基督教哲学正是造成荒诞的一个重要原因。作为超验意义保证的上帝实际上并不会回答人们对于意义的追问，留给人们的只是一片沉默。因此人的反抗从反对传崇基督教的上帝开始，上帝正是"形而上的反抗"的直接对象。

加缪对于"形而上的反抗"的定义是："形而上的反抗是人站起来面对他的全部境况和创造的运动。它之所以是形而上的，是因为它否认人与被创造物的意义。奴隶发现他处于一种被奴役的境况中，因此他反抗这种境况；反抗的人发现自己处于人的境况中，因此他反抗这种境况。"②在传统西方社会的价值观中，人类社会是由上帝一手创造的，同时上帝给人类社会予以保障。但是当人发现自己实际上处于一种上当受骗的状态时，他就会发现，包围他的一切周遭，即他的全部境况以及所有属于上帝的创造

---

① Camus，Albert. *L'Homme révolté. Œuvres complètes III*，Paris：Édition Gallimard，2008，p. 64.

② Camus，Albert. *L'Homme révolté. Œuvres complètes III*，Paris：Édition Gallimard，2008，p. 80.

物，都是他需要反抗的对象。人这时候以公平与正义的名义进行反抗，试图获得属于人本身的价值。加缪对于"形而上的反抗"的这种描述，可以追溯到《西西弗斯的神话》中关于荒诞的发现："有一天背景崩塌了……仅仅在某一天，'为什么'油然而生，然后一切都开始了。"①当人不满于自己的境况并且发出"为什么"这样的问题时，就表示意识到了荒诞的存在。人的这种意识的诞生，就好像奴隶对于自己身份的启蒙意识一样。当奴隶意识到奴隶主的行为有越界的嫌疑时，他就会如同加缪在《西西弗斯的神话》中所描述的那样，产生"为什么"的问题。人的境况也是如此，当人意识到荒诞之后，人如同奴隶那样产生"为什么"的疑惑，同时也和奴隶无法摆脱自己的奴隶身份那样，人感到无法摆脱荒诞的感觉。这是一个无法回头的开始，从这一刻开始，人选择反抗，也只能反抗，反抗是一种一旦意识到了荒诞就无法避免的行动。同时因为这种反抗的对象正是荒诞关系的另一极所代表的上帝，所以这种反抗是形而上的。

在"形而上的反抗"的早期阶段，虽然也有暴力与血腥的情况发生，但是这并不属于加缪所谓的"逻辑杀人"的范畴，加缪认为早期的"形而上的反抗"是一种单纯的"绝对的否定"，而反抗的动机则是"要求为自己辩护的纯真"②。

问题的关键是在于尼采的出现。人以正义的名义推倒了上帝，而这其中的矛盾在于，上帝原本是正义的保障者，当上帝被推翻之后，诸如正义这一类道德也失去了其本来的根基。加缪提出的问题是："当人们将上帝置于道德审判之上后，人们就在自己心中杀死了上帝。然而人们将用什么来建立道德的基础呢？"③尼采作为向世人宣告上帝死亡的第一人，留给他

① Camus, Albert. *Le Mythe de Sisyphe. Œuvres complètes I*, Paris：Édition Gallimard, 2008, pp. 227-228.

② Camus, Albert. *L'Homme révolté. Œuvres complètes III*, Paris：Édition Gallimard, 2008, p. 64.

③ Camus, Albert. *L'Homme révolté. Œuvres complètes III*, Paris：Édition Gallimard, 2008, p. 113.

的也是这一急需解决的问题。加缪认为，尼采将问题推到了极致，在尼采看来，道德恰恰是属于上帝的最后一张面孔，如果要彻底推翻上帝，那么也必须要推翻道德。加缪认为，如此一来，传统的一切都被推翻之后，只剩下人与人自身，因此，建立新的价值的任务，就转移到了人自己身上来。为了重新建立价值，人必须要对自己的一切都说"是"。于是这里出现的转变是从一种对一切都要推翻的态度变成了对一切都说"是"。对一切都说"是"意味着同时对杀人也说"是"，虽然尼采的思想被认为是一种积极的虚无主义，但是加缪在这里认为他显然助长了逻辑的杀人。如果奴隶对一切都说"是"，那意味着他默认了自己所遭受的苦难与不公；如果奴隶主对一切都说"是"，那么就是对他人的苦难与压迫予以认同，这两者都是对杀人的接受与肯定。因此，"尼采的'是'，遗忘了原本的'不'，也否认了反抗本身，同时否定了那一拒绝世界当前面貌的道德"①。

如此，"形而上的反抗"就转变成了"形而上的革命"，在反抗之初，反抗的人只是希望获得自己应有的正义与平等，这关乎到人的尊严，但是在反抗的过程中，由于杀死了上帝，反抗的人开始意识到必须建立一个新的主人，一个新的"上帝"或者是新的神圣秩序，而这就是反抗的人自己。因此，加缪评论道："奴隶开始于要求正义，结束于想要王位。"②同时，尼采的"超人"哲学与"永恒轮回"，又将新的价值寄托在了未来的位置。如果说传统的形而上价值序列体现为一种垂直的体系，那么在尼采的"永恒回归"和"超人"等理论当中，价值序列则由垂直的体系转变为将时间作为坐标轴的水平体系。大卫·斯布林岑(David Sprinten)将尼采的"永恒回归"和"超人"理论对于传统价值的冲击解释成"用'以后'(later on)代替'超越'

① Camus, Albert. *L'Homme révolté. Œuvres complètes III*, Paris：Édition Gallimard, 2008, p. 126.

② Camus, Albert. *L'Homme révolté. Œuvres complètes III*, Paris：Édition Gallimard, 2008, p. 82.

(beyond)"①，这一转变被加缪认为是反抗过程中一个至关重要的变化。这一点是加缪在"反抗时期"对于尼采的新认识，在"荒诞系列"中，《西西弗斯的神话》所得出的结论实际上正是尼采的肯定哲学，对现世的一切表示一种"绝对的是"。不仅如此，上帝被排除在《西西弗斯的神话》所建立的反抗观中，道德的问题也同上帝一并被排除在外。在《西西弗斯的神话》中加缪明确得出的结论之一是："如果没有意义，那会生活得更好。"②而在《反抗的人》中，加缪由于发现了尼采又将新的价值寄托在了未来，如此便转变了对尼采的看法。对于一切都说"是"代表了一种绝对的肯定，而新的价值序列又将希望寄托在未来，这两者将经过黑格尔哲学的进一步发展，进而与革命运动融合，从而最终演变成"逻辑的杀人"。

在"形而上的反抗"里，反抗的人在形而上的层面已经开始误入歧途，从"形而上的反抗"演变成了"形而上的革命"，但是真正将反抗的事业拽入普遍谋杀与暴力的转变，则是在于反抗的人将"形而上的革命"进一步转变成为"历史的革命"。根据大卫·斯布林岑的总结，加缪在《反抗的人》中归纳了三种西方世界在过去的 150 多年时间里主导了社会变迁的运动：资产阶级的形式主义以及关于自由进步的神话；欧洲激进社会主义革命以及阶级革命的叙事；法西斯主义或者纳粹主义及其在运动过程中关于人民的神话。每一次运动都扮演了拯救人类的角色或者是传统基督教价值的替代品，他们都将"历史"作为一种绝对的价值，以此来弥补由于上帝被形而上的革命所推翻之后带来的意义与价值的缺失。③ 法国大革命中对于路易十六的处死被加缪认为是从反抗转变到革命的一个分水岭，自从法国大革命开始，革命者为了达到目的变成不择手段的、不在乎方式的。加缪的总观

---

① Sprintzen, David. *Camus: A Critical Examination*, Temple University Press: 1988, p. 160.

② Camus, Albert. *Le Mythe de Sisyphe. Œuvres complètes I*, Paris: Édition Gallimard, 2008, p. 255.

③ Sprintzen, David. *Camus: A Critical Examination*, Temple University Press: 1988, p. 166.

点认为，在这种革命中如果发生了杀人事件，那么杀人者无论如何是有罪的，不管他有什么理由——革命成了破坏团结的手段。而解决这一问题的唯一办法，是杀人者以自己的性命补偿被他杀害的人。虽然加缪创作了如《正义者》这样的戏剧作品，使得"一命偿一命"的方法通过戏剧性的方法得以实现，但是在实际层面，这种"一命偿一命"的方法无疑表示在现代革命中杀人者是无法洗脱罪名的，不择手段的革命者仿佛就是由"形而上的反抗"中人们打倒的上帝所化身而成，它是残忍的、欺骗的。

因此，虽然加缪指责现代革命运动中革命者对于道德界线有严重的缺失，但是加缪认为之所以会这样，其原因仍旧是形而上的——是黑格尔的哲学诞生之后，革命者将革命运动与他的哲学思想相结合，从而导致了意识形态的虚无主义。在这个意义上，黑格尔被加缪认为是造成欧洲当代意识形态灾难的罪魁祸首。有不少评论家指责加缪对于黑格尔的评论与解读根本是错误的①，对于黑格尔的哲学来说，其中实在和理性的问题、历史哲学的相关部分，历来就有不同阐释与争论。加缪自己实际上也注意到了这一点，在《反抗的人》中对此有较为详细的说明②。但是另一方面，从其他人的思想中仅仅获取自己所需要的那一部分，以此来论证自己的理论，也是加缪的惯常做法。

黑格尔的哲学是法国大革命的一种继续，它"希望通过消除法国大革命失败的原因，并且继续前进"③。在之前章节中，加缪认为卢梭所提出的社会契约论就已经开始破坏了传统的正义、理性、真理等价值。卢梭所提出的社会契约论让人们出让自己的权利，从而形成一种"抽象普遍理性"

---

① 持这种观点的有约翰·弗雷（John Foley）、大卫·舍曼（David Sherman）等学者，见 Foley, John. *Albert Camus: From the Absurd to Revolt*, London: Acumen Publishing, 2008, p. 64, 以及 Sherman, David. *Albert Camus*, London: Blackwell Publishing, 2009, pp. 157-158。

② Camus, Albert. *L'Homme révolté. Œuvres complètes III*, Paris: Édition Gallimard, 2008, p. 176.

③ Camus, Albert. *L'Homme révolté. Œuvres complètes III*, Paris: Édition Gallimard, 2008, p. 174.

(la raison universelle abstraite），而这种"抽象普遍理性"经过黑格尔的发展，成为了一种"绝对普遍理性"(la raison universelle concret）。由此理性不再是具体的关于事物的理性，也不是卢梭式的可以社会公约的抽象理性，而是融入历史发展的一种绝对理性。因此加缪对此评论道："在这之前，理性出现在与它相关的现象之上；从此以后，它融入了历史事件的洪流中，理性照亮历史事件，而历史事件赋予理性实在。"①

加缪认为，黑格尔的哲学造成了三个严重的后果，将导致20世纪的种种革命运动最终彻底变成虚无主义运动。

第一，由于黑格尔哲学的出现，传统社会中的真理、理性、正义等种种价值都成为了需要在未来世界中才能出现的东西。由于上帝的角色在"形而上的反抗"中被推翻，传统的基督教价值失去了根基，因此我们要解决这一价值空洞的根基问题。而在黑格尔的哲学中，这一问题并没有实际得到解决，而是改变了传统价值的面貌，传统价值从纵向的、垂直的维度改变成了历史的、时间的维度，前者的保障是超越性的上帝，而后者的保障则是黑格尔的"历史的终点"。这种"从垂直到水平"的改变，根据加缪的解释，实际上在尼采的"超人哲学"和"永恒回归"中就已经出现，只是黑格尔现在将它发展得更为彻底。在尼采的哲学中，现在的人被视作桥梁，而在黑格尔的哲学中，现在的每一步历史都是一种"历史胜利"。

第二，真理、理性、正义等种种价值在传统社会中是人们行动的准则，而现在则成为了行动的目的，通往历史的未来。由于"从垂直到水平"的改变，价值必须变成通过时间，即通过种种历史事件才能得以达到完美的状态，因此在传统上作为人们行动准则的诸多价值，成为了人们需要通过时间在未来才能达到的事物，在这个意义上，价值成为了一种目的。而同时我们当下的行动却没有了准则，种种传统价值在当下看来是无意义的，甚至是不再被需要的，因为它将会在未来出现，"这些价值仿佛处于

---

① Camus, Albert. *L'Homme révolté. Œuvres complètes III*, Paris：Édition Gallimard, 2008, pp. 174-175.

世界之外……而行动则只能在黑暗中进行"①。

　　第三、人不再是一个完整的人，人性也不再是完整的人性，人是一种生成和变化，只能等待在未来的某一时刻才能完成自己。在这种情况下，人处于一种生成状态。这看似与象征着"南方思想"的古希腊精神相似，但是实际上有本质上的区别。人在这种运动和变化中不是如古希腊思想那样处于一种往复变动不居状态，而是呈现出一种单一线性的、以未知的方式通向未来的状态。人的运动和变化将在未来某个可以看到的时间点达到完满，而在通往这一终点的过程中却是处于一种低下的、没有尊严的状态。在这一意义上，当下的人，或者说反抗的人，本身就丧失了独立性和完整性。

　　这一切归结起来，加缪认为在黑格尔哲学的影响下，反抗的事业变成了用结果正义来决定程序正义的事业。涉及反抗的伦理问题是，结果正义优先的做法并不可取，其中最重要的问题在于为了反抗与革命最终的正义目的，可以不顾在反抗过程中的正义，因而导致杀人。而这种杀人，恰恰是加缪所谓的"逻辑的杀人"。而 20 世纪的种种暴力革命，包括德国法西斯主义、西班牙内战等，都利用了这种"历史性"的意识形态。历史在时间中发展的每一步都是一种进步，因此任何在历史中发生的事件都不存在道德的忧虑与隐患，更不可能是反道德的，而历史的"明天"必然会是一个美好与正义的社会，因此革命者在没有任何道德忧虑与隐患的前提下，可以使用、并且应该使用任何可以加速历史事件发展的方法来推动历史的进程。

　　因此，任何促进历史进程发展的行为都是道德的，甚至任何历史事件本身，也是道德的。所以，不论黑格尔的初衷，加缪认为黑格尔实际上神话了历史和理性，历史和理性的结合物代替了传统的上帝。这本身是"形而上的反抗"需要推翻并且已经推翻的对象，现在却改头换面，成为一种

---

　　①　Camus, Albert. *L'Homme révolté. Œuvres complètes III*, Paris：Édition Gallimard, 2008, p. 175.

新的"神性",并且更加隐蔽。在这种理论下,杀人自然获得了合法性,并且是道德的和正义的。加缪认为这就是 20 世纪的革命历程所存在的根本意识形态问题,在这种意识形态的指导和影响下,传统的价值与真理都以正义的名义丧失殆尽,反抗的人彻底失去与遗忘了反抗的初衷,"二十世纪的革命者从黑格尔那里获得了摧毁正式美德原则的武器。"①

2.3 "南方思想"的两个维度

在"南方思想"一章中,加缪重新定义人的知识范围:"我们真正的知识只允许一种相对规模的思想。"②反抗的人最初要求"统一",但是最终展开对"大全"(totalité)的追求,反抗的人之所以误入歧途,原因正是在于走向了追求"大全"的极端。加缪将反抗比做一个永远大幅度运动的钟摆,钟摆的运动始终围绕着轴心,而不摇向左右任何一个极端。这种相对的运动被认为是反抗运动的原初本真状态。既然"南方思想"的要义在于"本真性的反抗",那么我们也应当从反抗事业最原初与本真的状态中去寻找反抗的"本真性"。在加缪对"反抗的人"下定义的第一章,"反抗的人"被加缪定义成一个说"不"的人,但同时他也是一个说"是"的人。在"不"与"是"之间,存在一条界线,这条界线决定了反抗不能是一种孤独的、极端的行为,而是一种普遍的、共同的、节制的行为。在这一"不"与"是"的冲突与结合中,我们可以找到反抗的两个基本特征:团结与尺度。这即是反抗的最初要义,也是"南方思想"的两个基本维度。在团结与尺度这两个维度中,前者作为反抗事业得以开始和进行的基础,后者作为反抗得以保持本真性的条件,一同显示了"南方思想"的基本内涵,同时也贯穿了加缪创作的整个过程。

---

① Camus, Albert. *L'Homme révolté. Œuvres complètes III*, Paris: Édition Gallimard, 2008, p. 176.

② Camus, Albert. *L'Homme révolté. Œuvres complètes III*, Paris: Édition Gallimard, 2008, p. 314.

2.3.1 团结：快乐主义的发展

什么是反抗的人？这是加缪在《反抗的人》一书开始就提出的问题，加缪的回答是："反抗的人是一个说'不'的人。但是当他拒绝的时候，他并没有完全放弃。他也是一个在第一步行动的时候就说'是'的人。"①加缪所举的例子是尼采式的，反抗的人好比一个终生都在听取和服从命令的奴隶，但是他在突然的某一天感到新的命令无法让他接受与服从，这时候他便喊出了第一个"不"字。我们都可以理解这个"不"字的含义，它表示一种简单、直接的拒绝。当奴隶对他的奴隶主说出这个"不"字时，明显表示出这一道新的命令过分了，超出了其可以忍受的程度。然而加缪指出，奴隶之所以表示奴隶主的这一行为有过分之处，是因为即使是在奴隶和奴隶主之间，也有一条界线。因此，"这一个'不'字肯定了有一条界线的存在"②。界线代表了权力的限制，在奴隶和奴隶主的关系中，显而易见的是奴隶主将自己的权力扩大到了奴隶的那一面，因此，这时即使奴隶的意识仍旧是模糊的，但是他至少感觉到一种"我有一些权利"的感觉，正是在这一意义上，奴隶大声喊出的"不"字，也同时是一个"是"字。

反抗的人的这种立场同时还表明了一种价值判断。在反抗的人说"不"字之前，犹如没有站起来的奴隶一样保持沉默，而当他一旦开始反抗，就有了价值的判断和想要获得的东西。奴隶势必知道这一个"不"字将使他进入一种危险的情况，然而他义无反顾地站起来，因此加缪表示，这一"不"字同时暗示了反抗的某种价值。而正是因为这种价值，反抗的人开始意识到，自己也属于"人"这一概念，反抗的人因此可以转而正视自己。加缪将

---

① Camus, Albert. *L'Homme révolté. Œuvres complètes III*, Paris：Édition Gallimard, 2008，p.71.

② Camus, Albert. *L'Homme révolté. Œuvres complètes III*, Paris：Édition Gallimard, 2008，p.71.

这一过程描述成一种意识觉醒的状态，"意识随着反抗而到来"①。在此之前，奴隶并没有意识到自己作为同样的人所应当具有的意识，而当开始反抗的那一刻起，即使是模糊的，他也产生了一种对于自己所应当拥有的权利的意识。因此，当奴隶开始反抗的时候，他实际上也拒绝了奴隶制度本身。奴隶的"不"字所产生的反抗结果，实际上比他在反抗之初的设想具有更远的效果。奴隶不仅仅是对某一个来自奴隶主的命令说不，而是对整个生存的状态说不，这时候奴隶开始要求一种平等的状态。这一转变过程，加缪称之为"从'事情应该如此'到'我想要如此'"②。从简单的"不"字发展到一种要求平等的状态，加缪将这一情况描述成"全部或者没有"（tout ou rien）③。"全部或者没有"中的"全部"表示在奴隶的意识中，反抗不再是简单的拒绝，而是要求全部的平等；而其中的"没有"则表示，如果达不到这种全部的平等，奴隶也准备好了为此而牺牲的准备。

　　这一"全部或者没有"中包含了关于反抗的重要信息。首先，反抗的这种转变表示了一种超越性。奴隶一旦如此要求，那么这种平等将不仅仅是这一说"不"的奴隶自己一人的要求，而是成为一种普遍的要求。反抗最初虽然仅仅是该奴隶自己一个人的行动，是一种个体行为，但是他所质疑的对象，则是"个体的概念"，他所质疑的不仅仅是他自己，而是他作为奴隶的概念。而概念具有通约性，在此意义上，一个奴隶的反抗，也是为了所有的奴隶，反抗的光谱覆盖到了所有奴隶。因此，反抗"将他从他的孤独中带领出来，使其超越个人的范畴，并为他提供行动的理由"④。其次，反抗的这种超越性不仅仅超越他自身，覆盖全部的奴隶，也覆盖到了所有人

① Camus, Albert. *L'Homme révolté. Œuvres complètes III*, Paris：Édition Gallimard, 2008, p. 72.

② Camus, Albert. *L'Homme révolté. Œuvres complètes III*, Paris：Édition Gallimard, 2008, p. 73.

③ Camus, Albert. *L'Homme révolté. Œuvres complètes III*, Paris：Édition Gallimard, 2008, p. 72.

④ Camus, Albert. *L'Homme révolté. Œuvres complètes III*, Paris：Édition Gallimard, 2008, p. 73.

身上，这一"所有人"不仅仅包括其他奴隶，也包括曾侮辱与损害他的奴隶主。事实上，反抗压迫并不是一项个人的运动，即使反抗的奴隶心中有其属于个人的原因，任何人在看到别人受到奴役与压迫时，都会产生相同的感情；而同样，我们对我们的敌人受到的不公正同样会在一定程度上感到反抗的意识。加缪因此判定，反抗是一项需要所有人一起来完成的运动，在此意义上，"反抗的人在反抗中超越了自己，团结是一种形而上的意义"①。奴隶一开始说"不"从而确认的那一条界线，在最初只是想要分清奴隶与奴隶主之间的限度，然而这条界线随着奴隶意识的觉醒，发展成了团结所有人的基础。

总之，加缪认为，反抗是当人觉醒并意识到自己的基本权利，从而开始行动的表现。在这一意义上，反抗是人的基本生活形式。由此加缪确定了本真性的反抗中最为重要的一个基础，即团结。奴隶在通过要求彻底平等的反抗中，不仅将所有受到压迫的奴隶团结起来，要求一致的平等，同时将施以压迫的奴隶主也包括起来。反抗因此是一种包括了全人类福祉的运动。加缪用笛卡儿式的表述来确认反抗的意义："我反抗，故我们存在。"②这一从"我"到"我们"的转变，表示反抗是一种超越个人的、普遍团结的行动。

然而，在反抗中"团结"这一重要维度并不是加缪从始至终都确认的。众所周知，在《西西弗斯的神话》中，反抗的典型形象是孤独的西西弗斯。西西弗斯代表了加缪在"荒诞时期"典型的反抗观点，即一种以无限的激情和自由为价值取向的反抗，在《西西弗斯的神话》最后，加缪留给我们最重要的问题即是"我们应当想象西西弗斯是快乐的"。在这种反抗观点之下，这一时期加缪的文学创作也集中在一种"快乐主义"上，即人物的最重要使命或者任务往往是为了寻找一种快乐。《快乐之死》中的梅尔所如此、《局

---

① Camus, Albert. *L'Homme révolté. Œuvres complètes III*, Paris：Édition Gallimard, 2008，p. 74.

② Camus, Albert. *L'Homme révolté. Œuvres complètes III*, Paris：Édition Gallimard, 2008，p. 79.

外人》中的莫尔索如此、《卡利古拉》中的卡利古拉如此、《误会》中的让也是如此，甚至是加缪早期的散文集《反与正》和《婚礼集》中也表现出来对于快乐的需要和寻找，而加缪留下来的这时期的日记也透露出这种倾向。加缪的"快乐主义"最初表现为一种朴素的对于快乐的追求，这种朴素的快乐追求和时间、金钱等问题联系在一起。时间是快乐保障，而金钱又是时间的保障，因此金钱便成了快乐的保障。这种朴素的快乐主义反映在加缪的处女作小说《快乐之死》中，然而仅仅到了小说的后半部分，这种"快乐主义"很快开始向形而上的问题靠拢。在被认为是正式的"荒诞系列"的几部作品中，这种快乐主义逐渐表现为人在荒诞问题下的一种"怀旧"（nostalgie），即当人开始意识到荒诞并且觉醒的时候，对于过往快乐的一种追寻。而在此这种"快乐主义"成为一种形而上的问题，并且是一种无法解决的、会造成悲剧的形而上问题。而到了《卡利古拉》中，卡利古拉的大臣作为其快乐追求的反面表现出加缪对于"快乐主义"的反思，"快乐主义"绝对不能如同卡利古拉那样用一意孤行的方式追求，这将会是巨大的灾难；相反，快乐是一种人和人之间普遍拥有的价值。在这时，"快乐主义"便与团结取得了连接。同时，加缪笔下在这一时期追求快乐人物都呈现出一种孤独的色彩，虽然西西弗斯是反抗的典型英雄，但是其他如同西西弗斯那样生活的种种人物，却往往陷入无法挽回的悲剧之中。加缪在《战斗报》时期开始反思孤独的问题，进而意识到"孤独的快乐"一方面有其伦理和道德上的问题，另一方面也是一种无法企及的快乐。进而在"反抗时期"加缪才得以将"快乐主义"进一步发展为"团结"。在一定意义上，只有在"反抗系列"中加缪对于反抗的重新定义，才有可能满足"快乐主义"的追求，"反抗系列"中的小说《鼠疫》则代表了加缪对于这一问题反思的结晶。因此，纵观加缪的创作，实际上有一种"快乐—团结"的过渡，这种过渡是加缪逐渐形成"南方思想"的重要过程，同时也是加缪作为创作者逐渐成熟的过程。只有在团结的情况下，才能避免早期"快乐主义"的反面情况，即悲剧的出现。

2.3.2 尺度：陀思妥耶夫斯基的启示

"南方思想"有了第一个团结的维度，即反抗有了最重要的基础，虽然如此，无论是从现实的欧洲境况来看，还是从加缪在《反抗的人》中经过了长篇论述后所得出的结果来看，反抗的事业都没有得到预期的结果，代表了虚无主义的杀人行为仍旧弥漫欧洲世界，反抗仍旧误入歧途。这时候我们需要将目光重新放到反抗的人最初说出的"不"字中，这一"不"字所肯定的那一条界线，代表了反抗的另一个要求，即"尺度"。尺度是"南方思想"的第二个维度，也是避免反抗误入歧途的保障。

奴隶所说的"不"字所确定的那一条界线，首先就应当理解为一种尺度。这一条界线最先表示实施压迫的奴隶主不能越过这一条界线，基于此，站起来反抗的奴隶也同样意识到，他自己也不能越过这条界线，这是一条互相的界线，需要界线的两边共同保持。奴隶不能接受奴隶主的暴力行为，尤其是杀人的行为，奴隶自然也不能反过来对奴隶主实施杀人行为。如此，这条界线就超越了简单的奴隶与奴隶主的关系，成为一种普遍的要求。因此，这条界线也象征着一种反抗的价值，当反抗发展成为一种普遍的团结时，这条界线就成为一种无形的、人人必须遵守的界线，"反抗的价值存在于反抗的人自身当中，人的团结也建立于这种反抗的共谋关系中"[1]。

因此，我们可以说，任何破坏这一团结的行为，都是直接对反抗事业的破坏，加缪认为这实际上就等同于一种谋杀的行为。如此，尺度就和团结形成了一种互生的关系："为了存在，人必须反抗，但是反抗必须尊重这一人们在反抗自身中发现的尺度，同时在这一尺度中，人们通过团结的方式开始存在。"[2]

---

[1] Camus, Albert. *L'Homme révolté. Œuvres complètes III*, Paris：Édition Gallimard, 2008, p. 79.

[2] Camus, Albert. *L'Homme révolté. Œuvres complètes III*, Paris：Édition Gallimard, 2008, p. 79.

同时，尺度也象征了一种"相对的价值"（relative valeur）。"相对的价值"是一种属于"南方"的古希腊精神。在古希腊的世界中，并没有绝对非此即彼的善恶之分，而只有节制与过度两者之间的此消彼长。因此价值处在一种变动不居的永恒运动之中，有如一团不停燃烧的火，而其背后则是象征着理性与规则的罗格斯。这种罗格斯精神在加缪那里被比喻成地中海地区潮涨潮落的大海。而自从基督教思想入侵了古希腊精神之后，上帝与凡人构成了价值的两极，同时上帝作为最完满的存在被视为是价值的保证。在这种情况下，上帝成了一种绝对的价值，与之而来的一系列反抗，也都是以一种绝对推翻另一种绝对，即使是到了革命的时代，革命者所要建立的仍旧是一种新的绝对价值世界。而我们实际的知识却是无法成为绝对的知识，"与此相反，只能证明一种相对的知识体系"①。反抗的初衷也是如此，它所要求的是一种相对的自由与正义，而不是通过绝对的自由去寻找绝对的正义。"绝对的自由嘲笑正义，绝对的正义否定自由"②，任何人在没有正义的情况下，都不会认为他的境况是自由的，在不能分清楚正义与非正义之前，自由是不完整的；反之亦然，在没有自由的情况下，也不会出现正义的境况。同样的逻辑适用于反抗与革命中的暴力问题，加缪认为，绝对的非暴力原则是消极的，它将助长奴役的情况，给另一种暴力提供允许；而系统性的革命暴力则会摧毁我们的社会与我们视之为存在基础的团结。因此，无论是在正义与自由之间，还是在暴力与非暴力之间，最合理的做法是找到一种限制，即尺度。

加缪认为反抗事业对"尺度"概念的遗忘一方面体现在基督教精神对于西方世界的统治之中，而另一方面，则反应在一种由"统一"（unité）到"大全"（totalité）的转变中，同时，前者实际上又是后者的必要条件，反抗在前者的前提下开展，在后者的过程中遗忘了自身。这种转变的象征则是陀思

---

① Camus, Albert. *L'Homme révolté. Œuvres complètes III*, Paris：Édition Gallimard, 2008, p. 314.

② Camus, Albert. *L'Homme révolté. Œuvres complètes III*, Paris：Édition Gallimard, 2008, p. 311.

妥耶夫斯基《卡拉马佐夫兄弟》中的伊万·卡拉马佐夫的反抗，正是伊万·卡拉马佐夫象征绝对自由的信条"一切都是允许的"（tout est permis）中想要获得绝对的公平和自由，破坏了反抗的事业，使得反抗事业遗忘和丢失了"尺度"。

加缪一生的创作受到俄国作家陀思妥耶夫斯基的影响。这种影响从加缪年轻时导演陀思妥耶夫斯基《卡拉马佐夫兄弟》改变的舞台剧开始，进而到"荒诞系列"中荒诞概念的提出、"反抗系列"中分析反抗误入歧途的原因，一直延续到加缪生前最后一部戏剧改编作品《群魔》。可以说，加缪的大部分创作，都处在一种与陀思妥耶夫斯基对话的过程中，而"南方思想"中的尺度维度，更加显现出这一特点。

在"荒诞系列"的创作中，加缪描述了一种当人们意识到荒诞之后诞生的严重形而上危机。这种形而上的危机使人们陷入孤独的流放状态，而这种流放状态可以直接对标到陀思妥耶夫斯基对于欧洲无神论社会主义的批判。而在"荒诞系列"中对于自杀问题的重视，也与陀思妥耶夫斯基有重要的联系。在陀思妥耶夫斯基笔下的人物中，自杀始终是一个重要的母题，陀思妥耶夫斯基的宗教观往往与这些自杀或打算自杀的人物进行冲突。加缪在《西西弗斯的神话》中扬言自杀才是最重要的哲学问题，而陀思妥耶夫斯基所面对的，正是一个"自杀的时代"。在《西西弗斯的神话》中，除去最为典型的反抗人物西西弗斯之外，就属陀思妥耶夫斯基《群魔》中的工程师基里洛夫这一"正面"的反抗人物，基里洛夫的自杀甚至被加缪认为是"教育式"的，启发了后人的反抗。虽然加缪和陀思妥耶夫斯基都立场坚定地认为自杀不具有合法性，但是他们的立场基础却是完全相反的，陀思妥耶夫斯基是坚定的基督教主义者，自杀的行为首先是违反宗教教义的，而在加缪那里，上帝的角色首先就是作为一种被排除在外的前提。而两人对于上帝角色的这种分歧，正是加缪得以在"荒诞系列"之后进一步与陀思妥耶夫斯基展开第二次对话的基础。

在加缪与陀思妥耶夫斯基的第二次对话中，加缪将对话的焦点置于陀思妥耶夫斯基笔下《卡拉马佐夫兄弟》中的伊万·卡拉马佐夫。伊万·卡拉马佐夫也是一个对上帝产生怀疑的反抗者，在陀思妥耶夫斯基的价值序列里，其是一个较低级的反面人物，并且是遭到陀思妥耶夫斯基批判的。对于陀思妥耶夫斯基来说，丧失对于上帝的信仰，人与人之间互相的爱便因为失去了基础而无法得到保证。但是加缪认为伊万·卡拉马佐夫在最初是一个发现荒诞的反抗的人，如同他对于"什么是反抗的人"的分析一样，伊万·卡拉马佐夫也得出了属于本真性反抗的两条标准：全部或者没有(tout ou rien)、所有人或者没有人(tous ou personne)。但是伊万·卡拉马佐夫的问题在于在得出这两条标准之后，突然进行了一次价值大转向，在对上帝的反抗中变成了"一切都是允许的"。"一切都是允许的"这一价值观，表示反抗的人从最初的渴求"统一"，变成希望获得"大全"。在陀思妥耶夫斯基看来，丢失信仰正是欧洲革命造成生灵涂炭的原因，所以上帝的问题与欧洲革命的问题属于同一问题，两者是同一的。而加缪则认为包括伊万·卡拉马佐夫、基里洛夫、斯塔夫罗金等人在最初都是意识到荒诞并且具有本真性的反抗者，只是在反抗的过程中如同欧洲革命那样丢失了反抗最初的意义。而这其中的罪魁祸首则是伊万·卡拉马佐夫所提出的"一切都是允许的"这一价值观。陀思妥耶夫斯基认为"一切都是允许的"是无神论的必然结果，加缪认为伊万·卡拉马佐夫的情况是一种选择错误，而正是这种错误使得杀人变得合理和普遍。在此基础上，加缪对反抗运动进行进一步完善，认为反抗的要点在于一种"尺度"，而不是"无限"。因此"尺度"也成为"南方思想"的另一个重要维度。

根据加缪反抗理论的这两个维度，以及这两个维度在加缪创作中的演进过程，本论文接下来两个章节将分别关注这两个部分在加缪创作中的发展过程。团结作为反抗的基础，尺度作为反抗的条件，这两者结合起来，构成加缪"南方思想"的内容。

第三章 "南方思想"维度之一：
快乐主义与团结

在《反抗的人》"南方思想"一节中，加缪如此描述反抗的最初目的："反抗的逻辑是要服务于正义，在我们的境况中避免非正义；尽力用清晰的语言来消除世界中的谎言；面对人类的痛苦为快乐做担保。"①在这一表述中加缪囊括了反抗的三个内容：用正义避免非正义、用对话消除谎言、用快乐担保痛苦。与加缪作品一般而言给人的印象不同，快乐是"南方思想"的最初内容之一。《西西弗斯的神话》的结尾"我们应当想象西西弗斯是快乐的"已经暗示了西西弗斯反抗的含义，虽然他遭受永无休止的惩罚，但是他也许或者应当是快乐的。在这一意义上，快乐是反抗的应有之义，反抗不应当是痛苦与悲伤的，而是一种快乐、清醒的状态。若我们综合加缪早期创作来看，尤其是"荒诞系列"，"如何才能获得快乐"实际上是加缪前期写作非常重要的内容。虽然加缪早期创作中的核心词汇如众所周知的那样是"荒诞"，但是我们若是具体到角色中去，可以发现当种种人物面对荒诞时，他们首先的要求便是如何获得快乐。

除去《西西弗斯的神话》中我们应当想象西西弗斯是快乐的之外，剧本《误会》中的马尔达和母亲共同行凶，杀害前来住店的旅客，目的是累积到足够财富之后可以去南方快乐地生活；《卡利古拉》中的暴君卡利古拉一切腥风血雨的为非作歹，按照他自己的说法，是为了寻找快乐；在《局外人》中加缪虽然没有直接表示莫尔索对于快乐的态度，但是显而易见莫尔索是不快乐的，在《局外人》的下半部中，莫尔索在监狱里安慰自己说："比我

---

① Camus, Albert. *L'Homme révolté. Œuvres complètes III*, Paris：Édition Gallimard, 2008, p. 305.

更不幸的人还有很多呢。"①散文集《反与正》和《婚礼》则中充满了加缪以一种普罗提诺式的态度对于快乐的反思；往前直至加缪的处女作小说《快乐之死》，加缪将这种"快乐主义"直接明确地表现在书名中，主角梅尔所想要快乐地死去。

因此，我们从中可以发现一条快乐的线索，快乐的问题与荒诞是紧密相关的。荒诞给人造成痛苦，而人面对荒诞的反应之一，就是摆脱这种痛苦，获得快乐。然而快乐作为加缪在"荒诞系列"中的关键词之一，并不是一蹴而就的，它经历了一个从朴素的开始阶段。同时，在"反抗系列"之后，加缪就开始反思这种以西西弗斯这样孤独的形象所代表的快乐，这种快乐中是否真的有属于人自身的价值？如果没有，我们将怎样在坚持原先这种拒绝上帝和死后世界希望的前提下，找到属于人本身的价值？正是从快乐出发，经过加缪的探索和反复，才最终发现孤独的快乐是难以成立的，人要获得快乐，必须牢记反抗的"尽力用清晰的语言来消除世界中的谎言"这一条原则，即通过一种对话与沟通的方式进行反抗，由此进一步得出"南方思想"中团结的维度：人类的价值是共享与普遍的。

3.1 快乐主义的提出

3.1.1 《快乐之死》中的"快乐意志"

《快乐之死》是加缪的第一部小说，创作于 1936 年到 1938 年之间②，

---

① Camus, Albert. *L'Étranger. Œuvres complètes I*, Paris：Édition Gallimard, 2008, p. 185.

② 让·萨洛琪(Jean Sarocchi)根据加缪笔记的研究，认为《快乐之死》写于 1936 年到 1938 年之间，见 Sarocchi, Jean. *Genèse de La Mort heurerse*, in Albert Camus, *La Mort hereuse*, Paris：Gallimard, 1971, p. 18, 但是根据加缪传记作者赫伯特·R. 洛特曼(Herbert R. Lottman)的说法，加缪是在 1937 年 8 月离开法国巴黎，在昂不伦(Embrun)疗养期间才开始构思《快乐之死》的，见[美]赫伯特·R. 洛特曼，《加缪传》，肖云上、陈良明、钱培鑫等译，南京：南京大学出版社 2018 年版，第 8 页。

但是在完稿之后加缪似乎对它并不满意。虽然始终有修改的想法，但是加缪仍旧将这部小说尘封起来，在生前并未出版，直到 1971 年才得以问世。小说出版后并没有引起什么关注，甚至可以说是无人问津，这与 1994 年出版加缪自传性小说《第一个人》未竟稿时所引起的反响全然不同①。这似乎也印证了加缪自己感觉，即这部小说存在一定写作上的缺陷。

学术界对于这部小说的评价似乎也不容乐观，几乎出现了一边倒的倾向。小说首次出版的后记作者让·萨洛琪（Jean Sarocchi）认为加缪的这部作品前后语气不一致，女性角色处理不恰当，不同的部分也没有很好地结合在一起，是一部非常平庸的作品，只有其中的自传性质有研究的价值②。约翰·韦斯特（John K. West）认为加缪的《快乐之死》之所以被认为是一部不成功的作品，是因为作者不能够把前后一致的信息传递给读者③。亚科琳娜·列维-瓦朗西（Jacqueline Lévi-Valensi）认为加缪的《快乐之死》缺乏前后一致性，没有内部的必然性，这部作品是一个错误④。安德烈·阿布（André Abbou）认为加缪试图在《快乐之死》中加入太多的元素，因此导致作品的结构出现问题，所以是一部失败的作品⑤。加缪的传记作者奥利维亚·托蒂（Olivier Todd）直接称《快乐之死》是一部"失败之作"⑥。其中值得

① 科林·戴维斯（Colin Davis）列举的一个例子是，剑桥大学出版的《剑桥加缪手册》（The Cambridge Companion to Camus，Cambridge）无数次牵扯到殖民主义研究和后殖民主义研究，甚至在手册中有专门的一章关于《第一个人》，然而《快乐之死》却根本不见于手册的目录，甚至也不见于手册中的加缪年谱，见 Davis, Colin. *Camus's Skeptical Trial：From la Mort Heureuse to l'Étranger*, The Romanic Review 101, NO. 3, p. 333。

② Sarocchi, Jean. *Genèse de La Mort heureurse*, by Albert Camus, *La Mort heureuse*, Paris：Gallimard, 1971, p. 16.

③ West, John, k., Political or Personal：The Role of the Chenoua Landscape in Camus's La Mort Heureuse, French Review 73. 5（2000）, p. 843.

④ Lévi-Valensi, Jacqueline, *Albert Camus ou la naissance d'un romancier*（1930-1942）, Paris, Gallimard, 2006, p. 481.

⑤ Abbou, André, *Notice of La Mort hereuse*, by ALbert Camus, *Œuvres complètes I*, Paris：Édition Gallimard, 2008, pp. 1449-1450.

⑥ Todd, Olivier. *Albert Camus：A Life*. New York City：Random House, 2015, p. 114.

注意的是，科林·戴维斯（Colin Davis）对这种情况表示抗议，并且称这部小说是一个"有意思的失败"①。之所以称这种失败为"有意思"，原因在于对加缪来说，《快乐之死》这部小说透露了其写作谱系中非常重要的一些内容，实际上只是由于写作技巧方面的欠缺成熟，从而导致这部小说并没有引起足够的重视。这种评价是合理的，因为《快乐之死》正是加缪第一次正式且明确地表达出荒诞概念中那些至关重要内容的第一部小说，在一定意义上，加缪"荒诞系列"的作品都可以在这部小说中找到各自的影子，其中死亡与快乐这两个构成荒诞与反抗概念的主题更是这部小说所要探讨的核心内容。

《快乐之死》如其题名所示，其中关键在于"快乐"和"死亡"。死亡的问题在现代文学中尤其重要，对于任何关心生命与价值本身的作家来说，死亡都是一个使他们着迷的问题。注定到来的死亡向生命提出了根本的问题，使作家们在反思与斗争中创造出关于生命价值的文学与哲学。加缪自然不是例外，死亡，以及导致死亡的自杀与杀人，构成了加缪创作的重要母题。安德烈·罗素（André Rousseaux）曾表示，加缪全部作品中的每一页，都是在处理死亡的问题②。不同的作家面对死亡问题会出现迥异的态度与写作结果，加缪在处女作小说《快乐之死》中面对死亡问题，提出了一种独特的"快乐主义"。

《快乐之死》上半部的第一章便开始于主人公梅尔所（Mersaut）对残疾富人萨格勒斯（Zagreus）的谋杀。梅尔所来到萨格勒斯的住处，不顾萨格勒斯的眼神打开他的保险箱，取出里面的十几捆钞票和手枪。将钞票放入自己带来的手提箱后，梅尔所便用手枪杀死了萨格勒斯，同时伪造出萨格勒斯自杀的景象。离开萨格勒斯的住处后梅尔所来到了广场上，蓝色的天空和温柔的阳光让梅尔所感觉到一定要活得快乐："他停下了脚步，用力地

---

① David, Colin. Camus's Skeptical Trial: From la Mort Heureuse to l'Étranger, The Romanic Review 101, NO. 3, p. 333.

② Rousseaux, André, Albert Camus et la philosophie du bonheur, Symposium: A Quarterly Journal in Modern Literatures, 2: 1, 1-18, p1.

呼吸。蓝色的天空中飘下来无数白色的微笑。它们在沾满雨水的树叶上玩耍，在巷子里潮湿的石头上嬉戏，朝着鲜红色瓦片的房子飞舞，拍打着翅膀又回到刚才的空气和阳光之湖。上方的小飞机传来了柔美的哄哄声。在如此喜悦的空气中和富饶的天空下，似乎人唯一的任务就是活着，并且要快乐。"①

但是第一章中故事的线索仍旧是模糊的。加缪在接下来的几章中以平淡的手法描绘了梅尔所的日常生活，直到上半部的第四章才道出了梅尔所杀死萨格勒斯的原因，而这一章的内容成为了解读整部小说的关键，也是梅尔所决定要寻找快乐的决定性因素。萨格勒斯是梅尔所女友马赫达（Martha）的前男友，因此在马赫达的引荐下他们得以相识。在梅尔所和萨格勒斯的谈话中，梅尔所表示自己的生活并不如意，陷入了每天八小时工作的泥淖中，萨格勒斯看出了梅尔所的问题，并且告诉他唯一的任务就是要活着，并要快乐。但是获得快乐并不是需要放弃一些东西，而是要有一定要快乐的意志："你看，梅尔所，对于出身良好的人来说，快乐从来都不是一件很难的事情。只要牢牢抓紧命运的一切，不需要遁世的想法，如同那些假冒的伟人那样，而是要快乐的意志……一切都是为了快乐。"②紧接着萨格勒斯对梅尔所指出了至关重要的一点："获得快乐需要时间，而且是很多很多的时间。快乐同时也是一种长时间的耐心。但是问题在于，我们明明应该用钱来换取时间，以此获得快乐，但我们却耗尽了所有的时间去赚钱……快乐是可能的，但是前提是要有时间，而有钱，又能摆脱赚钱的束缚。"③快乐是一件需要耐心的事情，但是问题在于，我们明明应该用钱来换取时间，以此获得快乐，但我们却耗尽了所有的时间去赚钱。

---

① Camus, Albert. *La Mort heureuse. Œuvres complètes I*, Paris：Édition Gallimard, 2008, pp. 1107-1108.

② Camus, Albert. *La Mort heureuse. Œuvres complètes I*, Paris：Édition Gallimard, 2008, pp. 1130-1131.

③ Camus, Albert. *La Mort heureuse. Œuvres complètes I*, Paris：Édition Gallimard, 2008, p. 1133.

随即萨格勒斯向梅尔所解释了自己的境况：二十五岁的时候便开始赚大钱，短短几年时间就已经财富到手，但是没过多久之后的一场事故夺取了他的双腿，使他成为了残疾人。因此萨格勒斯认为自己没法获得快乐，自己仿佛成为了人生的局外人，无法参与到真正的人生中去，尤其是死亡让他很确定这一点，同时这也让他感到恐惧。为了展示自己的状况，萨格勒斯还打开了保险箱给梅尔所看到里面的遗书和手枪。罗杰·纪约（Roger Quilliot）认为加缪的《快乐之死》可以追溯到缪自己关于死亡的一次精神旅行程单①。加缪在创作《快乐之死》的时候肺结核已经严重发作过两次，萨格勒斯的残疾状态无疑暗示了这中情况，他有了一切，但是却因为没有健康身体而被排除在生活之外。时间的有限性和人的必死性让萨格勒斯认识到人在此生应该是快乐的，但同时残疾的状况又让他被排除在这种可能性之外。而梅尔所似乎在这次对话中看到了自己的可能性。

在上半部的第二章和第三章中，加缪描述了梅尔所觉悟前的日常生活。梅尔所是一名在码头工作的工人，经历着每天八小时的工作，夏日的酷暑让他窒息，同事间的闲谈让他丝毫无法打起精神，单调又重复的工作让他对一切事务都漠不关心；梅尔所的住处也不尽如人意，母亲去世后他自己只留了三个房间里的其中一个，另外两个房间出租给别人，"在肮脏的煤油灯和几块面包放在一起的这个房间里，他的一生都映照在镜子中泛黄的画面里"②；梅尔所对自己的女友马赫达的美貌感到自豪和愉悦，但是又猜忌她与别的男人有染；梅尔所同时怀着厌烦和愤怒的情绪与马赫达相处，但是当马赫达问他是否爱她时，梅尔所又严肃地回答马赫达"我们这个年纪没有相爱这回事，只不过是互相顺眼罢了……在我们这个年纪，我

---

① Quilliot, Roger, *La Mer et les Prisons*, *Essai sur Albert Camus*, Paris, Gallimard, 1970, p. 91.

② Camus, Albert. *La Mort heureuse. Œuvres complètes I*, Paris：Édition Gallimard, 2008, p. 1116.

们只是自以为相爱而已"①。可以看到梅尔所的生活是单调的、失败的、不如意的,但同时梅尔所又是无力改变的。而萨格勒斯似乎与梅尔所刚好可以形成互补的关系,梅尔所有很多的时间,只要获得萨格勒斯的钱,就可以摆脱自己无趣的生活,开始快乐的旅程。同时萨特勒斯暗示保险箱和手枪的行为,似乎也提醒梅尔所他正有自杀的打算。因此,这场对话似乎暗示了某种隐约的巧合,第二天梅尔所便又回到了萨格勒斯的住所,出现了第一章里描述的情节:梅尔所将萨格勒斯杀死并取走了他的钱。

小说上半部中对于死亡的描述是生活式的,还并未上升到形而上的领域,萨格勒斯的残疾状态导致了他对于快乐生活的无能为力与失望,他将人生应该活得快乐这一"人生经验"传给梅尔所,梅尔所似乎是幸运降临的合适人选。而梅尔所似乎也并未对快乐有什么实际意义上的认识,只是感到自己的生活麻木无聊,在经过萨格勒斯的点拨之后认为有机会可以摆脱这种生活。加缪似乎将重点放在的小说的后半部分,即梅尔所获得了金钱之后开始寻找快乐的旅途。在梅尔所杀死萨格勒斯之后,梅尔所站在蓝天之下,"感到自己似乎因为发烧而颤抖"②,这是加缪在上半部中唯一做的暗示,然而我们要直到小说的最后才知道梅尔所实际上是患了不治之症,意为梅尔所也是如《局外人》中的莫尔索那样是一个被判了死刑的人。不过值得我们注意的是,快乐作为一种明确的要求,已经在《快乐之死》的上半部中被明确提出。快乐不仅仅是一种让人等待其降临的幸运,而是要有非快乐不可的"快乐意志"。

3.1.2 回归自然的快乐:梅尔所

小说的下半部梅尔所开始了自己真正的寻找快乐之旅。下半部的第一、二章描述了梅尔所前往欧洲布拉格、布雷斯劳和维也纳旅行的故事,

---

① Camus, Albert. *La Mort heureuse*. *Œuvres complètes I*, Paris: Édition Gallimard, 2008, p. 1123.

② Camus, Albert. *La Mort heureuse*. *Œuvres complètes I*, Paris: Édition Gallimard, 2008, p. 1108.

但是梅尔所在旅途中感到劳累和厌倦，欧洲的一切都让他感到恶心和讨厌，同时自己的身体也出现了问题，不停地发烧和呕吐，无法进食。梅尔所因此决定赶快回到阿尔及利亚。

小说中没有提示梅尔所寻找快乐的旅程为何首先是出发前往欧洲，但是这至少象征了梅尔所想要赶紧脱离他麻木生活的意图。而这趟旅行中发生的事件，暗示了一种在这时还未被加缪称作"荒诞"的感觉。实际上，梅尔所在欧洲的旅程是十分失败的，肮脏的旅店让他无法适应、灰暗的欧洲城市让他感到格格不入，突然发烧的身体也让他充满绝望和疲倦，在这种情况下梅尔所甚至出现了放弃的念头，"每一天梅尔所都想离开，每一天梅尔所都在被遗弃的感觉中沉沦，对于快乐的欲望也越来越少"①。这里首先引起我们奇怪的是，梅尔所在获得了萨格勒斯的金钱来到欧洲之后，丝毫没有挥霍这笔巨资，恰恰相反，梅尔所似乎极其节制地使用这笔钱。在到达布拉格的一家旅馆后，前台表示一间房间是三十克朗，而梅尔所的回答是"太贵了，我要十八克朗的"，甚至在入住旅店之后，梅尔所"开始寻找便宜的餐馆"②不论加缪这里是有意还是无意，我们可以理解为这是对于金钱没有实际作用的暗示：金钱只是给予了时间的保障，却并不保障快乐。但是梅尔所在欧洲的旅程实际上有更重要的启示，这一部分可以在加缪同时期的散文集《反与正》(*L'Envers et l'Endroit*)中找到提示。《反与正》中的《灵魂的死亡》(*La Mort dans l'âme*)和《对生命的爱》(*Amour de vivre*)两篇文章正好对应了《快乐之死》中的这部分情节。

《灵魂的死亡》记录了加缪1936年拿到哲学教育文凭后与第一任妻子西蒙娜和伊夫·布儒瓦三人去欧洲旅行的经历及其感想③。与《快乐之死》

---

① Camus, Albert. *La Mort heureuse. Œuvres complètes I*, Paris：Édition Gallimard, 2008, p. 1145.

② Camus, Albert. *La Mort heureuse. Œuvres complètes I*, Paris：Édition Gallimard, 2008, pp. 1138-1142.

③ ［美］赫伯特·R.洛特曼，《加缪传》，肖云上、陈良明、钱培鑫等译，南京：南京大学出版社2018年版，第152页。

中的情节一样，加缪抵达布拉格之后感到焦虑和疲倦，没有食欲，厌恶一切景色和人群。除了《快乐之死》中梅尔所拥有大量金钱之外，此篇文章情节几乎跟《快乐之死》下部第一章的内容相同，而金钱在梅尔所的欧洲之旅中几乎谈不上任何作用，梅尔所仍旧在一种和贫穷相似的状态中进行这次旅行。根据传记作者赫伯特·R·洛特曼（Herbert R. Lottman）的记录，加缪在布拉格与他的第一任妻子因为种种原因分道扬镳了，因此加缪在布拉格度过了非常痛苦的一段时间①。随后加缪来到了意大利威尼斯，在威尼斯加缪重新捕捉到了地中海的气息，阳光与大海的味道以及童年贫穷的记忆。这使得加缪可以直视他内心的痛苦，而这种痛苦逐渐从和妻子分开的痛苦，转变为他对于生命的感悟："在这充满树木、阳光和笑意的意大利面前，我对困扰了我一个多月的死亡气息有了更深的了解……有两件事情是我珍惜的，我很难将他们区分开来。我对于阳光和生命的爱，以及对绝望经验的迷恋。有些人已经明白这一点，而我却不能选择其一。"②

这里暗示我们生与死的问题在旅行中成为了加缪（或梅尔所）思考的重点，而更为重要的是在第二篇《热爱生活》中，加缪描述了在欧洲南部巴尔玛的旅行生活。在巴尔玛的一家拥挤不堪且吵闹的咖啡馆里，一名体型壮硕的女子猛然闯入到男性人群中间，在众人的喝彩声中开始舞蹈，而女子虽然大汗淋漓却毫无表情。加缪随即谈到旅行的意义，对于加缪而言，这种突如其来的、诧异的旅行经验有了关于生命本身的体验："没有咖啡馆和报纸杂志，旅行就会变得很难……一个可以供人交谈的场所，人们可以模仿在自己家里的样子，从远处看，我们显得如此异化。旅行的价值正在于恐惧，它打破了我们心中的背景（décor）。我们无法再作弊了：将自己藏在办公室或者工地的时间中。我们如此地不满这些时间，但是这些时间同

---

① ［美］赫伯特·R·洛特曼，《加缪传》，肖云上、陈良明、钱培鑫等译，南京：南京大学出版社 2018 年版，第 152 页。

② Camus，Albert. *L'Envers et l'Endroit. Œuvres complètes I*，Paris：Édition Gallimard，2008，p. 62.

时也让我们不再忍受孤独。"①

综合起来我们可以看到，在《反与正》的两篇旅行散文中，那些旅行对于加缪而言有两个重要的提示：其一，在旅行中，或者说旅行本身，使得加缪思考死亡的问题。在这种思考中加缪已经有了在这一阶段还未能明确定义的答案，这时加缪称之为"对绝望经验的迷恋"，但是加缪肯定的是，生活(阳光)和死亡(阴影)处于同样重要的地位。其二，这种意识开始于一种"背景(Décor)的坍塌"②。这种背景的坍塌对于加缪来说是至关重要的一步。在《西西弗斯的神话中》，这种背景的坍塌，被用于描述荒诞的开始：

> "某一天美丽的背景势必会崩塌。起床，有轨电车，四小时办公或者干活，午饭，有轨电车，四小时工作，晚饭，睡觉，然后礼拜一，礼拜二，礼拜三，礼拜四，礼拜五，礼拜六，都在同一个节奏上，大部分时间这种日常都显得轻松。不过有一天，'为什么'油然而生，然后一切就在这种略带惊讶的无聊中开始了……"③

加缪将这种背景描述成人每天贫乏且重复的办公室或工地生活，即一个人所熟悉的、躲在其中的日常平庸。当人突然转换了环境，有了不同的刺激(比如在《反与正》中的旅行)，人就会开始从远处观看自己，感到自己成为了"局外人"。对于加缪来说，这正是当人意识到荒诞的开始，而意识到荒诞，在《西西弗斯的神话》中被认作是一切的起点。

我们可以将梅尔所前往欧洲寻找快乐的旅途与加缪这些经验结合起来，其中加缪强烈的自传性色彩暗示了对于荒诞的最初认识。在《西西弗

---

① Camus, Albert. *L'Envers et l'Endroit. Œuvres complètes I*, Paris：Édition Gallimard, 2008, p. 65.

② 装饰(Décor)这个词也可以表示为布景、背景、美丽的假象等含义。中文版的加缪作品中也有翻译成"布景""背景"等。

③ Camus, Albert. *Le Mythe de Sisyphe. Œuvres complètes I*, Paris：Édition Gallimard, 2008, p. 226.

斯的神话》的开头，加缪刻意不将荒诞明确化和概念化，将其描述成一种"散乱的感觉"，梅尔所在欧洲的旅行恰好印证了这一点，梅尔所"每天都感受着如孩童一般的发烧梦境"①。在下半部的第二章中，梅尔所突然决定要返回阿尔及利亚，开始一种新的快乐生活。加缪没有做过多的描述，但是我们可以看到梅尔所对加缪后来称之为荒诞的感觉的最初反思。

第三章描述了梅尔所回到了阿尔及利亚，和罗丝、克莱儿、凯特琳娜一起住在山上的别墅里。这是一座被称作"临世之屋"的别墅，他们四人在这里过着乌托邦式的生活，一起试图寻找快乐。虽然梅尔所开始隐约感受到快乐，但是同时他也认识到这些都是"表象"，并不是真实的快乐，因此梅尔所又开始寻找孤独。在第四章梅尔所有了名字叫露西安娜的新女友。梅尔所决定与她结婚，并且在海边购买了属于自己的房子，但是只供他自己居住，因为如果有人爱他的话，他就无法获得快乐了。梅尔所开始审视孤独生活对于快乐的重要性，这个过程中，萨格勒斯的警言仍旧出现在梅尔所的心头："凭借的不是放弃的意志，而是要追求快乐的意志。"②

在小说的最后一章尽管梅尔所在海边的房子里孤独生活，但是来年他的胸膜炎发作，在露西安娜的身边死去。在死前梅尔所有两种感触引起了我们的注意。首先，他认为"完成了自己扮演的角色，完成了作为人唯一的任务，那就是只求快乐"③，其次，梅尔所感到自己虽然远离人群，但是和自然融为了一体，在最后的瞬间，他感觉自己好像"众多石头中的一块石头，在内心的快乐中回归静止世界的真实"④。

显然加缪对于小说第二部分的处理是不成熟的，与三名女性在山顶的

① Camus, Albert. *La Mort heureuse. Œuvres complètes I*, Paris：Édition Gallimard, 2008，p. 1145.

② Camus, Albert. *La Mort heureuse. Œuvres complètes I*, Paris：Édition Gallimard, 2008，p. 1145.

③ Camus, Albert. *La Mort heureuse. Œuvres complètes I*, Paris：Édition Gallimard, 2008，p. 1195.

④ Camus, Albert. *La Mort heureuse. Œuvres complètes I*, Paris：Édition Gallimard, 2008，p. 1196.

生活来源于他青春时期的一段记忆犹新的真实经历，和露西安的关系也有加缪第一段婚姻的影子①，而梅尔所的胸膜炎也似乎象征着加缪自己的肺结核，加缪似乎有意地想要将自己的真实经历塞进到这些章节里面去。

同时，在这些章节里，加缪列出了好几种梅尔所对于快乐的定义。在刚回到阿尔及尔时，梅尔所看到了地中海、山城、天空、树林，于是梅尔所"明白自己是为快乐而生的"②。这里加缪似乎表示快乐的获得与大自然之间的紧密关系。于一次在"临世之屋"与三名女性友人聊天的过程中，加缪对此描述道："信任和友谊，阳光和白色的房子，几乎看不到阴影，这就是最自然的快乐。"③在这里加缪似乎又表示与所爱之人过一种和谐的生活即是快乐。某一天早上，梅尔所决定离开"临世之屋"，这时候他觉得快乐是"早起、定期游泳以及保持自己的清洁"④，而第二天梅尔所立刻又觉得快乐是"要懂得谦卑，让内心顺应每天的节奏"⑤。随后一次凯特琳来海边的屋子看望梅尔所时，梅尔所向他表示："最重要的是一种快乐的质量。我只能在与这种快乐的对立面顽强和激烈的冲突中才能感受到它。"⑥在这里加缪似乎又想要表示一种类似于西西弗斯式的反抗快乐。而当另外两位女性友人前来看望梅尔所时，梅尔所又向她们表示："人并不是或长或短地快乐。人是快乐，这就是全部。"⑦在这里加缪似乎又想表达一种活在当

---

① ［美］赫伯特·R·洛特曼，《加缪传》，肖云上、陈良明、钱培鑫等译，南京：南京大学出版社 2018 年版，第 188-189 页。

② Camus, Albert. *La Mort heureuse. Œuvres complètes I*, Paris：Édition Gallimard, 2008, p. 1154.

③ Camus, Albert. *La Mort heureuse. Œuvres complètes I*, Paris：Édition Gallimard, 2008, p. 1157.

④ Camus, Albert. *La Mort heureuse. Œuvres complètes I*, Paris：Édition Gallimard, 2008, p. 1176.

⑤ Camus, Albert. *La Mort heureuse. Œuvres complètes I*, Paris：Édition Gallimard, 2008, p. 1177.

⑥ Camus, Albert. *La Mort heureuse. Œuvres complètes I*, Paris：Édition Gallimard, 2008, p. 1182.

⑦ Camus, Albert. *La Mort heureuse. Œuvres complètes I*, Paris：Édition Gallimard, 2008, p. 1183.

下的快乐。

乔治·斯特劳斯（George Strauss）将《快乐之死》的上半部称为"快乐问题的黑暗面"，而下半部称为"快乐问题的光明面"，所谓"快乐问题的黑暗面"指的是没有钱、没有休息、无法控制自己的情绪等，而梅尔所最终获得成功——获得快乐——的方法是通过一种苦行主义，并且这种苦行主义在加缪后期的写作中将会更加重要，同时，对于加缪来说，终极的快乐体现为感官快乐和被动苦行主义相结合的奇怪混合体①。让·萨洛奇也持有相同的观点，他将《快乐之死》的上半部称为加缪散文《反与正》中的"反"，小说的主人公梅尔所缺少钱、没有时间、无法控制情绪，处于失败与混乱的状态；小说的下半部则是《反与正》中的"正"，梅尔所获得了让自己摆脱工作的金钱，可以安排自己的时间与生活，并且在心灵上逐渐趋于平静从而获得快乐②。若是我们仔细分辨梅尔所回到阿尔及利亚之后对于快乐的态度，我们就可以知道这种观点并不是十分完整的。梅尔所在回到阿尔及利亚之后的生活中虽然表现出一种平静与控制的倾向，但是梅尔所是否真的找到了快乐，并且成功快乐地死去，这一点仍旧是模糊的，梅尔所直至生命的终点也未曾确定快乐究竟是什么，也不对自己是否真的获得了快乐表示肯定。值得我们注意的是，在梅尔所的弥留之际，他开始反思自己追寻快乐的过程。梅尔所感到自己在面对死亡和追寻快乐的过程中始终保持了清醒的意识和勇气，"有了一种激昂的确信，必须保持清醒到最后，眼睁睁地看着自己死去"③。这一情节又将在《反与正》中得到具体的描述。在《反与正》最后一篇同名散文中，加缪描述了一个因为继承了五千法郎而为自己购买坟墓的老妇人。老妇人孤僻且神秘，为自己准备好坟墓之后每

① Strauss, George, *A Reading of Albert Camus*, *La Mort Heureuse*, Neophilogus Volume 59, Issue 2(1975), p. 200, 210.

② Sarocchi, Jean. *Genèse de La Mort heureurse*, by Albert Camus, *La Mort heureuse*, Paris：Gallimard, 1971, p. 12.

③ Camus, Albert. *La Mort heureuse. Œuvres complètes I*, Paris：Édition Gallimard, 2008, p. 1195.

个礼拜的周日下午独自来看它，久而久之，人们开始以为坟墓的主人实际上已经去世，开始给坟墓祭奠鲜花。老妇人偶然一次的迟到让她突然意识到了荒诞。加缪用这样一个矛盾的故事表现荒诞：一个人若在另一个角度看到了自己的坟墓，即从远处看到了自己的死亡，而自己却又在按照每日固定的节奏继续生活。

继而叙事的主人公问道："一个旁观的人和一个自掘坟墓的人，如何才能将这两者分开？将人和荒诞分开？……在这世界的反与正之间，我不喜欢进行选择，也不希望别人进行选择。"①在加缪全集的附录部分收录的《项目前言》中，加缪指出了这里"反"与"正"各自所蕴含的意义。首先加缪提到，人的伟大的勇气在于接受自己，所谓接受自己，即接受自己的矛盾，即只属于人的矛盾。加缪这样解释这种人的矛盾："这些文章是有关人的境况的。我相信人们可以从中感受到不要拒绝这种境况的意志。确实，地中海世界的国家是我唯一可以生活的地方，我喜欢这里的生活与阳光。但是存在本身的悲剧也确实纠缠着人们，也深深地绑缚着人们自身。在这存在于我和世界之间的正与反之间，我拒绝选择。好比人们看到绝望的人嘴唇上所流露出来的笑容，怎么能够将它们区分开来呢？如此，反讽在这种矛盾的面具下，就获得了一种形而上的价值，只是这是一种关于行动的形而上学。也因此这里最后一篇文章也取名为《勇气》。"②进而在《反与正》的最后，加缪解释这种勇气："伟大的勇气，在于让眼睛打开，看着阳光，也同样看着死亡。"③

加缪的解释自然仍旧是晦涩与未成熟的，但是我们可以得到两条重要的信息。首先，在反与正中，"正"代表了阳光、生活与生机勃勃之地中海

---

① Camus, Albert. *L'Envers et l'Endroit. Œuvres complètes I*, Paris：Édition Gallimard，2008，p. 71.

② Camus, Albert. *L'Envers et l'Endroit. Œuvres complètes I*, Paris：Édition Gallimard，2008，p. 73.

③ Camus, Albert. *L'Envers et l'Endroit. Œuvres complètes I*, Paris：Édition Gallimard，2008，p. 71.

的人的生命；而所谓"反"，则是代表了恐惧与悲剧的人的死亡。正与反并没有先后之顺序与上下之差别，"好比一个绝望之人脸上所露出的笑容，人们无法将其分开"①。这即是加缪将要在《西西弗斯的神话》中所探讨的荒诞，所谓人与世界的关系，在《反与正》中就已经以一种相对模糊与晦涩的方式得到了表达。荒诞即是在美好生活与阳光之下同时又无法摆脱人类存在本身的悲剧——死亡——所困扰的真实境况。人的这种境况，在这里被称为"反与正"，在《西西弗斯的神话》中则被表述为荒诞，两者是同一件事物。其次，至少加缪在这时已经明确，我们必须清醒地面对人是必死的这一问题，这是人的基本境况，而"打开眼睛看着死亡"的意象，同样表明面对人必死的基本境况时，必须要保持一种反抗的态度。在《西西弗斯的神话》中所得出的荒诞结论"我的反抗、我的自由、我的激情"，同样在这里已经初露端倪。而梅尔所在故事的最终感到自己如大自然中众多石头中的一块，也暗示了这种倾向，表示自己的生死实是与大自然中的自然物处于同一价值序列中。

纵观《快乐之死》，我们可以得出的结论是：对生活的麻木与厌倦，以及萨格勒斯给予的教导和暗示，似乎是梅尔所决定要寻找快乐的原因，但同时，这其中的原因也许并非那么朴素。萨格勒斯的教导中同时也透露出一种形而上的信息，似乎是预见了自己的死期将至，萨格勒斯才产生了必须要快乐的意志。因此，梅尔所在与萨格勒斯的对话中也产生了形而上的反思，他想要的快乐，可以理解成是加缪对死亡问题的第一次小说尝试。但明显的是，加缪在《快乐之死》中的描述是模糊的。为了得到快乐，梅尔所也愿意孤注一掷，行使谋杀，以获得时间，但梅尔所积极获取生活经验的方法似乎并没有获得快乐，而梅尔所最终与大自然融为一体时的死亡感觉，与其说是一种形而上的快乐，不如说是一种美学意义上的感觉。这种感觉与《婚礼集》中的感觉类似，是一种基于没有上帝的立场而诞生的神圣

---

① Camus, Albert. *L'Envers et l'Endroit. Œuvres complètes I*, Paris：Édition Gallimard, 2008, p. 71.

体验①，这种感觉来源于加缪这一时期同时在写作的论文《基督教与新柏拉图主义》中对于普罗提诺的研究。梅尔所最重要的意义在于发现了一种朴素的、还未成形的荒诞，并且在荒诞中让我们知道至少要有一种反抗的行动。梅尔所对于快乐的追寻虽然是盲目的、摸索的，这体现出加缪在这一时期的思想仍旧处于一种发展和成熟阶段，但是至少让加缪肯定的是，荒诞是一种一经确定就无法消除的事情，而反抗一定是一种必须的选择。

梅尔所的死虽然是带有清醒意识的，但是对于他是否是快乐这一问题，答案仍旧是模糊的。加缪在 1938 年 6 月笔记中记录："(六)重写小说。"②这里显然是指放弃了《快乐之死》，开始《局外人》的写作，而《快乐之死》中留下的这些问题也将在他接下来的作品中继续发展和修正。

3.2 快乐主义的发展

3.2.1 从《快乐之死》到《局外人》

《快乐之死》与《局外人》在加缪的创作中有一种紧密的先后关系，甚至后者极有可能是前者改写后的结果，但是两者又有极大的不同。《局外人》中的主角莫尔索是孤独的，又是极端的，他仿佛是西西弗斯的具身化，又仿佛是一个被投入牢笼中的失败者。在《局外人》中，莫尔索的生活境况是被发展到极限的，而在故事的最后，莫尔索和《快乐之死》中的梅尔所一样，似乎感到了快乐的含义。如果说在小说中极端的情况可以更加突出问题的所在，那么《局外人》无疑将会在"快乐"的问题上表达得比《快乐之死》更为清晰。

《局外人》写于 1938 年到 1940 年之间，最初出版于 1942 年法国巴黎。

---

① Blanchet, André. *Pari d'Albert Camus*, Etudes, no. 5(mai 1960), pp. 183-19.

② Camus, Albert. *Carnets. Œuvres complètes II*, Paris：Édition Gallimard, 2008, p. 853.

这部在当时使加缪作为一名年轻作家在法国开始崭露头角的作品，在如今已经成为了加缪最广为人知的世界名著。1938年6月的手记显示了加缪对于那个夏天的计划，其中有三个任务："卡里古拉""荒谬"和"重写小说"①。这说明在1938年夏天加缪已经完成了《快乐之死》的初稿，并且构思了"荒诞系列"的另外两部作品《卡里古拉》和《西西弗斯的神话》。而在1939年1月加缪就开始将注意力放在了《局外人》上②，在1940年5月的日记中他写道："《局外人》写完了。"③因此，加缪的"重写小说"，也许也是要重新修改《快乐之死》，但是最后搁浅了计划，也许也是将《快乐之死》重写后改成了"局外人"的名字。

《局外人》的故事简单明了，在《局外人》的上半部中加缪描写了一个生活空虚和无聊的年轻人莫尔索，在母亲的葬礼上他不会哭泣，在女友面前不知道爱情是什么。在母亲的葬礼第二天和一个在沙滩上认识的女孩子谈恋爱，然后坐在椅子上观望街道，抽烟直到晚上。在夜晚来临的时候，莫尔索感到"明天又要上班了""生活还是老样子""什么事情都没有变化"④，随后莫尔索说出了和《快乐之死》中梅尔所同样的话："又一个星期天结束了。"⑤在接下来的一个星期里莫尔索继续他普通和平常的生活，在工作中接触老板和同事、去克莱斯特的饭店聊天、目睹邻居萨拉马诺的事件，以及认识雷蒙并与他成为朋友。再接下来的一个星期天，莫尔索携同女友玛丽和雷蒙一起去沙滩度假，在出发的当口他们在公交车上看见曾与雷蒙有过争执的阿拉伯人。在沙滩上他们因为再次遇到这几个阿拉伯人而引发了

① Camus, Albert. *Carnets. Œuvres complètes II*, Paris：Édition Gallimard, 2008, p. 853.

② Sarocchi, Jean. *Genèse de La Mort heureurse*, by Albert Camus, *La Mort heureuse*, Paris：Gallimard, 1971, p. 1.

③ Camus, Albert. *Carnets. Œuvres complètes II*, Paris：Édition Gallimard, 2008, p. 914.

④ Camus, Albert. *L'Étranger. Œuvres complètes I*, Paris：Édition Gallimard, 2008, p. 154.

⑤ Camus, Albert. *L'Étranger. Œuvres complètes I*, Paris：Édition Gallimard, 2008, p. 154.

斗殴，雷蒙因此受伤。莫尔索、雷蒙和雷蒙的朋友三人回到住处的时候莫尔索决定再次回到沙滩上去，也在那里再次遇到了那几个阿拉伯人。因为天气炎热、阳光晒人，海水的反射让他睁不开眼睛，莫尔索扣动了手枪的扳机，射中了阿拉伯人。莫尔索觉得这一枪打破了这一天的平衡，又朝着地上的阿拉伯人连开了四枪。小说的下半部莫尔索在牢房里度过，伴随他的是连着几次不同人对于他的审问。最终莫尔索被判处绞刑，主要的原因不在于他杀死了一个阿拉伯人，而是因为他在母亲的葬礼上不哭泣，并且在第二天就和玛丽相处。同时神父被连续拒绝几次之后终于和莫尔索进行了一次长谈，希望莫尔索相信上帝而摆脱痛苦，莫尔索因为不相信希望而拒绝神父。在对话结束后，也就是故事的最终，莫尔索感到自己是快乐的。

读者很容易可以感觉到《快乐之死》与《局外人》的相似之处，比如两部小说的主角名字——《快乐之死》中的梅尔所（Mersault）和《局外人》中的莫尔索（Meursault）——极其相似；两部小说都分为上下两部，上下两部呈现出截然相反的剧情和姿态，并且各自都分为 5-6 个章节；两部小说的主人公在上半部中都面临着平庸且无聊的生活，都对爱情报以冷漠的态度；两部小说都以一种看似快乐的死亡作为结尾。除此之外，我们可以在加缪的笔记中找到更多的线索。在 1936 年 1 月至 2 月的手记中，加缪流露出写小说的念头，并且开始构思后来被称为"荒诞系列"的写作框架。《快乐之死》的第一次出现正是在这一时期。它出现于被称为"第二部"的写作计划中，"临世之屋""萨尔茨堡"和"布拉格"等关键词都是这一计划中的重点，而在这一计划中，小说已经和被称为"荒诞"的构思结合在一起，这一"荒诞"的构思后来发展为《西西弗斯的神话》。而同一时期的手记中也出现了后来《局外人》中莫尔索和神父对话的情节，这也是手记中第一次出现《局外人》的构思①。在 1937 年 4 月的笔记中，加缪已经有了模糊的"荒诞系列"提纲：

---

① Camus, Albert. *Carnets. Œuvres complètes II*, Paris：Édition Gallimard, 2008, p. 800.

"极端经验

哲学作品：荒诞

文学作品：力量、爱和意味着征服的死亡。

以上两项，都要混合两种文体并维持特有的笔调。"①

我们可以看到这里的"哲学作品"即是后来的《西西弗斯的神话》，而这里的"文学作品"则更符合《快乐之死》，而不是《局外人》。而在同年的 8 月份，加缪有另一则笔记说明了他在这个"荒诞系列"中小说的写作计划：

"大纲。三部分。

第一部：A 用现在式。

　　　　B 用过去式。

A1 章——从外界的眼光来看莫尔索先生的一天。

B1 章——巴黎的贫民区。马肉店。帕提斯和他的家人。哑巴。祖母。

A2 章——谈话和矛盾。屋顶层。电影院。

B2 章——帕提斯的病。医生。"这个尽头要来了……"

A3 章——一个月的巡回公演。

B3 章——不同的职业（中介、汽车零件、省政府）。

A4 章——伟大的爱情故事

"你从来没有过这样的感觉？""有的，夫人，当我和您在一起的时候。"左轮手枪的主题。

B4 章——母亲之死。

A5 章——遇见雷蒙德"②

---

① Camus, Albert. *Carnets. Œuvres complètes II*, Paris：Édition Gallimard, 2008, p. 809

② Camus, Albert. *Carnets. Œuvres complètes II*, Paris：Édition Gallimard, 2008, p. 826.

这其中 A2 章的"谈话和矛盾"与"屋顶层"、B2 章的"帕提斯的病"、A4 章的"伟大的爱情故事"，属于《快乐之死》中的内容，而两部分各自用现在式和过去式的写法、B4 章的"母亲之死"、A5 章的"遇见雷蒙德"，则属于《局外人》中的内容。另外，在这里小说的主人公名字已经叫《局外人》中的莫尔索，而不是《快乐之死》中的梅尔所。至此我们可以看到，在加缪的写作之初，《快乐之死》和《局外人》两部小说的内容似乎是相混杂的，两部小说的内容和情节经常糅杂在一起，难以分清各自。大卫·舍曼（David Sherman）称《快乐之死》是《局外人》的一次"彩排"①。柯林·戴维斯（Colin Davis）把《快乐之死》和《局外人》放在一个被他称作"怀疑主义"的序列里②。在《快乐之死》第一次出版的前言中，让·萨洛琪（Jean Sarocchi）认为《快乐之死》在文学上是一部失败之作，对于加缪只有编年和自传范畴上的意义，它的作用只是为了《局外人》的出现，他甚至将《快乐之死》比作"蝉蛹"，而将《局外人》比作这个蝉蛹中孕育出来的"幼虫"，《快乐之死》是《局外人》的"预告片"和"母型"③。但是我们可以知道，若仅仅是情节与设置上的相似之处，并不能肯定《快乐之死》与《局外人》之间简单的先后关系。《快乐之死》与《局外人》虽都写于加缪青年时期，又围绕在相同的主题即荒诞之下，其中必定有相似之处值得我们探究，但同时也要注意两者的不同。或者说，也许正是要找寻出两者的不同之处，才能理解加缪思想的发展。

因此，如果我们首先假定《快乐之死》重写后的结果就是《局外人》，那么应当得出的结果是：首先，两部小说中相同与非常相似的部分即是《快乐之死》中被加缪自己认可的部分，这部分直接继承到了《局外人》中；其次，在《快乐之死》中占重要比重但是在《局外人》中并没有出现的部分，那

① Sherman, David. *Albert Camus*, London：Blackwell Publishing, 2009, p. 56.

② Davis, Colin. *Camus's Skeptical Trial*：*From la Mort Heureuse to l'Étranger*, The Romanic Review 101, NO. 3, pp. 356-357.

③ Sarocchi, Jean. *Genèse de La Mort heureurse*, by Albert Camus, *La Mort heureuse*, Paris：Gallimard, 1971, p. 17.

么这部分内容理应是加缪认为不再需要的内容；第三，《快乐之死》中没有而《局外人》中出现的且与《快乐之死》大为不同的部分，那么这部分内容应当是加缪思想进一步发展与修正后新认可的内容。我们可以按照这一逻辑来解读《局外人》，以及《局外人》与《快乐之死》之间的关系。

《快乐之死》和《局外人》在上半部中各有一次重要的死亡（主角谋杀了他人），下半部也各有一次死亡（主角自己的死亡）。然而两位主角的死亡都不是因为各自在上半部中的谋杀行为导致，而是另有原因。在结构上，这是两部小说共有的出人意料的构思，也是重要的相同之处。《快乐之死》中的梅尔所杀了萨格勒斯，夺取了他的财产，但是他却不是因为杀人被法庭判处死刑，而是因莫名其妙的肺气肿死去；《局外人》中的莫尔索表面上是因为杀了一个阿拉伯人而住进监狱，但是他被判处死刑却不是因为谋杀了阿拉伯人，而是因为他没有在母亲的葬礼上哭泣。"死亡"在两部小说中都扮演了隐秘的角色，两个人都不是因为直接可以致死的原因而死亡，反而是因为在一开始完全无所知的、无法预料的原因而死亡。这首先说明，死亡在这里所扮演的角色，并不是表面上的"惩罚"，而是一种永恒存在的、无法摆脱与无法预料的注定情况。

1930 年 8 月，17 岁的加缪第一次咳血，随后在穆斯塔法医院被诊断为肺结核，这在当时还是一种绝症。在这个年纪被判了"死刑"，无疑使得加缪开始接触和思考死亡的问题。在后来《婚礼》中，加缪曾这样写道："与人们所认识的相反，希望，就等于听天由命，而生存，却并不意味着逆来顺受。"①根据为加缪写传记的玛莎·塞里（Macha Séry）记述，加缪曾在穆斯塔法医院大喊"我不要死"②。加缪的这层阴影始终影响着他的思考，以及他的写作。在构思《快乐之死》的时候，在名为《没有明天》的笔记中，加缪这样描述和死亡的关系："对于将来，至关重要的事情在于，自从那天

---

① Camus, Albert. *Noces. Œuvres complètes I*, Paris：Édition Gallimard，2008，p. 105.

② ［法］玛莎·塞里著，《20 岁的加缪：最初的战斗》，余看译，北京：清华大学出版社 2020 年版，第 15 页。

晚上的那一刻开始，我在并没有仔细思考的情况下接受了关于死亡的概念。我不再以一个活着的人的身份，而是以一个被判了死刑的人的身份开始思考。如果再继续这样下去，死亡也没什么要紧的。"①

我们可以看到，这个"被判死刑的人"的形象，同时出现在《快乐之死》和《局外人》中。在《快乐之死》中，梅尔所的死刑与加缪自己一样，因为得病而不得不面临死亡，因而是一种得病的死刑。在《快乐之死》中，加缪并没有花大量的篇幅去描述梅尔所所得的病，而是故意将这种致死之病放于隐秘的位置。梅尔所的病在小说的开头，即上半部的第一章，仅仅以三个喷嚏的形式暗示；在上半部的第五章，梅尔所杀死萨格勒斯后回到家里，整整睡了一个下午，醒来后发现自己发着烧，到了晚上请了附近的大夫来，大夫诊断为风寒②。除此之外，整部小说的上半部完全没有明确提到过梅尔所的病，直到小说的下半部最后一章，突然又出现了梅尔所得病的情节。这时候梅尔所已经经过了大半年的隐居，在一次从海边回家的时候，他"突然意识到自己生病了"③。

我们可以看到，梅尔所生病的过程、生病的原因，全都被加缪隐去，直到小说的最后我们才知道他得了肺气肿，这种致死之病虽然在小说的开头部分给了读者暗示，但是在小说的最后以直接出现的姿态判了梅尔所死刑。在《局外人》中，加缪实际上发展了这种做法。《局外人》的小说主人公莫尔索虽然没有得病，而是被法院判了死刑。但是莫尔索的死刑，与梅尔所的致死之病如出一辙。首先，在梅尔所杀死阿拉伯人的时候，我们从加缪的描述中可以看出来，梅尔所似乎并不知道杀死另外一个人是要判死刑的。当在沙滩上面对阿拉伯人的时候，他只是感到天气的干燥和太阳的猛

---

① Camus, Albert. *La Mort heureuse. Œuvres complètes I*, Paris：Édition Gallimard, 2008, p. 1199.

② Camus, Albert. *La Mort heureuse. Œuvres complètes I*, Paris：Édition Gallimard, 2008, p. 1130.

③ Camus, Albert. *La Mort heureuse. Œuvres complètes I*, Paris：Édition Gallimard, 2008, p. 1191.

烈、额头上聚满的汗水和因为汗水而模糊的视线。当莫尔索朝着阿拉伯人
开枪之后，他也只是感觉到"打破了今天的平衡和海上的平静"①。而小说
的下半部更是如此，当法官问莫尔索是否找了律师的时候，莫尔索反问
是不是一定要找一个律师才行；律师试图暗示莫尔索可以帮助其无罪辩
护的时候，莫尔索反而感到很尴尬和惊讶；他的女朋友玛丽和他分手后，
他才感觉到自己是个犯人，"开始有囚犯意识了"②；直到在莫尔索被宣
布将要执行死刑的时候，莫尔索才"明白在审讯过程中看到的听众脸上的
表情"③。

　　因此，我们可以得出的结论是，无论是梅尔所还是莫尔索，对他们而
言，他们的死亡都是注定的。萨格勒斯被认为是自杀，梅尔所表面上得以
逃脱了法律的制裁，但是从杀死萨格勒斯那一刻起，小说就暗示了梅尔所
得了病，他注定会死去；同样，莫尔索表面上因为杀死了阿拉伯人，但是
实际上在小说的开头就暗示了莫尔索的结局："今天妈妈死了。也许是昨
天，我不知道。"④他将因为冷漠地对待母亲的死亡和葬礼而被判死刑。死
亡在这两部小说中的作用是相同的。在《快乐之死》中，梅尔所之所以认同
萨格勒斯的启示，因为他自己确实意识到时间是有限的，人是必死的。而
在《局外人》中，更加来历不明的死因将这种感觉放大了。对于这两部小说
来说，死亡正是扮演了加缪在《反与正》中所道明的角色：死亡是一个无法
摆脱的情况，始终绑缚在我们的存在之中。两部小说的主人公的所有行
为，实际上都是在面对死亡的情境下才得以展开。两部小说的共同主题仍
旧是如何面对死亡，以及如何处理死亡和生命之间的关系：即面对注定被

---

① Camus, Albert. *L'Étranger. Œuvres complètes I*, Paris：Édition Gallimard, 2008,
p. 176.

② Camus, Albert. *L'Étranger. Œuvres complètes I*, Paris：Édition Gallimard, 2008,
p. 186.

③ Camus, Albert. *L'Étranger. Œuvres complètes I*, Paris：Édition Gallimard, 2008,
p. 204.

④ Camus, Albert. *L'Étranger. Œuvres complètes I*, Paris：Édition Gallimard, 2008,
p. 142.

判死刑的状态，人如何才能是快乐的。

《快乐之死》与《局外人》另一个相似之处在于，在上半部中，梅尔所与莫尔索两位主角都经历着枯燥与无聊的生活，每天 8 小时的办公室生活，两个人都对爱情持有激情，但是却又冷漠相待，最为重要的事在于，两个人都因谋杀事件而彻底改变了生活。而从下半部开始，两部小说就截然不同了，《快乐之死》中的梅尔所开始了对于快乐的追寻，这是萨格勒斯告诉他的"快乐意志"，而《局外人》中的莫尔索则被投入监狱，在孤独中经历着一些屈指可数的事件。表面上，在上半部中梅尔所与莫尔索在杀人之前几乎就是同一个人，但是我们若是注意辨别其中的细节，则可以发现两人实际上的差别，而也正是这种差别导致下半部故事发展的不同。

法国伽利玛出版社 2006 年版的《快乐之死》附录中收录了加缪在 1938 年 5 月 17 日的笔记。笔记中加缪罗列了他的写作计划，其中第一部分即后来被称为"荒诞系列"的一个作品组，它们分别为：

"散文'荒诞或者出发点'

戏剧'卡里古拉或者死亡的玩家'

小说'一个自由的人（冷漠的人）'"①

在小说部分，笔记显示加缪要创作一个既是自由的，又是冷漠的人。一般而言，普遍的认识是这部小说即著名的《局外人》，我们可以毫不犹豫地肯定所谓"冷漠的人"自然是指《局外人》中的主角莫尔索。但是我们同时可以发现，"自由的人"这一称呼，确并不一定完全符合莫尔索的形象，这是值得引起注意的。我们可以发现，被称为"局外人"的莫尔索，在日常的生活中却从来都不是一个局外人。在办公室里，他实则是一个正常的职员，只是有时候希望放假，和老板也从来没有冲突；克莱斯特和雷蒙都是

---

① Camus, Albert. *La Mort heureuse. Œuvres complètes I*, Paris：Édition Gallimard, 2008, p. 1201.

莫尔索的朋友；莫尔索不爱他的女友玛丽，但是玛丽仍旧爱着他；在街坊邻里中莫尔索也有不错的口碑，沙拉玛诺的狗走丢了也会和莫尔索聊天。到了下半部分，即使莫尔索被投入了牢房，事实上他仍旧得到大家的关怀，律师一直帮助他获得轻判的可能性，法官暗示莫尔索要信仰十字架，而神父则几次想要来看望莫尔索。我们可以说莫尔索是笔记中所谓冷漠的人，但若是说他是一个自由的人，则是不正确的，莫尔索甚至始终关注着与他人的关系，从未与他人产生过实质上的冲突。不仅如此，莫尔索在身体上也从来没有获得过自由，上半部的生活处在压抑与麻木的状态，而下半部的情况则是四面高墙的监狱。与此相反的是，《快乐之死》中的梅尔所却在实际上，尤其是物质上，获得了自由。莫尔索虽然在上半部中也处于类似的压抑生活中，但是自从他杀死萨格勒斯并且获得他的金钱之后，立刻就获得了自由之身，第二天就踏上了去往欧洲旅行的列车。而比于莫尔索，梅尔所对生活更加厌恶，而拿到了萨格勒斯的金钱后，梅尔所选择独自一个人去欧洲旅行；走在布拉格的街头感到所有人都避开他，寻找餐厅时选择黑暗并且无人经过的小道；回到阿尔及利亚后和三个女友在山上过与世隔绝的生活；娶了露西安娜为妻却从不与她一起生活，购买了海边的房子独自寻找快乐；在感到自己得了不治之症时，他觉得需要潜入海里。在这种对比之下，莫尔索只是对生活感到麻木，而梅尔所才是那个真正被生活所排斥的人。

　　而出现这种情况的原因，我们可以在两部小说上半部中的一些细节里找到。《局外人》开篇名句"昨天妈妈死了。可能是前天，我不知道"直接描绘一种冷漠的感觉，这与《快乐之死》是不同的。《快乐之死》的开篇所叙述的梅尔所实施谋杀过程，完全没有《局外人》中所带有的冷漠色彩："上午十点，帕特里斯·梅尔所稳步走向萨格勒斯的别墅。"①，在路途中，他所看到的是明亮而冷冽的美丽春天和灿烂又并不热的太阳，"早晨显得天真

---

　　① Camus, Albert. *La Mort heureuse. Œuvres complètes I*, Paris：Édition Gallimard, 2008，p. 1105.

和真实"①。莫尔索收到母亲去世的电报后表示"这并不意味着什么"②，随后赶往养老院，感到养老院的老人们"似乎是来审判我的"③梅尔所在杀死萨格勒斯之后，完全没有担心与犹豫，并且确认了自己的信心："人的唯一任务就是要活着并且快乐。"④莫尔索所表现出来的是对外界以及他者的不信任以及怀疑，对于外界他没有什么可靠的认识和信任，甚至对于自己也都是无知的；而梅尔所则信任自己与自己的目标，相信自己作为人的任务，并且这种任务可以通过意志与追求来获得。

在随后的发展中，两人对于周遭的不同态度进一步显现出来。当《快乐之死》中梅尔所的女朋友马赫特问梅尔所是否爱她时，梅尔所明确地向她解释什么是爱情："在我们这个年纪，人们是没有爱的，人只爱自己，这就是全部了。到了以后，当人们都又老又无力的时候，人们才会相爱。在我们的年纪，我们只是以为自己相爱。"⑤在下半部梅尔所的妻子表示梅尔所不爱她时，梅尔所直接了当地回答："我可从来没有说过我爱你。"⑥梅尔所在这里的语气是肯定的、确凿的，甚至是坚定的。《局外人》中当莫尔索的女友玛丽问莫尔索是否爱她时，莫尔索的回答却是模棱两可的："这个问题没什么可说的，但是似乎是不爱的。"⑦当玛丽问莫尔索是否愿

---

① Camus, Albert. *La Mort heureuse. Œuvres complètes I*, Paris：Édition Gallimard, 2008, p. 1106.

② Camus, Albert. *L'Étranger. Œuvres complètes I*, Paris：Édition Gallimard, 2008, p. 141.

③ Camus, Albert. *L'Étranger. Œuvres complètes I*, Paris：Édition Gallimard, 2008, p. 145.

④ Camus, Albert. *La Mort heureuse. Œuvres complètes I*, Paris：Édition Gallimard, 2008, p. 1108.

⑤ Camus, Albert. *La Mort heureuse. Œuvres complètes I*, Paris：Édition Gallimard, 2008, p. 1123.

⑥ Camus, Albert. *La Mort heureuse. Œuvres complètes I*, Paris：Édition Gallimard, 2008, p. 1127.

⑦ Camus, Albert. *L'Étranger. Œuvres complètes I*, Paris：Édition Gallimard, 2008, p. 161.

意结婚的时候，莫尔索的回答也是模糊的："结不结都可以"①。无论爱或不爱，《快乐之死》中的梅尔所回答始终是明显的，而在莫尔索那里，爱与不爱似乎显得无关紧要，或者说，莫尔索更本无法知道这个问题是否紧要。

另外一个细节为，梅尔所和莫尔索都在小说上半部的某一章里度过了一个无聊的星期天，经过一系列相同的事件之后发现又一个星期过去了。梅尔所仅仅是告诉自己："又一个星期天过去了。"②而莫尔索则是用第一人称说道："我想这又是一个星期天过去了。妈妈现在已经下葬了，我也重新开始了我的工作。总之，没有任何事情有所改变。"③对于梅尔所来说，虽然这个星期天如同以往的任何一个星期天一样无聊和乏味，但是他的语气中透露出希望的气息，其中早已暗示了"一定要快乐"的决定，因此他对于未来有着隐藏的希望：这个星期天过去了，也许下一个星期天就会截然不同——事实上也确实如此。然而对于莫尔索来说，这个星期着实发生了与众不同的事情：母亲去世。但是经过了这一系列应该改变他生活轨道的事情之后，莫尔索表示"没有任何事情有所改变"。

所以我们可以由此得知，梅尔所和莫尔索，两个人的性格是截然相反的。梅尔所目标明确，毫不怀疑自己的任何行动与确认之事，而莫尔索则对一切都没有评价，似乎是拒绝交流的。这也自然导致了两个人在下半部中的不同，《快乐之死》中的梅尔所在杀死萨格勒斯后带上他的金钱开始了长时间的寻找快乐之旅，期间经历不顺利的时候，甚至泪水涌上心头，但最终仍旧不忘记"快乐是可能的"④。而《局外人》中的莫尔索则拥有完全相

①　Camus, Albert. *L'Étranger. Œuvres complètes I*, Paris：Édition Gallimard, 2008, p. 161.

②　Camus, Albert. *La Mort heureuse. Œuvres complètes I*, Paris：Édition Gallimard, 2008, p. 1116.

③　Camus, Albert. *L'Étranger. Œuvres complètes I*, Paris：Édition Gallimard, 2008, p. 154.

④　Camus, Albert. *La Mort heureuse. Œuvres complètes I*, Paris：Édition Gallimard, 2008, p. 1153.

反的历程，在海滩边杀死阿拉伯人之后，立刻被关到了监狱里。梅尔所的意志是坚定的，他坚信自己必须要找到快乐，而莫尔索则是麻木的，他根本没有思考过快乐的问题，在监狱中莫尔索甚至这样告诉自己："最根本的问题是如何消磨时间"①。

在 1962 年英文版的《局外人》前言中，加缪表示："我想表明的是小说的主角被判死刑是因为他不玩这个游戏(jeu)。"莫尔索的"局外人"身份针对的是他所生活的社会，在这个社会里，一个人如果没有在自己母亲的葬礼上哭泣，那么他就有被判刑的风险。在这个意义上，莫尔索生活在孤独的社会边缘。至于莫尔索拒绝参与的这个游戏是什么，加缪回答"莫尔索拒绝撒谎"，撒谎不仅仅是说事物真相的反面，当它涉及人的内心时，撒谎也包括"说出自己并没有感受到的东西"②。与此相反，梅尔所则一直抱着想要进入这个世界的愿望，他的冲动是立刻用行动介入各种事件当中，只是遭到了各种事件的拒绝。因此，梅尔所和莫尔索两人在面对荒诞的态度上是完全相反的。最终梅尔所在死亡前夕自我放逐到大自然、成为大自然一部分，是他"非自我化"的精神历程，而这种"非自我化"可以理解为在《局外人》上半部中莫尔索的冷漠与没有自我、无法进行自我反思，也因此这与莫尔索不愿意对任何人撒谎，只能够如实表现自己的状态不无关系。大卫·舍尔曼甚至依据这一点认为，梅尔所的终点就是莫尔索的起点，经过梅尔所的"自我分解"，莫尔索"回归到了世界"③，而戴维·柯林斯认为《快乐之死》和《局外人》反复地描述了一种我们所确定的"存在其实脆弱无比的境况"，再加上随之而来的种种问题，"我们不可避免地滑入一种怀疑色彩中"④。这种解读不无道理。在面对荒诞的问题上，莫尔索一方面继承

① Camus, Albert. *L'Étranger. Œuvres complètes I*, Paris：Édition Gallimard, 2008, p. 186.

② Camus, Albert. *L'Étranger. Œuvres complètes I*, Paris：Édition Gallimard, 2008, p. 215.

③ Sherman, David. *Albert Camus*, London：Blackwell Publishing, 2009, p. 59.

④ Davis, Colin. *Camus's Skeptical Trial：From la Mort Heureuse to l'Étranger*, The Romanic Review 101, NO. 3, p. 347.

了梅尔所的一些结论，另一方面，更加加深了对周遭生活的不确定之感。

莫尔索的这种麻木与不确定的感觉，直到《局外人》的最后一章中才得以改变，因此造成的情况是：虽然死亡作为形而上的背景在两部小说中有相同的作用，但是梅尔所与莫尔索在面临实际的死亡时刻时，却有着截然不同的态度。《快乐之死》中的梅尔所最终的结局是回归了自然，自己成为自然中众多静止的石头中的一块；而《局外人》中的莫尔索在看到自己的处刑日时，"希望那天会有很多观众，他们会用仇恨的呐喊报以欢迎"①。莫尔索与梅尔所的这种不同，我们可以在两部小说各自下半部中的一次对话找到线索。

3.2.2 死刑下的快乐：莫尔索

两部小说的后半部中都有一个重要的人物和主角进行了一次重要的对话。这个人物在《快乐之死》中是乡村医生贝尔纳，在《局外人》中是监狱里的神父。

在海边村庄的生活中，梅尔所认识了村里的医生贝尔纳，"伯纳德很沉默，但在他的玳瑁眼镜上闪烁着一种苦涩的精神"。② 梅尔所和贝尔纳在《快乐之死》中是朋友的关系，贝尔纳会和梅尔所一起去接来探望梅尔所的女性朋友，也会一起去郊外短途旅行，但是他们的情况限于"没有互相倾诉过，梅尔所知道贝尔纳不是很快乐，而贝尔纳对梅尔所（寻找快乐的）生活感到疑惑"③。在某一次谈话中，梅尔所突然感觉到要和贝尔纳医生全盘托出，和贝尔纳医生讨论信仰的问题："你似乎比我更热爱人生……而对我而言，更重要的是以惊人的无度方式生活。"而贝尔纳医生回应梅尔所

---

① Camus, Albert. *L'Étranger. Œuvres complètes I*, Paris：Édition Gallimard, 2008, p. 213

② Camus, Albert. *La Mort heureuse. Œuvres complètes I*, Paris：Édition Gallimard, 2008, p. 1178.

③ Camus, Albert. *La Mort heureuse. Œuvres complètes I*, Paris：Édition Gallimard, 2008, p. 1181.

说："人的生活只能要么依赖巨大的绝望，要么依赖巨大的希望。"①梅尔所表示也许两者都是，但是贝尔纳医生表示只能二者选其一。加缪在这里的描述同样是模糊的，贝尔纳的答案似乎告诉梅尔所人的生活或许是绝对的绝望，也或许是有超越意义上的价值。而这一问题在《局外人》中得到更加明确的回答，贝尔纳的形象转变为《局外人》中监狱里的神父。

在刚入狱时和法官有过关于十字架的不愉快对话后，莫尔索在大半年的时间里四次拒绝了神父的造访。与梅尔所对贝尔纳的态度不同，莫尔索与神父不仅不是朋友，甚至莫尔索根本拒绝与神父的会面与对话。神父在四次被拒绝见面之后终于坚持见到了莫尔索，而那时莫尔索已经被判处死刑。神父问莫尔索为什么一直拒绝他的来访，莫尔索回答说他不相信上帝，并且是否相信上帝本身也没有那么重要。神父暗示莫尔索说，我们每个人都是被判了死刑的，任何人都是上帝的造物，死亡只是早晚的事情，而只要对上帝有信仰，人就可以获得希望。如此我们便可以理解贝尔纳医生的含义，在《快乐之死》中，贝尔纳医生相信也表示人可以有巨大的绝望和巨大的希望两种选择，意为对死亡的两种态度，梅尔所对此表示两种选择都是有可能。而在《局外人》中，莫尔索对神父的拒绝是坚决的。莫尔索认为，他既不绝望，也绝对不抱有任何希望。如此我们可以看到梅尔所和莫尔索之间的区别，在梅尔所的快乐旅程中，他对快乐究竟为何物，实则是模糊的，而莫尔索则更加坚定，坚决采取拒斥一切的态度。

然而莫尔索并不是从始至终都是如此坚定的。在莫尔索被正式判处死刑之后，换到了一间专门关押死刑犯的牢房。莫尔索躺在这间牢房的地方仰望星空，开始思考是否有一种可能，在人被判决死刑之后仍旧可以找到逃脱的办法："在这里，只要我躺下，我就可以看到天空，也只能看到天空。我所有的时间都在看着这片天空中度过，天空的颜色从白天到黑夜的明暗变化。躺下的时候，我把双手枕在头下，开始等待。不知道有多少次

---

① Camus, Albert. *La Mort heureuse. Œuvres complètes I*, Paris：Édition Gallimard, 2008, p. 1185.

我问自己，是否有人在被判之后可以有办法逃脱那无情的断头台，挣脱警察的绳索，在行刑前消失不见。"但是虽然如此，莫尔索很快打消了这种想法："但是考虑周全之后，我知道没有任何事情允许我有这种奢侈，所有的一切都禁锢着我，断头台绑缚着我。"①

加缪在日记中曾表示："只有在一种情况下绝望是纯粹的，那就时被判死刑的人……荒诞在这里完美清晰。"②在加缪看来，人的境况就如帕斯卡尔所描述的那样，每个人都被拴缚在一条铁链之上，而依次死去。人都是注定要死亡的，而被判了死刑的人，则是将荒诞放大到极限的境况，在这种境况下，人将以最直接的方式面对荒诞。加缪在日记中同样解释道："完美清晰的荒诞，与非理性相反。"③加缪在这里所谓的非理性，指的是一种稍纵即逝的希望，希望这种情况可以避免，人可以逃脱死亡，而荒诞则相反，是一种清醒的意识，意识到自己注定的死刑必定在某一天会到来。

在《局外人》中，莫尔索很快就有了这种清醒的意识。面对神父的紧紧逼问，莫尔索愤怒但确信地反对神父对于"希望"的邀请："我似乎感到我的手里没有握住什么，但是我对我很确信，我对一切都很确信，远比神父确信得多，我确信我的生命和即将到来的死亡。仅此而已。但至少，我拥有这份真理，就好像这份真理拥有我一样"④。在整部小说之前的部分，莫尔索都是麻木无知的，在这里他第一次开始以清醒的意识面对荒诞。这种清醒的意识是一种对知识范围的确定，在《西西弗斯的神话》中加缪对此的描述是："对于'谁'和'什么'的问题，我可以说'我知道'。在我身体里的

---

① Camus, Albert. *L'Étranger*. *Œuvres complètes I*, Paris：Édition Gallimard, 2008, p. 204.

② Camus, Albert. *Carnets*. *Œuvres complètes II*, Paris：Édition Gallimard, 2008, p. 871.

③ Camus, Albert. *Carnets*. *Œuvres complètes II*, Paris：Édition Gallimard, 2008, p. 871.

④ Camus, Albert. *L'Étranger*. *Œuvres complètes I*, Paris：Édition Gallimard, 2008, p. 211.

心，我可以感觉到它，因此我判断它是存在的；这个世界，我可以触摸到它，我也判断它是存在的。但是我的知识仅止于此，其余的一切都是一种构建。"①加缪这种强调直接经验的观点来源于他在阿尔及利亚大学求学时期阅读柏格森的经验。他于1931年发表于阿尔及利亚《南方报》（Sud）的文章《时代的哲学》赞扬了柏格森哲学的"直接经验"和"直觉"，并且拒斥了传统哲学对于知性的重视："柏格森的哲学是对于我们认识中'直接材料'的辩护，也是一种对于分析所产生的危险的自卫，即反对知性以及理性。它是一种关于直觉的哲学。没有什么比这样的思想更吸引人了：像躲开危险一样躲开知性，把体系建立在直接经验以及强烈的感觉上。这也即是要排除我们这个时代的哲学。"②

在这样的知识观下，莫尔索最后的感悟得以成立，对于莫尔索来说，他只知道自己的内心和世界的存在，而其余的一切，对莫尔索来说，都是不确定的，值得怀疑的。对于人来说，只有我的生命和这个世界的存在是可以确定的，作为必死动物的人在死亡之后的世界，则是知识之外的事情，我们无权也无能力知晓它。

《局外人》中的神父虽然也明白人的必死境况，告诉莫尔索每个人都是被判死刑的人，但是神父选择的方法是超越知识范围的，是一种"构建"，在《西西弗斯的神话》中加缪将之称为"哲学的自杀"，意为将希望建立在人的知识之外的东西上，将生活的意义寄托在超越经验的彼岸，而这无疑是抹杀了荒诞的意义，同时也是不可能真正成功的。而莫尔索则代表了加缪在《西西弗斯的神话》中所描述的清醒的荒诞意识，正是在这种清醒意识的确定下，加缪得出了反抗的意义："首先为了继续生活，要知道生活是否有意义，但是恰恰相反的是，生活没有意义而生活，反而可以生活得更

---

① Camus, Albert. *L'Étranger. Œuvres complètes I*, Paris：Édition Gallimard，2008，p. 232.

② Camus, Albert. *La Philosophie du siècle. Œuvres complètes I*, Paris：Édition Gallimard，2008，p. 543.

好……这样，唯一前后一致的立场，就是反抗。"①从《快乐之死》中梅尔所对于快乐反复犹豫与模糊的态度，发展到了《局外人》中莫尔索对于荒诞立场的确定，这表示加缪在对于荒诞的态度上有了更加明确的认识，也更加坚定地提出了反抗的立场。在《局外人》的最后，莫尔索再一次确认了自己的荒诞立场，放弃了逃脱绞刑架的希望，感到与世界和死亡的和解，这时候他感到："我对这个冷漠的世界打开了自己，它如此像我，如同兄弟，我感到自己很快乐，并且一直很快乐。"②在《西西弗斯的神话》中，加缪表示："仅仅通过意识的游戏，我就将死亡的邀请变成了生活方式。"这一方面解释了加缪为什么在"重写"《快乐之死》时抛弃了那些梅尔所亲自行动追寻快乐的旅程，另一方面也解释了面对荒诞时反抗的提出过程。

再次，我们也可以更加清晰地分辨梅尔所和莫尔索两人的区别。在《快乐之死》中，梅尔所虽然有坚定的快乐意志，然而他对于快乐的含义仍旧是模糊的，而他所要求的也仅仅是一直拥有这种快乐的意志，并且眼睁睁看着自己的死亡，至于形而上的部分，梅尔所实则是没有答案的。而《局外人》中的莫尔索则在经历过一次幻想之后清醒地意识到了快乐是什么，当他认识到死亡和生活之间无差别的本质时，他真正且明确地感到自己是快乐的。从莫尔索得到的快乐中我们可以看到，这个"冷漠的世界"和冷漠的莫尔索自己，实则是相同的，在《西西弗斯的神话》中则被表述为"这个世界没有意义"。生活中的价值被拉平了，首先是生和死之间的价值是相等的，其次，生活中的一切事物，都是相等的。因此，我们任何的行为，在价值上都是扁平的。"快乐"成为一种清醒地意识到这一问题之后的自由，但同样，如果以一种没有限制的生活去行动，其路径并不会通向"快乐之死"，而只是"死亡的另一面"③。当然加缪也意识到这一问题，创

① Camus，Albert. *Le Mythe de Sisyphe. Œuvres complètes I*，Paris：Édition Gallimard，2008，pp. 255-256.

② Camus，Albert. *L'Étranger. Œuvres complètes I*，Paris：Édition Gallimard，2008，p. 213.

③ Sherman，David，*Albert Camus*，London：Blackwell Publishing，2009，p. 80.

作了一个反面的人物来表现这种境况，即卡利古拉。

3.3 快乐主义的失败

3.3.1 "绝对"的快乐：卡利古拉的毁灭

加缪从 1935 年开始写作在最初被称为《赌徒》的剧本《卡利古拉》，1938 年完成了第一版，1945 年第一次公演。《卡利古拉》是加缪在市场意义上最为成功的戏剧作品，也是加缪比较看重的作品，一直到他意外去世前的一年，加缪都在修改《卡利古拉》。大卫·斯布林岑（David Sprintzen）在对《卡利古拉》的研究中根据加缪在不同时期的修改情况，将《卡利古拉》的不同版本分为四个阶段，分别为"最初时期""荒诞时期""1947 年"和"1958 年"①，1947 年和 1958 年的改动较少，而在"荒诞时期"加缪对《卡利古拉》进行一次大幅度的改动。加缪最初写作《卡利古拉》的时间大约等同于《婚礼集》和《快乐之死》，在这一时期，加缪将写作之外的大量精力投入到"伙伴剧社"（Le Théâtre de l'Equipe）的活动中，在"伙伴剧社"加缪不仅负责创作，也担任演员与导演的角色。而《卡利古拉》最初也是为"伙伴剧社"的演出而创作的。在加缪为"伙伴剧社"所准备的宣传单中，加缪提出了这一戏剧团体所要排演的戏剧类型："真实又简单的""感官暴力的""关于残酷行动的""表达对于生命之爱的""关于生活之绝望的"②。在这样的"创作准则"下，我们可以发现《卡利古拉》与《快乐之死》间莫大的联系。而在所谓的"荒诞时期"，加缪做了一个重要的决定，即放弃了《快乐之死》的修改，把写作重心让位给小说《局外人》以及稍随后的《西西弗斯的神话》，在最终定稿了《局外人》和基本完成《西西弗斯的神话》之后，加缪重新开始修改《卡利古拉》。这是一次大幅度的修改，甚至将《卡利古拉》原本

---

① Sprintzen, David. *Camus：A Critical Examination*, Temple University Press, 1988, p. 66.

② Brée, Germaine. *Albert Camus*. Columbia University Press, 1964, p. 44.

的三幕剧形式改成了四幕剧。另外，最为重要的是，《卡利古拉》被加缪列入了"荒诞系列"，成为加缪在这一时期"荒诞"主题的一个不可或缺的机体。也因此，卡利古拉的形象成为了西西弗斯的一个肉身，也有评论家称其为"莫尔索的反面"①。

加缪的《卡利古拉》很容易让人联想到当时的政治环境以及对于纳粹的态度，也是基于这个原因《卡利古拉》一直到了二战结束后的 1945 年，也就是德国战败后，才得以在欧洲上演。但是对于政治的影射加缪是否有意为之，我们对于《卡利古拉》的关注还是应该放到加缪创作的基本主题上去考察。

《卡利古拉》的故事世人皆知，加缪的改编也简单明了。卡利古拉自从妹妹兼情人德露西娅死去，意识到了人的必死性，于是决定用毁灭一切的方法来试图获得"不可能获得的东西"，最终在众人的起义中丧命。加缪改编《卡利古拉》的灵感最初来自古罗马历史学家苏埃托尼乌斯（Gaius Suetonius Tranquillus）的卡利古拉传记，由加缪的老师格勒尼埃推荐给他，虽然加缪反复强调他只是进行了改写，但是其中的差别是十分明显的。在苏埃托尼乌斯笔下，卡利古拉的性格是神经性的，而加缪笔下的卡里古拉根据严格的逻辑而行动，他不是一个疯子，而是一个清醒的"知识分子"②。格勒尼埃将卡利古拉介绍给加缪时形容他为一个"没有开化的尼采"③，但是加缪在创作中显然改变了对于卡利古拉的这种印象，在加缪的笔下，卡利古拉一方面是尼采式的清醒的、强力意志的、有无限追求的，而另一方面是一个"知识的悲剧"④。

在加缪 1938 年的手稿中，《卡利古拉》还是一出三幕剧，第一幕被叫

① Sherman, David. *Albert Camus*, London：Blackwell Publishing, 2009, p. 81.

② Bastien, Sophie. *Caligula et Camus：interférences transhistoriques*. No. 274. Amsterdam and New York：Rodopi, 2006, p. 203.

③ Rey, Pierre-louis. *Notice*, dans Albert Camus, *Œuvres complètes I*, Paris：Édition Gallimard, 2008, p. 1303.

④ Camus, Albert. *Préface à L'Édition Américaine de Caliguula and Three Other Plays*. *Œuvres complètes I*, Paris：Édition Gallimard, 2008, p. 447.

作"卡利古拉的绝望"，第二幕叫作"卡利古拉的赌博"，第三幕叫作"卡利古拉的死亡"①。加缪这种三阶段的创作方法并不是偶然的。我们现在所看到的《快乐之死》在结构上和《局外人》一样，是上下两部的结构，但是我们在加缪的手记中发现，《快乐之死》在写作之初也是一部分为三部分的小说。在1937年11月17日的手记中，加缪构思《快乐之死》的第三部分，将其命名为"快乐的实现"②。如此，根据《快乐之死》的剧情，我们可以很容易就将"梅尔所的绝望"和"梅尔所的赌博"各自命名给《快乐之死》的上下两部分，最终梅尔所获得了"快乐"的第三部分为"梅尔所的快乐"。《卡利古拉》和《快乐之死》这种几乎相同的结构给了我们线索。

在第一部分"卡利古拉的绝望"中，《卡利古拉》直接继承了《快乐之死》与《局外人》中的荒诞，并且把它发展到更加冲突的地步，形成了一种直接的"死亡—生活"对立。《卡利古拉》的故事开始于德鲁西亚的死亡，德鲁西亚是卡利古拉的妹妹，同时又是他的情人。加缪没有说明德鲁西亚的死因，但是卡利古拉因此而离家出走三天。众贵族听说卡利古拉在狂风暴雨中奔跑，以为卡利古拉因为失去爱情而疯了，并且开始讨论爱情的失去究竟会对卡利古拉以及随之而来的罗马社会造成什么样的影响。但是卡利古拉落魄地回到皇宫后，表示虽然感到疲倦，但有了新的追求——德鲁西亚的死让他明白他想要"月亮"。而卡利古拉之所以要月亮，是因为他没有这件东西。卡利古拉并没有疯，而是清楚明白地知道他想得到不可能得到的东西，事后卡利古拉追加解释道，这一不可能得到的东西就是"快乐"。如同《快乐之死》中萨格勒斯对梅尔所的教育一样，人生唯一的任务就是快乐。人生唯一的任务就是快乐，而快乐同时又是不可能获得的东西，在这种矛盾下，卡利古拉势必想尽一切可能的办法来追寻它。与梅尔所的遭遇不同的是，在《卡利古拉》中加缪直接将这种意识的觉醒以一种死亡的形式

① Camus, Albert. *Notice. Œuvres complètes I*, Paris：Édition Gallimard, 2008, p. 1131.

② Camus, Albert. *Carnets. Œuvres complètes II*, Paris：Édition Gallimard, 2008, p. 843.

告诉了卡利古拉，卡利古拉在失踪了三天之后已然完全觉悟，成为一个对荒诞了如指掌的人。《快乐之死》中的梅尔所决定要寻找快乐，但是等待他的实际上是未知的结局，而卡利古拉在一开始就知道这是一件不可能的事情，然而他义无反顾。

这种"死亡—生活"直接对立的感觉遍布于加缪各种写作之中，而在《卡利古拉》中被直接且巨大地展现了。在《快乐之死》中，梅尔所最终在弥留之际明白了这个问题："害怕死亡，就是害怕生活；对死亡的恐惧说明人对生活有无尽的留恋。"①在《局外人》中，加缪用死刑的形式让莫尔索局限于狭小的空间中直接面临死亡的境地，因此莫尔索在得知被判死刑之后第一件事就是幻想是否有可能逃脱那台绞刑架。而在《卡利古拉》中，德露西娅同时作为他的妹妹与情人，她的死亡暗示卡利古拉生活中最重要的部分——亲情和爱情——都将是必死的，卡利古拉于是在这种"死亡—生活"的极端冲突当中学习荒诞。可以想象卡利古拉原本和德露西娅的爱情和亲情是让他感到快乐的，因为他那时候还没有对于"死亡—生活"的直接经验。而德露西娅的死（不管何种原因），使他突然意识到人的必死性，这种死亡带来的快乐的消失，是让卡利古拉无法接受的，也是让他觉醒的。在《卡利古拉》的最后一幕，卡利古拉向卡索尼娅道出不快乐的真正原因："别人总以为，一个人感到痛苦是因为他所爱的人一日之间死去了。但是他真正的痛苦并没有这么浅薄：真正的原因是，即使是悲伤都是无法永远的。痛苦失去了自身的意义。"②卡利古拉最终在大臣们的起义中死去，他先杀死了自己的妻子埃索尼娅，在中剑死后留给我们最后的呼喊"我还活着"，表明了卡利古拉面对死亡问题永恒的矛盾。

马丁·梅耶将卡利古拉在剧中的言论"人都会死，人们不快乐"作为整

---

① Camus, Albert. *La Mort heureuse. Œuvres complètes I*, Paris：Édition Gallimard, 2008, p. 1194.

② Camus, Albert. *Caligula. Œuvres complètes I*, Paris：Édition Gallimard, 2008, p. 386.

部《卡利古拉》的核心主题，并且表示这是一种"淳朴的意识形态"①。从卡利古拉所面对的这种"死亡—生活"的冲突中所作出的决定，我们可以知晓卡利古拉想要追寻的月亮究竟是什么。在《卡利古拉》开始之初，大臣们普遍认为卡利古拉因为失去了爱情而导致痛苦，因此他疯了。然而当卡利古拉回归之后，面对大臣们的追问，卡利古拉直接反驳了这种看法："我知道你在想什么，一个女人的死亡引起了多少故事！不，情况不是这样……我向你发誓，她的死什么都不是。她的死仅仅是一种真理的象征，让我知道月亮是必须要获得的。"②

因此，德鲁西亚的死并不是卡利古拉的绝望，而只是卡利古拉的一个起点，从这个"一切从这里开始了"的起点，卡利古拉意识到了人的必死性，从而意识到了荒诞。进而卡利古拉向大臣们解释，月亮也代表了快乐，快乐则代表了不死。卡利古拉在这里表现出一种矛盾的状态，代表了快乐与不死的月亮是荒诞的，因为它是不可能获得的，然而正是因为它是不可能获得的，所以卡利古拉决定要获得它。卡利古拉与梅尔所与莫尔索的不同之处在于他作为罗马一国之君，拥有至高无上的权力，在表面上似乎有更大的可能性获得快乐。他对西皮翁说："我终于领悟了权力的用途。权力能给不可能的事情提供实现的机会。"③权力对于这时候的卡利古拉来说，意味着自由，"从今天开始到以后的全部时间，我的自由再也没有止境了"④。在这种条件下，卡利古拉能够以最大可能性发挥寻找月亮的潜力，于是他决定将这一寻找事业扩展到整个国家，他认为他必须要"改变

---

① [德]马丁·梅耶著，《阿尔贝·加缪：自由人生》，董璐译，哈尔滨：黑龙江教育出版社 2015 年版，第 34 页。

② Camus, Albert. *Caligula. Œuvres complètes I*, Paris：Édition Gallimard, 2008, p. 332.

③ Camus, Albert. *Caligula. Œuvres complètes I*, Paris：Édition Gallimard, 2008, p. 341.

④ Camus, Albert. *Caligula. Œuvres complètes I*, Paris：Édition Gallimard, 2008, p. 341.

事物的秩序、让太阳从西边升起、减轻人间的痛苦、使人免于死亡"①。简而言之,卡利古拉决定将自己扮演成上帝,并且如同梅尔所或者莫尔索那样,卡利古拉开始了他的"赌博",以没有止境的自由来开始他的反抗事业。

卡利古拉的反抗有两个鲜明的特点。首先,卡利古拉是清醒的,是拥有完美逻辑的"知识分子"。卡利古拉的完美逻辑在于:当意识到死亡是无法避免的、一切都会消逝时,卡利古拉明白唯一解决这一问题的办法,就是跳脱出"死亡—生活"这种矛盾,成为掌握生死的那个人本身。加缪在《西西弗斯的神话》的开篇即向我们表达了生活的意义是最紧迫的问题,因此《西西弗斯的神话》尝试在人都是必死的情况下,反思人如何才能找到生活的意义,从而拒绝自杀。然而,加缪在《西西弗斯的神话》中所得出的结论是生活如果没有意义,人会生活得更好。在原本的基督教价值中,上帝是生活意义的保障,然而当上帝被人推翻之后,生活的意义就出现了威胁。加缪在这一时期认为,如果人并不对这种意义报以希望,则能产生快乐。卡利古拉继承了这种逻辑,并且遵循逻辑本身,把它推演到了极致。在和卡索尼娅的最终对话中,卡利古拉道出了他从荒诞逻辑中得到的结论:"任何事情都是不会持久的。"②在最终杀死卡索尼娅的时候,卡利古拉袒露了他从这种结论中得到的"月亮":"我生活,我杀戮,我行使毁灭者的无限力量……这就是快乐。"③加缪在《西西弗斯的神话》中论述的方法是逻辑的,卡利古拉也是逻辑的;加缪在《西西弗斯的神话》中表示"仅仅通过思维的游戏,就把死亡变成了生活的准则"④,而卡利古拉无疑遵循了

---

① Camus, Albert. *Caligula. Œuvres complètes I*, Paris：Édition Gallimard, 2008, p. 338.

② Camus, Albert. *Caligula. Œuvres complètes I*, Paris：Édition Gallimard, 2008, p. 386.

③ Camus, Albert. *Caligula. Œuvres complètes I*, Paris：Édition Gallimard, 2008, p. 387.

④ Camus, Albert. *Le Mythe de Sisyphe. Œuvres complètes I*, Paris：Édition Gallimard, 2008, p. 263.

加缪的方法，将荒诞的逻辑更加往前推进了一步：既然一切都是不会持久的，一切都是没有意义的，那么人的生命和尊严自然也都是没有意义的事情。卡利古拉的反抗遵循这种逻辑，使整个国家陷入了毁灭。

因此，若是对比卡利古拉与《快乐之死》和《局外人》，可以发现在《局外人》中，莫尔索的对话充满了不在乎的意味，他似乎从来没有表达过肯定的含义，也没有否定的含义，对于任何问题，莫尔索都以模棱两可的态度回答。在《快乐之死》中梅尔所同样如此，虽然梅尔所身上有着强烈的意志，但是梅尔所似乎仍旧处在学生的状态，他的一切都需要接受教导，甚至是对于"我们需要快乐"这一问题本身，也是经由萨格勒斯的教导才有恍然大悟的感觉。而卡利古拉对于快乐的寻找是清醒的，在埃利孔的质问中，卡利古拉回答："正是因为不能坚持到底，人们才会失败，只要将逻辑推到极致，就可以了。"①卡利古拉之所以会有这样的不同，其原因正是在于相比于莫尔索与梅尔所，他的反抗更加向前推进了一步，他决定"要推向极致"。在《反抗的人》中，加缪如此评论"形而上的反抗"："当反抗的人看到世界上的不公正，原本正义的原则变成了不正义，他希望解决这一矛盾，建立正义的统一王国，或者他把逻辑推到极限，造成不正义。"②所以，卡利古拉与梅尔所与莫尔索的不同，并不仅仅是由于性格上的差异之类的原因，而是一种反抗发展程度的不同。在加缪看来，由莫尔索和梅尔所的反抗开始，发展到卡利古拉的局面是注定的必然结果，这是一种由"有意识地自杀"向"有意识地杀人"的转变。在这里可以得出的结论是，正是出于对快乐的追求，这种追求一开始表现为类似《局外人》中莫尔索的模棱两可与满不在乎，进而发展为卡利古拉式的绝对的追求，成为一种普遍的杀人。

卡利古拉的第二个反抗特点是他是言行一致的、确定无疑的。在加缪

---

① Camus, Albert. *Caligula. Œuvres complètes I*, Paris：Édition Gallimard, 2008, p. 332.

② Camus, Albert. *L'Homme révolté. Œuvres complètes III*, Paris：Édition Gallimard, 2008, p. 81.

看来，虽然上帝作为造物主，为人们的价值与意义做担保。然而上帝的这种担保并不是公平的，对于卡利古拉来说，德露西娅的死就是一种不公平。上帝的特点正是在于随意行使生杀大权，因而卡利古拉决定，在他的国家中如上帝那样行使他的生杀大权。而卡利古拉之所以要将这种灾难散布到全国，在于他认为既然他已经知道了这一真理，那么势必要让所有人都知道。在卡利古拉最初与埃利孔的对话中，埃利孔向卡利古拉表示，即使所有人都知道人必有一死，但是大家谁也没有为此而自杀，有或没有这个真理，大家照样生活。但是卡利古拉突然大怒，反驳埃利孔"我要让所有人都生活在真实中"①。与此相对，《快乐之死》中萨格勒斯长篇大论地教导梅尔所去寻找快乐时，梅尔所是沉默和不知所措的，而在梅尔所准备开枪杀死萨格勒斯的时候，梅尔所甚至"开始颤抖起来"②。同样，当《局外人》中的莫尔索要开枪杀死阿拉伯人时，他"感到一切都崩溃了，大海的呼吸浓重且炙热"③。而卡利古拉在剧中开始杀人时，他的神色是平静的，当他把杀人的指示传达给执行的大臣时，卡利古拉还表示"我的计划简单明了，有如天才，因此也是不容争辩的"④；当卡索尼娅质疑卡利古拉的杀人决定时，卡利古拉简单地回答："不，卡索尼娅，这是给人教育。"⑤同时，卡利古拉这种坚定的意志使得他践行了言必行行必果的准则。在一次卡利古拉强迫各大臣集结参加的诗会中，卡利古拉表示自己不需要作诗，因为他已经通过自己的行为将自己的思想作成了诗："我是唯一一个统一

---

① Camus, Albert. *Caligula. Œuvres complètes I*, Paris：Édition Gallimard, 2008, p. 332.

② Camus, Albert. *La Mort heureuse. Œuvres complètes I*, Paris：Édition Gallimard, 2008，p. 1107.

③ Camus, Albert. *L'Étranger. Œuvres complètes I*, Paris：Édition Gallimard, 2008, p. 176.

④ Camus, Albert. *Caligula. Œuvres complètes I*, Paris：Édition Gallimard, 2008, p. 336.

⑤ Camus, Albert. *Caligula. Œuvres complètes I*, Paris：Édition Gallimard, 2008, p. 336.

了思想和行动的艺术家。"①另外，卡利古拉的杀戮也出现随意性，不同的大臣做同样的事情，有的是获得了赦免，而有的则被卡利古拉处以死刑。所以，卡利古拉的杀戮并不是反逻辑的，而是完全没有逻辑或者根本不需要逻辑的。卡利古拉真正想要的快乐，实则不是无故的杀戮，而是想要通过成为上帝的方式来达到不死的状态。然而如他自己所说，要获得不死，如同想要获得月亮，是不可能的事情。因此卡利古拉决定通过毁灭一切的方法来进行反抗。这种反抗的行为看似毁灭，实则是从《快乐之死》到《局外人》一路发展而来。莫尔索在梅尔所的基础上将快乐的含义往前发展了一步，得出的结论是世间一切都处于相同价值的冷漠中，在这种基础上若是将逻辑继续推演，则自然形成了卡利古拉没有平衡的自由观。这种自由观在《西西弗斯的神话》中被表述成我的反抗、我的激情和我的自由三位一体的结论，按照这种结论，卡利古拉的结局是无法避免的。

3.3.2 卡利古拉的暗示：他者的声音

加缪在 1945 年的一次采访中说："卡利古拉是一个让生活的激情导致了毁灭性愤怒的人，是一个忠实于自己但却不忠实于人本身的人，他放弃了所有的价值……他没有理解人不能在不毁灭自己的情况下毁灭一切。卡利古拉的故事是一种顶级的自杀。"②如同雷蒙·克荷西（Raymond Gay-Croiser）指出，加缪在《卡利古拉》中将他的"概念矩阵（荒诞、反抗……）以一种毁灭的途径，转型为戏剧特征"③。卡利古拉采用了逻辑的路径，并且在这条路径上将自己的自由发挥到了极致。卡利古拉的毁灭向我们展示的是一种无限的自由，如同他说："这个世界并不重要，谁承认这一点，谁

---

① Camus, Albert. *Caligula. Œuvres complètes I*, Paris：Édition Gallimard, 2008, p. 384.

② Camus, Albert. *Caligula. Œuvres complètes I*, Paris：Édition Gallimard, 2008, p. 442.

③ Gay-Croiser, Raymond. *Les masques de l'impossible. Le théâtre de Camus aujourd'hui*, Europe no 846：Albert Camus, 1999, p. 92.

就赢得了自由。"①这种自由忽略这个世界中除他自己之外的一切事物，是一种无上的自由。但是这种无限的、绝对的自由，并不能带来正面的结果或使人积极地行动。这种卡利古拉式的自由最终必然会带来无限的破坏。舍雷亚将卡利古拉的本真性描述成"诗"，并且问卡索尼娅说"我们想知道，诗歌能不能造成死亡。"②意为这是一种在逻辑主导下激情喷射的反抗，是没有节制的。卡利古拉的无限自由被加缪描述成一种如同诗歌一样的、具有浪漫主义出发点的抒情，这种抒情虽然也是面对荒诞的一种方法，加缪也一如既往的仍旧将其称为"对生命的激情"，但是它少了一种节制，其结果无疑会是死亡和毁灭。

卡利古拉实际上拥有和西西弗斯一样的品质，他们都充满对于诸神的咒骂，都义无反顾地推动他们各自的石头，都决心要在当下就克服荒诞。在同样的境况下，在卡利古拉那里，荒诞无可避免地造成了杀戮和暴政，而对于任何符合常理的思想来说，这无疑是既符合逻辑，但是又违反生活的。加缪无疑也注意到了这个问题，对卡利古拉表示："没有任何人可以仅仅凭借自己就可以自救，也没有人可以在与人对立的情况下获得自由。"③在1957年《卡利古拉》美国版的前言中，加缪也表示了相同的含义："如果他(卡利古拉)的本真性在于反抗自己的命运，那么他的错误就在于否定了人。"④与《快乐之死》和《局外人》两部小说的主人公不同，梅尔所在一定意义上接受了萨格勒斯的暗示而杀死了他；莫尔索则是在沙滩上并没有清楚原因地射杀了一个阿拉伯人，并且在杀死阿拉伯人之后感到"一切都开始了"。在通篇的叙述中，梅尔所和莫尔索在实际上都通过自己自身

① Camus, Albert. *Caligula. Œuvres complètes I*, Paris：Édition Gallimard, 2008, p. 337.

② Camus, Albert. *Caligula. Œuvres complètes I*, Paris：Édition Gallimard, 2008, p. 349.

③ Camus, Albert. *Caligula. Œuvres complètes I*, Paris：Édition Gallimard, 2008, p. 443.

④ Camus, Albert. *Caligula. Œuvres complètes I*, Paris：Édition Gallimard, 2008, p. 447.

的途径来寻找他们的快乐，而卡利古拉实现自己坚持到底的荒诞逻辑，则是在他帝国臣民的身上进行。卡利古拉的"赌博"，实际上是用了他人作了筹码。

卡利古拉在最后被谋反者击杀之前，陷入了一种看似疯狂的两难境地。一方面，他似乎模糊地强调他获得了快乐与月亮："我生活，我杀戮，我行使毁灭者的无限权力。比起这种权力来，造物主的权力就像耍猴戏。所谓快乐，就是这样。"①另一方面，他也意识到自己的赌博已经进入了最终一局，面临着永久的失败："埃利孔没有回来，我得不到月亮了……如果我得到月亮了，如果有了爱情就足够了，那么就会全部改观了。可是，哪儿才能止住这如火的口渴？……我没有走应该走的路，现在的结果是一无所获。我的自由并不是好的。"②很明显的是，卡利古拉意识到自己的赌博已经沦为了一场失败，但是他同时又明白人本身很难停止这种赌博。在加缪这一时期的创作中，这种两难的境况也一直是他急需解决的问题。如同约翰·弗雷（John Foley）所指出，《卡利古拉》直接面对了荒诞问题所有可能造成的危险，即荒诞逻辑是否必定会造成虚无主义③。卡利古拉从根本上来讲是推石头的西西弗斯的一个化身，西西弗斯虽然自己义无反顾地推动巨石，我们也必须想象他是快乐的，但是当西西弗斯这样一个理想形象化身称为卡利古拉的时候，这种坚持到底的荒诞逻辑是否会造成虚无主义，以致最终毁灭我们的生活世界？从卡利古拉的境况来看，这种情况似乎是必定会发生的。我们知道，二战后随之而来的欧洲语境会让加缪逐渐修正和提炼他的思想与价值观，但是在《卡利古拉》中，我们已经可以看到加缪这种反面的忧虑。事实上，"人"的概念在这里已经被加缪放到了重要

---

①　Camus, Albert. *Caligula. Œuvres complètes I*, Paris：Édition Gallimard, 2008, p. 385

②　Camus, Albert. *Caligula. Œuvres complètes I*, Paris：Édition Gallimard, 2008, pp. 387-388.

③　Foley, John. *Albert Camus：From the Absurd to Revolt*, London：Acumen Publishing, 2008, p. 23.

的位置，这对于"南方思想"来说是至关重要的部分。如果说"人"的概念在《快乐之死》中只有梅尔所的"自我"，人的关系只有梅尔所临死之前所意识到的他和大写的自然的关系，那么到了《局外人》中，"人"的概念已经变成了和抽象社会之间的关系，莫尔索死刑的原因之所以被人怀疑与不理解，是因为其中人与抽象社会之间的困境和矛盾。而到了《卡利古拉》中，"人"的概念已经逐渐形成了一种与"他者"（l'autre）的关系，故事的矛盾也都在人与人之间的对立与冲突中展开，不再是如梅尔所或是莫尔索那样的自我探索了。而卡利古拉的悲剧，也正是在忽略了其他作为人的每一个个体才导致的。荒诞只是作为一种人与世界的关系而存在，基于这种人与世界的关系，加缪认为人必须要反抗，但是卡利古拉的做法无疑是消除了人本身，如果人本身通过这样的方式被消除，那么随之作为人与世界关系的荒诞也将被消除，人的反抗也就无从谈起了，如此人的价值就将不复存在，整个世界也随之陷入虚无主义。

《卡利古拉》是一部现代性的戏剧，如同《快乐之死》和《局外人》一样，是因为它最终所关注到的问题仍旧聚焦到了死亡上。卡利古拉想要的月亮（快乐），具有深层次的形而上学意义，即加缪在《西西弗斯的神话》说所说的大写的"希望"和对于超验的渴求。卡利古拉坚持了一种两极的选择，即要么生命具有永恒的超验意义，要么包括生命在内的一切都没有意义①。卡利古拉的结论是后者，因此他通过否定一切的方法来反抗命运。卡利古拉的这种形而上的反抗，也被加缪认为是"自杀"的一种。对于《西西弗斯的神话》中的开篇问题"生活是否值得一过"，卡利古拉的杀戮行动所暗示的回答显然是否定的。卡利古拉虽然用尽了他最大的可能性来反抗命运，但是他否定了人本身。在否定了人本身的前提下试图否定一切，最终的结果势必无法避免地否定了自己，同时在毁灭一切的过程中也毁灭了自己。因此，卡利古拉深刻的"激情"必定造成包括毁灭自己在内的暴力与虚无，

---

① Sprintzen, David. *Camus: A Critical Examination*, Temple University Press, 1988, p. 74.

如同舍雷亚所指出的那样，若是彻底地推行这种深刻的"激情"，"既无法生活，也没有快乐"①。

虽然如此，《卡利古拉》本身自带了一种倾向，这种倾向让加缪得以继续发展反抗的理论。《卡利古拉》的另一个不同体现在角色的设置与角色的鲜明度上。在《快乐之死》和《局外人》中，梅尔所和莫尔索是绝对的主角，而其余的人物似乎都是暗淡的，虽然在这两部小说中出现的人物众多，但是他们的形象都是模糊的，甚至无法让人记住。在《快乐之死》中，萨格勒斯是梅尔所的精神导师，一定意义上决定了梅尔所的一系列行为，然而萨格勒斯只在时间闪回的上半部第四章跟梅尔所有过比较具体的对话情节，其作用在于告诉梅尔所如何才能获得快乐。而在对话过后的第二天，他就被梅尔所枪杀了；同样，《快乐之死》中有众多女性角色，她们多作为梅尔所的女伴出现，但是她们对于梅尔所来说，似乎又是无足轻重的，梅尔所或是抛弃她们，或是对她们无动于衷。《局外人》同样如此，在《局外人》中，出现了母亲、莫尔索的老板、老人院里的一系列人物、女友玛丽、饭店老板赛来斯特、养狗的老人沙拉马诺、雷蒙和他的妻子、被杀的阿拉伯人、神父、法官、监狱中的犯人等近二十位人物，然而他们在大多数情况下也都是无足轻重的，这种无足轻重的感觉，不仅表现在加缪对于他们的描写上，在小说中莫尔索本人对他们也同样采取一种无关紧要的态度，甚至被杀死的阿拉伯人，从始至终没有人提过他的名字，并且似乎也没有人知道他的名字。这种情况在《卡利古拉》中则是相反的。虽然卡利古拉也是剧中的第一主角，但是同时卡索尼娅、埃利孔、西皮翁、舍雷亚等几位角色在剧中扮演了其重要性并不亚于卡利古拉的角色。如果没有这几位角色，卡利古拉的反抗是难以进行的，卡利古拉的命运也不会如此。评论家也发现了《卡利古拉》中其他角色的重要性。大卫·斯布林岑认为《卡利古

---

① Camus, Albert. *Caligula. Œuvres complètes I*, Paris：Édition Gallimard，2008，p. 369.

拉》中除卡利古拉之外其他几个重要的角色组成了加缪自己的思想复合体①，大卫·舍曼对这一观点持赞同的态度，但是他更进一步认为在这一时期，卡利古拉本身也是加缪思想的一个侧面，他的愤怒和憎恶同样也是这一时期加缪思想的一个重要组成部分，因此，是西皮翁、舍雷亚、埃利孔等众人，再包括卡利古拉在内，一起构成了青年加缪的整体思想"矩阵"②。加缪自己无疑也意识到了这个问题，在 1945 年的采访中他同样暗示，他创作《卡利古拉》所得出的结论是，虽然卡利古拉认识到面对他人，人无法真正的做到完全自由，但是他"至少可以让他的朋友和妻子从安稳的睡眠中清醒过来"③。

　　加缪这种对卡利古拉不无肯定的说法也让我们注意到剧中其他角色的对白。首先引起我们注意的是与卡利古拉不同的声音。西皮翁可以被认为是梅尔所和莫尔索自然观上的继承人，同他们一样，西皮翁也是一个将心灵放在"自然"中的人。对于西皮翁来说，从自然的和谐中才能孕育于人的精神，他一直牢记卡利古拉以前对他的教导，并且在卡利古拉开始暴行的时候，仍旧试图用"自然"来感化卡利古拉。可是尽管卡利古拉和西皮翁有如此多的相似，都喜欢相同的"真实"，在面对荒诞的问题上，两人还是走上了不同的道路。当其他人组织起来决定刺杀卡利古拉的时候，西皮翁拒绝参加这一组织，理由是"我身上同他有类似的东西，我们的心中燃烧了同样的火焰""我的心站到了他的一边"④。最后，虽然西皮翁也并没有阻挡其他人刺杀卡利古拉，如同莫尔索对于周遭一切事物一样的冷漠，同时他也决定回到大自然的和谐当中去，但他告诉卡利古拉说："我要离开了，

---

①　Sprintzen, David. *Camus: A Critical Examination*, Temple University Press, 1988, p. 72.

②　Sherman, David. *Albert Camus*, London: Blackwell Publishing, 2009, p. 85.

③　Camus, Albert. *Caligula. Œuvres complètes I*, Paris: Édition Gallimard, 2008, p. 443.

④　Camus, Albert. *Caligula. Œuvres complètes I*, Paris: Édition Gallimard, 2008, p. 372.

因为我觉得理解你了。我要动身到遥远的地方去，寻找这一切的真理。"①

西皮翁是诗性的，而舍雷亚是现实的②。舍雷亚是《卡利古拉》中另一个也同样在追求快乐的人，这意味着舍雷亚同卡利古拉一样，也意识到了人的荒诞。在一定意义上，舍雷亚和西皮翁一样理解卡利古拉的境况。舍雷亚表示，在某一些时候为了感到自由，他也会设想如卡利古拉一样去杀人与乱伦，但是这些想法人人都会产生，并且这些想法不值一提。如果大家都要实现这种想法，那么人们"既无法生活，也没有快乐"③。舍雷亚和卡利古拉的分歧在于他并不认同卡利古拉将荒诞逻辑发展到极致的做法，从根本上来说，舍雷亚觉得卡利古拉并没有获得快乐或者月亮。卡利古拉认为一切都是平等的，而舍雷亚提出相反的意见，认为一些行为比另一些更加美。这是舍雷亚和卡利古拉的根本分歧。对于舍雷亚来说，"我们想要在这世界上生活，就该为这个世界辩护"④。在这里，舍雷亚将卡利古拉反抗逻辑的反面提了出来——世界与人本身是有价值的。

从这种对剧中其他人物的注意中，我们开始意识到不同人物之间对话的重要性。《卡利古拉》中实际上是加缪创作中第一次真正出现了"对话"的概念，以及与此同时出现的"他者"的概念。虽然《卡利古拉》中的对话自然是失败了，但是这给了我们一个暗示，在剧本《误会》中，对于对话的需求将被明确提出。正是在"对话"的基础上，人们开始意识到，人的命运是普遍共享的，反抗的基础是团结，如果没有对于"对话"的要求，那么剩下的将只是沉默。

---

① Camus, Albert. *Caligula. Œuvres complètes I*, Paris：Édition Gallimard, 2008, p. 383.

② Sprintzen, David, *Camus：A Critical Examination*, Temple University Press, 1988, p. 73

③ Camus, Albert. *Caligula. Œuvres complètes I*, Paris：Édition Gallimard, 2008, p. 369.

④ Camus, Albert. *Caligula. Œuvres complètes I*, Paris：Édition Gallimard, 2008, p. 337.

3.4 快乐主义的新含义

3.4.1 快乐的新路径：《误会》中的"对话"

作为"荒诞系列"中最后创作的作品，《误会》对于快乐问题的探索呈现出强烈的过渡色彩。一方面，它仍然继承了"快乐"的传统，但另一方面，《误会》已经体现出强烈的转向倾向。《误会》继承了《快乐之死》《局外人》以及《卡利古拉》中一贯的悲剧色彩，主角最终寻找快乐失败。它们都属于荒诞系列，都有一个荒诞的基础，但是如果说《卡利古拉》中出现了其他人物的身影，那么《误会》中则把人与人之间的关系拉成了一种平等的维度。《卡利古拉》中所描述的绝对自由所带来的后果是抽象的，而在《误会》中则是具体的，它牵扯到了所有人的具体生活，并且给出一种强烈的暗示：如果剧中的人物并不这样行动，而是采取尝试对话的方法，那么快乐可能就是近在迟尺的。在《误会》中我们可以看到加缪开始解决之前作品中所遗留的问题：如果荒诞人始终面临的是失败的结局，快乐似乎是永远无法抵达的彼岸，那我们应当怎么办？加缪在《误会》中找到这一问题的答案。

《误会》虽然是 1958 年出版的剧本，但是写于加缪在占领时期滞留法国南部的时间。《误会》于 1944 年第一次上演，因为票房不佳而搁置了出版时间。滞留法国南部的时间是加缪在精神上挣扎的岁月，最初以肺结核疗养的目的来到法国的加缪，很快因为国境线的关闭而变成了流亡者的身份，并且身无分文。同时欧洲的战争局势让他感到幻灭，悲观的情绪主导了加缪的创作，也因此《误会》中的人物似乎永远对他人的声音报以耳聋的姿态①。然而，《误会》虽然确实展现出强烈的悲观与宿命色彩，但是加缪还是在探索快乐的道路上更往前了一步。正是因为造成"误会"的原因在于

① Sprintzen, David. *Camus：A Critical Examination*, Temple University Press, 1988, p. 81.

人们互相无法对话，加缪开始意识到对话的重要性，开始与沉默作斗争和倡导对话的一次尝试①。通过这种努力，《卡利古拉》中君主和臣下的单方面对话模式，开始转变为一种对于本真性对话的需求。

《误会》来自加缪 1935 年在一份报纸上读到的新闻，它在 1939 年已经出现在加缪的日记本中②，而《误会》的剧情最早则出现在《局外人》中，并且对《局外人》本身的剧情也起到暗示作用。在《局外人》的下半部中，莫尔索一个人被关在牢房里时，找到了一张破旧的、几乎透明的报纸残页，残页上报道了一个母女两人杀死儿子的故事：

> "一个男人早年离开自己捷克斯洛伐克的村庄，为了追寻自己的财富。二十五年过后，他带着财富以及自己的妻儿回来。他的母亲和妹妹在他出生的村庄经营一个旅店。为了给她们惊喜，他把妻子和孩子安排在另外的住处而自己回去旅店，而母亲在他进门的时候并没有认出他来。为了开玩笑，他就租了一个房间，并且亮出自己的财富。当天夜里，母女二人为了夺取他的钱，用锤子杀死了他，并且把尸体扔进了河里。第二天早上，妻子来到旅店，在并不知情的状况下揭露了男人的身份。母亲上吊而死，妹妹投河自杀。"③

故事中除了孩子这一角色没有出现在《误会》中之外，《误会》的剧情与莫尔索看到的故事几乎相同。在第一幕的开始，妹妹马尔达在与母亲的对话中表示，如果这个新来的房客是单独一人并且还是一个有钱人，那就是一个完美的实施计划的对象。当妹妹马尔达询问母亲这位新房客

---

① Sleasman, Brent C. *Albert Camus's Philosophy of Communication*: *Making Sense in an Age of Absurdity*, New York：Cambria Press，2011，p. 82.

② Camus, Albert. *Carnets. Œuvres complètes II*, Paris：Édition Gallimard，2008，p. 879.

③ Camus, Albert. *L'Étranger. Œuvres complètes I*, Paris：Édition Gallimard，2008，p. 187.

的长相时，母亲回答"根据经验最好不要看他们，杀掉一个不认识的人比较容易"①。当场景转移到主角让和他的妻子玛利亚的对话时，玛丽亚不理解母亲为何没有认出自己的儿子，表示"母亲总是能认出自己的儿子"②，并且指责让为什么不直接表明自己的身份。让回答妻子说自己过于激动，不能够说话，"让我告诉母亲我回家了并不是一件容易的事情，并且要母亲把一个陌生人当作自己的儿子也需要一点时间"③。如此产生了一个三角的矛盾关系，沉默代替了对话。在第一幕的最后，母亲开始对杀死让产生了犹豫，开始思索是否真的要实施谋杀计划。妹妹马尔达坚持要在当晚实施计划，而母亲表示应该给这位旅客一次缓刑的机会，至少先推迟一晚上再说，因为"这位旅客和其他人不一样""我们甚至有可能会因为他而得救"④。第一幕在妹妹马尔达的坚持中结束。

第二幕开始于让的犹豫与不适，在面对妹妹马尔达和母亲的时候，让始终不知道该如何用合适的方法与他们交流，也不确定自己是否应该告诉她们真相。让甚至感到自己在扮演启示录中"浪子回头"（prodigal son）的角色，并且因为不适应而反复感到自己是"局外的"（étrange）。虽然母亲仍旧对杀死让下不了决心，但是妹妹马尔达将下了毒药的茶水送到了让的房间，让在痛苦的自我独白中喝下了有毒的茶水并且沉沉睡去，第二幕在母亲和马尔达处理尸体的过程中结束。

在第三幕中，老仆人将让掉落的护照交给了正在畅想新生活的母女两人，因此母女二人得以知晓她们所谋害的是自己的亲人。在悲痛中母亲决定结束自己的生命，而女儿马尔达则认为上帝不公，并且表示自己憎恨包

① Camus, Albert. *Le Malentendu. Œuvres complètes I*, Paris：Édition Gallimard, 2008, p. 459.

② Camus, Albert. *Le Malentendu. Œuvres complètes I*, Paris：Édition Gallimard, 2008, p. 461.

③ Camus, Albert. *Le Malentendu. Œuvres complètes I*, Paris：Édition Gallimard, 2008, p. 462.

④ Camus, Albert. *Le Malentendu. Œuvres complètes I*, Paris：Édition Gallimard, 2008, p. 473.

括自己兄长在内的一切:"我恨这个屈服于上帝的世界,我忍受了不公正,也没有享受到权利,我不会再臣服了。"随后让的妻子玛丽娅赶来旅店,知道真相的玛丽娅痛苦地向上帝呼救:"上帝,我在你手中。请怜悯我,看一看我吧。听我说话吧,把你的手给我。主,请怜悯相爱而分离的人吧!"路过的老仆人问她:"你是在喊我吗?"玛丽娅表示她需要人的帮助,请问老仆人是否可以怜悯她和帮助她,然而老仆人只是用直接和坚定的口气回答了她一个"不"字。①

当《误会》还是《局外人》中莫尔索在牢房里所发现的一张报纸时,莫尔索对它的评价是:"一方面,这是荒谬的;另一方面,这又是很平常的。总的来说,旅行者(让)是活该,因为他不应该撒谎。"②莫尔索的评价是客观的,他的评价道出了三个要点。首先,这是荒谬的,意味着这本是一件不该发生的事情;其次,这是平常的,若是我们按照《局外人》中莫尔索的立场来理解,意味着这是合理的,因为每个人都是被判了死刑的人,死亡只是迟早的事情;第三,悲剧发生的原因在于主角让,如果他可以不撒谎,真诚相对,那么悲剧也许就不会发生。事实上,莫尔索的评价符合我们任何人的观点,任何《误会》的读者在阅读过程中都会感到,如果让可以真诚相待,那么结局就会相反。而我们发现,加缪在剧本中并没有解释清楚让不表明自己身份的原因。在第一场与妻子玛利亚对话的戏中,让只是解释说:"一切都比我想象到的更难。"③。这是一个不成立的理由,让随后作的解释只是一些诸如"太激动""她们没有看我"之类无关紧要的原因。加缪在日记中对让的描述是:"他带着面具直到最后,这不为了任何原

---

① Camus, Albert. *Le Malentendu. Œuvres complètes I*, Paris:Édition Gallimard, 2008, pp. 491-497.

② Camus, Albert. *L'Étranger. Œuvres complètes I*, Paris:Édition Gallimard, 2008, p. 187.

③ Camus, Albert. *Le Malentendu. Œuvres complètes I*, Paris:Édition Gallimard, 2008, p. 461.

因。"①这里暗示我们的是，对话并不是一件如卡利古拉想要获得月亮那样困难的事情，也许只是需要一些尝试对话的意图。与《卡利古拉》不同的是，在《卡利古拉》中的舍雷亚虽然处于与卡利古拉对话的状态，但是卡利古拉的逻辑并不允许有其他的可能，因此对话难以产生结果，而《误会》中的对话只要一旦发生，快乐的目标就可以达到，只是让始终无法迈出这一步。在这一意义上，莫尔索认为他是"活该的"。

之所以只要让愿意对话，就可以获得快乐，是因为《误会》中的快乐与之前有了不同的意义。《误会》中的地理部分折射了加缪自己的一些想法，在《误会》中欧洲是寒冷且悲凉的，而地中海则是美丽与幸福的，因此，让的妹妹马尔达所认为的快乐，就是离开这里，去地中海生活。为了这个快乐的目标，她才与母亲联手杀人越货。而《误会》中的让已经在地中海安家立业，过上富裕的生活，在刚刚到达这里时，让对妻子玛利亚说："我来这里首先要带来财富，如果允许的话，我还要带来快乐。"②这里《误会》表现出奇特的巧合性，让从地中海带着财富和亲情而来，想要把母亲和妹妹接回地中海，这是让所设想的快乐；而妹妹所设想的快乐，就是拥有财富之后可以离开欧洲，去地中海生活。因此，只要让愿意表明身份，就可以带上母亲与妹妹回到地中海，如此每个人都可以获得快乐。于是在这里《误会》中的快乐出现了两种意义上的改变。首先，快乐含义发生了变化。《误会》中的快乐已经不再是卡利古拉的月亮与不可能的事情，它无关生死与形而上，而是变成了现世的含义，只要拥有阳光与沙滩，亲人和友谊，那就是剧中人所追求的快乐。所以，快乐在《误会》中是可以达到，并且是非常容易达到的事情。其次，获得快乐的方式也发生了变化。获得快乐不再需要诸如《快乐之死》与《卡利古拉》中那样极端且没有明确指示的方法，虽然和《快乐之死》中的条件一样，获得快乐首先要获得金钱，马达尔也必

---

① Camus, Albert. *Carnets. Œuvres complètes II*, Paris：Édition Gallimard, 2008, p. 879.

② Camus, Albert. *Le Malentendu. Œuvres complètes I*, Paris：Édition Gallimard, 2008, p. 461.

须需要通过杀死让来获得最后前往地中海的路费，然而让本身在地中海已经拥有房产这一构思巧妙地化解了马尔达金钱的问题。事实上，母亲甚至在杀人当天表示希望推迟一天行动，如果马尔达愿意和母亲进行真正的对话，事件的发展也不会如此。因此，只要任何人愿意采取"对话"的方式进行交流，就可以获得快乐。

与《卡利古拉》一样，《误会》中的五个角色都代表了加缪思想中的一部分，加缪在这时期思想的各个部分，都可以在《误会》中找到不同的对应角色①。《误会》中的妹妹马尔达无疑与梅尔所、莫尔索、卡利古拉等人拥有相同的反抗逻辑，世界是不公平的、荒诞的，而她是寻找快乐的；母亲的角色代表了加缪在早期散文《婚礼集》中试图和一切和解的自然精神；老仆人代表了加缪所认为的上帝形象；妻子玛利亚代表了希望获得上帝拯救但是并没有获得回复的人；而让则代表了需要进行"对话"的含义。可以看到前四者是加缪本身就已经在其他作品中进行创作与阐述的角色，而让则是加缪创作过程中新出现的含义。让的出现表示在这时加缪至少有两个方面的改变，其一在于快乐不再是一种形而上的追求，而是现世的生活，它是基于人本身价值的。在《局外人》中，莫尔索得到的结论仅仅只是认识到死与生的同一性，而在《误会》中，快乐是生活本身，死亡是一个不在快乐范畴内的话题，因为它在我们的生活之外。其二在于如果想要获得快乐，我们需要的也许不再是如同西西弗斯的那样孤立的、导致虚无的反抗，而是一种新的建立在"对话"中的行动方法。在《误会》中当让开始感到沮丧时，曾对他的妻子说："人不能永远是局外人。"②菲利浦·托蒂(Philip Tody)认为这句话是整部《误会》的核心，也是加缪此时的思想状态，意为人虽然需要寻找那种快乐，但是人同样也要在世界上找到自己的位置③。而让和妹

---

① Behrens, Ralph. *Existential "Character-Ideas" In Camus' The Misunderstanding*. Modern Drama 7. 2 (1964). p. 210.

② Camus, Albert. *Le Malentendu. Œuvres complètes I*, Paris：Édition Gallimard, 2008, p. 464.

③ Thody, Philip. *Albert Camus*. London：Macmillan, 1989, p. 63.

妹之间的问题正在于他们没有找到自己正确的位置。让回到家中，以怜悯和同情的心情试图给予他的母亲和妹妹仿佛恩典一样的一份礼物，母亲和妹妹的角色仿佛只是让计划中的一部分；而母亲和妹妹同样有她们自己的位置，任何来住店的旅客只是她们快乐计划中的一个部分①。在这种结构性不对称的情况下，双方都无法展开对话的可能性，所以这种对话所要求的不能是孤独的、排他的，而是在人与人共同与普遍的生活中共享的，对话的各自主体都需要处于一种平等的状态。比佛利·马特尼（Beverly M. Matherne）将这种对话称为是"心灵的相遇、人与人之间的理解与互相的激情"②。

我们在《误会》中已经可以看到加缪在"快乐"这一问题上的迈进，无论从快乐的含义还是取得的方法上，都与之前的作品大为不同。仅仅通过"对话"，快乐就可以达到。回到"人如何创造属于自己的价值"这一问题，在《误会》中已经逐渐有了明显的答案，即"人不能永远是局外人"。人需要有现世的，属于人与人之间共享的价值。为了凸显这种价值，加缪在《误会》中还加入了另一个老仆人的角色来说明。

3.4.2 上帝的沉默：基于现世的快乐

《误会》中仍旧带有宿命的色彩，这种感觉集中在直到剧终才开始讲话的老仆人。老仆人是一个在《局外人》中莫尔索的报纸上没有出现的角色，而这一角色实际上在《误会》中也一直都让人感到是隐形的、可有可无的。然而一旦我们的阅读持续到《误会》的结尾，就可以发现老仆人这一角色从另一方面将故事的主题推到了中心。

《误会》中有三次涉及与上帝的"对话"。除去剧终玛丽亚和老仆人的那次对话之外，第一次对话出现在全剧的开场，母亲在与女儿马尔达谈论最后一次杀人行动的时候，表示自己想要休息，对于最后一次杀人并不是很

---

① Sprintzen, David. *Camus: A Critical Examination*, Temple University Press, 1988, p. 82.

② Matherne, Beverly M. *Hope in Camus'' The Misunderstanding '*, Western Speech 35.2 (1971), p. 77.

放心，母亲告诉女儿"最近晚上我总有些宗教的感觉"①。这场对话发生在母亲已经见过让之后，虽然母亲表示并没有仔细观察让，因为杀死一个不认识的人总是会轻松一点，但是母亲仍旧感到了对于这次杀人行动不安的心情。第二次对话出现在让入住旅店并且马尔达已经将下了毒的茶水端到让的房间之后，让一边喝茶一边感到自己扮演着启示录中"浪子回头"的故事，并且对上帝说："让我放弃这件无谓的事情，回到妻子玛丽娅那里吧。或者让我坚持我所选择的事情吧。"②在不止一次尝试和自己的妹妹接近却没有结果之后，此时让的心里也是犹豫的、不安的。

加缪在创作《误会》时的笔记显示，老仆人的形象所代表的是"上帝没有回应"③。这一点解释了前两次与上帝的对话。在第一次母亲感到需要休息的时候，这种宗教感是模糊的，即使母亲有强烈的感觉这次谋杀行动也许是不应该发生的，但是这种模糊的感觉并没有在实质上对事态的发生产生什么影响。而在第二次发生启示的感觉时，让感到自己应该向妻子玛利亚忏悔，并且在继续和放弃之间犹豫。而这种感觉依然是模糊的、没有回应的。而第三次则是在妻子玛利亚得知丈夫让死于非命之后，玛利亚直接向上帝请求帮助，这时老仆人才直接予以回绝。在前两次"对话"中，请求是不明确的，因此没有任何关于上帝的提示，而在最后这一次中，妻子玛利亚以直接的姿态求助于上帝，老仆人才第一次在剧中讲出拒绝的台词。很显然，上帝的拒绝偏偏来迟，这暗示了需要一直到悲剧发生，人们或许才能知道寄希望于上帝是一件危险的事情。

从实际《误会》中的剧情来看，老仆人所代表的上帝形象，远不止是没有回应，而是似乎带有目的的。虽然老仆人的行动在大多数情况下只是一

---

① Camus, Albert. *Le Malentendu. Œuvres complètes I*, Paris：Édition Gallimard, 2008, p. 458.

② Camus, Albert. *Le Malentendu. Œuvres complètes I*, Paris：Édition Gallimard, 2008, p. 480.

③ Camus, Albert. *Notice de Le Malentendu. Œuvres complètes I*, Paris：Édition Gallimard, 2008, p. 961.

些看似没有意义的行为，比如在某次谈话时老仆人路过，某次需要服务时老仆人出现，然而，老仆人又在几次非常重要的情节关键处促进了剧情发展。在让第一次回到旅店打算入住时，旅店里并没有人，这时老仆人打开了门让妹妹马尔达进门，于是开始了让和妹妹马尔达的第一次谈话；在让出示护照给妹妹马尔达看时，马尔达本可以知道让的真实身份，但是这时候老仆人出现，马尔达因为吩咐老仆人离开，所以忘记了看护照上的名字；在让喝下有毒的茶水昏睡过去时，老仆人一言不发捡起了掉在地上的护照，因此母女二人仍旧没有在最后将让抛入河底之前得知让的身份。

所以，老仆人的形象一方面表现出来他不会回应人们的请求，另一方面实则起到了推动悲剧发展的作用，这让《误会》的故事显得充满宿命感。加缪在这时似乎对大写的"希望"报以极端悲观的态度，在剧本直到最后之前，老仆人没有一句台词，在全剧中始终如幽灵一般出现。在第一幕第五场中，让询问马尔达"老仆人是不是哑巴"，马尔达回答让"只说最主要的事情"[1]。因此，对于老仆人这个上帝的角色来说，"最主要的事情"只是告诉玛利亚上帝并不会回应她的请求。而上帝的种种促进凶杀案发生的行为，甚至在上帝本身看来都是不重要的。在这种情况下，人在排除了上帝的情况下创造自己的尊严与价值的需求，就被进一步放大了。

在这之前的作品中，梅尔所的体验式探索、莫尔索的冷漠、卡利古拉的杀戮等等，所有的人物都有一种执念，认为自己的快乐势必与形而上有着密不可分的关系。事实证明他们的执念都是不可行的，《误会》中的这种努力虽然也失败了，但是它无疑暗示了另一种可能性，通过将快乐拉回到地面的维度，维持在人与人互相之间的关系上，用对话的形式建立起人的共享的快乐，也许才是可行的办法。

1945 年，加缪给作家朋友路易斯·纪尤（Louis Guilloux）的信中解释了他对《误会》的看法：

---

① Camus，Albert. *Le Malentendu. Œuvres complètes I*，Paris：Édition Gallimard，2008，p. 466.

"全部的悲剧来自他们不愿意使用简单的语言。如果《误会》的主角可以说：'看，是我，你的儿子。'那么对话就会是有效的，并且可以避免剧中的错误。所有处于顶峰的悲剧都是因为主角们的耳聋——真正的发展和伟大存在于人的意义上的对话，而不是在福音、独白和来自孤独山顶的命令上。平衡荒诞的，是人的共同体，人们在共同体中与荒诞斗争。如果我们选择为这个共同体服务，那么我们就是选择了在荒诞上也为对话服务，以此对抗所有的谎言和沉默。"①

总的来说，《误会》拒绝了几种获得快乐的方法：来自上帝的帮助或者暗示、伴随谎言与沉默的拒绝交流与对话，以及杀人。而获得快乐方式只有唯一一种，即在承认人的共同体这一前提下进行对话。"对话"的意义在于，加缪开始认识到人的价值并不是孤独的、幽闭的、西西弗斯式的，而是注定要有他者参与与介入的。人所追求的快乐也是同理，如果快乐可以追寻，那它一定不是仅仅属于一个人的苦行，而是处在与他人共同的关系中。加缪将很快把这种对话的概念上升到一个存在性的维度：团结。

3.5　快乐是一种团结

3.5.1　政治的团结：《战斗报》

1943 年秋天 30 岁的加缪从一次严重的肺结核复发中康复过来，正是在这一年他加入法国抵抗组织以及地下杂志《战斗报》。加缪在《战斗报》的活跃时间主要集中在 1944 年到 1947 年，在这期间加缪在战斗报发表了超

---

① Camus, Albert. *Carnets. Œuvres complètes II*, Paris：Édition Gallimard, 2008, pp. 1039-1040.

过 165 篇社论与短文①。这些文章在后来集结成《给德国友人的信》和《时政评论》出版。

对于加缪在这一时期的大部分文章来说，其首要目的无疑是政治性的，涉及对于德国纳粹的态度、对于法国民主的思考，以及法国解放之后的清算问题等等，但是同时，这些文章又处于加缪创作思想发展的完整序列里，在加缪的创作中扮演了极其重要的过渡角色。加缪从仅仅关注荒诞问题过渡到后来的基于荒诞的、团结与尺度的反抗理论，这一过程并不是很快完成的，而是经历了这一时期长时间的变化过程。

在《给德国友人的信》和《战斗报》中，加缪始终坚持的立场是将要求注入到政治事件中去，大体上，加缪在这一时期的创作都是围绕政治事件而展开，而实际上加缪关注的议题是道德，这种道德也即是《西西弗斯的神话》中西西弗斯的反抗所遗留下来的道德问题。对于这一道德问题的修复与改进，是加缪在下一步步入《反抗的人》"南方思想"的重要过程。

同时，也是在这一段时间里，加缪同时创作小说《鼠疫》。加缪在《战斗报》的文章主要是讨论时政问题，然而其中同样充满了哲思的内容，与之相对，《鼠疫》可以是一部政治小说，同样是一部荒诞小说。因此，《战斗报》和《鼠疫》是可以互读的。事实上，《鼠疫》中加缪通过人物形象与戏剧化所表现的东西，正是他在《战斗报》中用清晰口吻明确表达的内容。

在 1950 年开始将这些文章集结起来出版时，加缪在序言中表示："（战斗报的经验）结束于一部分幻象的消逝和一部分坚定信念的确认，这是一个自然的过程。"②

"幻象的消逝"和"坚定信念的确认"，集中体现在加缪对于对话的重申

---

① 在抵抗时期，《战斗报》的大部分文章都采用笔名或者匿名的方式发表，根据整理和研究，至少有 165 篇文章可以确定是出自加缪笔下，另有一些篇目存疑。见 Lévi-valensi, Jacqueline. *Un écrivain face à l'histoire*, dans *Camus à combat*, Paris：Gallimard, 2002, p. 7.

② Camus, Albert. *Actuelles. Œuvres complètes II*, Paris：Édition Gallimard, 2008, p. 377.

与确认中。在《不做受害者，也不做刽子手》(*Ni victimes ni bourreaux*)的系列文章中，加缪首先接着《误会》的主题强调对话的作用："是的，今天我们所要对抗的事物，是恐惧、沉默，以及随之而来的思想与灵魂的分离。而我们所要捍卫的事物，则是人与人之间普遍的对话与交流。奴役、不公、谎言，是破坏交流和禁止对话的原因。"①

在《无宗教信仰者与基督徒》(*L'Incroyant et les Chrétiens*)一文中，加缪也表达相同的意思："我今天想要说的是，这个世界需要真正的对话，而对话的反面则是谎言和沉默，并且对话存在于保持本真性和说真话的人之间。"②

在《自由的见证人》(*Le Témoin de la liberté*)一文中，加缪继续表述："不存在没有对话的生活。但是现在世界上的大部分地区，对话都被论战取代。"③

加缪在这一时期所主张的对话有几个要点。首先，对话是作为沉默的对面而存在的，对话的目的是为了打消沉默，沉默则会带来奴役、不公。这是加缪在抵抗时期和解放时期所主张的第一个要求。其次，加缪所要求的对话是一种"本真性的对话"，这一点继承了加缪在"荒诞系列"中所主张的要求，即面对荒诞我们需要一种本真性的态度去生活，对话亦是如此。第三、加缪所主张的这种对话是一种"普遍性"的对话，对话不仅仅是局限于某一团体或者某一意识形态的，在《无宗教信仰者与基督徒》中加缪正是在尝试这一中无信仰者和基督教徒之间的对话。任何的对话都是有可能的，而我们的努力则正是朝着这种对话而去。这也是加缪对于德国纳粹的态度："如果与德国人的对话是有可能的，那么这本身就是要求恢复对话

---

① Camus, Albert. *Actuelles. Œuvres complètes II*, Paris：Édition Gallimard, 2008, p. 455.

② Camus, Albert. *Actuelles. Œuvres complètes II*, Paris：Édition Gallimard, 2008, p. 471.

③ Camus, Albert. *Actuelles. Œuvres complètes II*, Paris：Édition Gallimard, 2008, p. 490

的原因"①。

而在《给德国友人的信》中，加缪从对话中确立了一种普遍的团结态度。在《给德国友人的信》的意大利文版前言中，加缪表明了一种立场："当这些信的作者说'你们'的时候，他并不是想要说'你们德国人'，而是说'你们纳粹'。当他说'我们'的时候，也不是说'我们所有法国人'，而是说'我们自由的欧洲人'。我所对比的这两种态度，而不是两个民族，仅仅是在历史的一个瞬间，这两个民族具身化为这两种相对立的态度。"②

如同《鼠疫》中所描绘的那样，纳粹带来的是杀戮和苦难，而我们之所以要反抗，是因为我们承受着这种杀戮和苦难，而不是针对任何人。而所有承受着这种苦痛的人，在这一刻都是享有共同命运的，在这里这种共同命运是法国人团结的基础，而在《鼠疫》中，则是奥兰城人民团结的基础。同时，加缪在这一则前言中体现出一种世界主义的态度。实施压迫的人不仅仅是纳粹，而承受苦难的民族也不仅仅是法兰西，只要是在生活中遭遇了这种不公的人，都享有这种普遍命运。我们在加缪青年时期于阿尔及利亚发表的《新地中海文化》中就可以看到了这种世界主义的倾向。而在《鼠疫》中，里厄医生与帕内鲁神父的和解，也正是基于这种世界主义。

在第四封信中，加缪谈到了纳粹必将失败的原因，同时也是他反思荒诞问题的关键转变。在加缪看来，这位德国友人和自己拥有相同的基础，即这个世界没有超越的意义。然而两个人得出了不同的结论："您从不相信这个世界有什么意义，而您从中得出的思想是，任何事物都是相同的，人们可以随意给好与坏下定义。"我们可以看到，加缪在这里将《西西弗斯的神话》中得出的结论"排除价值判断"转而安放到了对方的思想中，德国纳粹正是援引了荒诞的逻辑而将自己变成像卡利古拉一样的人物。而加缪自己从"世界没有意义"这一前提中得出的结论则是："我同样也将继续认

① Camus, Albert. *Actuelles. Œuvres complètes II*, Paris: Édition Gallimard, 2008, p. 432.

② Camus, Albert. *Lettres à un ami allemand. Œuvres complètes II*, Paris: Édition Gallimard, 2008, p. 7.

为这个世界没有超越的意义。但是在这个世界中有一样东西拥有意义，那就是人本身。因为人是唯一要求意义的生灵。"①很显然，加缪意识到自己之前的荒诞理论中，忽略了人本身，而在这时候，他不仅开始注意到那个尝试反抗的人，而且将所有反抗者的命运联系在了一起，在此基础上定义人的价值。

在《给德国友人的信》的最后，加缪再次确认胜利将属于法国，但同时指出："现在将要结束，我们可以说明我们所学习到的经验，那就是英雄主义什么都不是，而快乐才是比较难的。"②加缪在这里再一次重申快乐，但是快乐这时已经展现出新的含义。通过英雄主义，快乐是无法获得的，也因此，对于梅尔所、莫尔索抑或是卡利古拉，他们都无法成功获得他们所要的快乐，甚至是西西弗斯，我们也只能够"想象"他是快乐的。在荒诞与反抗之中，人注定是永恒的被流放的状态，无法获得梅尔所或者卡利古拉意义上的快乐，但是与此同时，人也拥有除了快乐之外的、属于人本身的价值。在这里，加缪真正意义上不仅仅只是将快乐搁置起来，而是厘清了快乐的含义，转而通向属于人真正的价值。约翰·弗雷称《致一位德国友人的信》是加缪第一次从"描述荒诞走向处理其伦理和政治后果的重要一步"③。在伦理上，加缪开始强调人的平等与共享命运，而快乐也将成为一种新的含义。这种结果将在《鼠疫》中完全展现出来。

3.5.2 生命的团结：《鼠疫》

鼠疫的故事被加缪限制在一座被封锁城市中。阿尔及利亚的沿海城市奥兰毫无来由地爆发了严重的鼠疫，随着疫情的发展，奥兰城被严格封

---

① Camus, Albert. *Lettres à un ami allemand. Œuvres complètes II*, Paris：Édition Gallimard, 2008, p. 26.

② Camus, Albert. *Lettres à un ami allemand. Œuvres complètes II*, Paris：Édition Gallimard, 2008, p. 28.

③ Foley, John. Albert Camus：From the Absurd to Revolt, London：Acumen Publishing, 2008, p. 30.

锁，无法进出。而在奥兰城中的不同角色开始面对鼠疫展开不同的行动。《鼠疫》是一部象征小说，可以含有不同层面的各种解读。《鼠疫》一方面描绘了当瘟疫和封锁降临时奥兰城人民的监禁、流放和苦难状态，另一方面也展现了奥兰城人民如何通过团结与反抗来战胜鼠疫的历程。鼠疫在这里既是象征了形而上的荒诞，又是映射了占领的欧洲境况。奥维尔·布雷斯克（Orville Prescott）认为加缪在《鼠疫》中"没有描写具体的人，而仅仅是塑造了一些持有不同政治和道德态度的抽象符号"①，持这种观点的评论不在少数②。加缪在1955年给罗兰·巴特（Roland Barthes）的信中曾经提到《鼠疫》的一个主题之一是在抵抗时期法国人民对于德国纳粹的反抗③。基于这一点《鼠疫》常常被认为是一部谈论纳粹的政治小说。然而这种看法是不全面的。罗兰·巴特将《鼠疫》的主题解读为"反历史道德"与"政治孤立主义"，而加缪的信件主要是对这一解读作出相应的反对，并且加缪在信中明确表示《鼠疫》可在多个角度被阅读，而关于纳粹的象征只是其中一种，《鼠疫》在一定意义上远远不止是一部抵抗时期的编年史。在构思《鼠疫》的日记中，加缪写道："《鼠疫》有社会和形而上两种含义。这是一样的。这种模糊性和《局外人》一样。"④在加缪的思想系统里，《鼠疫》完美地象征了加缪的各个思想部分，并且以里厄医生的形象创造了一个完善的反抗人物。在这部发表于1947年的小说中，被鼠疫包围的奥兰城首先是一座象征了荒诞的城市，鼠疫首先象征了来自北方德国的纳粹，包围整座城市的鼠疫无疑指向了二战中德国对于法国的占领；但是在另一层面上，鼠疫的象征则是形而上的，《鼠疫》关乎到人的根本境况的，即一种流放的荒诞。留给被鼠疫包围的奥兰城人民的选择，亦即留给荒诞人的选择。

---

① Prescott, Orville. *Outstanding Novels*, Yale Review 38 (Autumn 1948), p. 189.

② 史蒂芬·斯班德尔（Stephen Spender）亦持这种观点，见 Spender, Stephen. *Albert Camus, Citizen of the World.* New York Times Book Review, 1 August 1948, p. 1.

③ Camus, Albert. *Appendices de La Peste. Œuvres complètes II*, Paris：Édition Gallimard, 2008, p. 286.

④ Camus, Albert. *Carnets. Œuvres complètes II*, Paris：Édition Gallimard, 2008, p. 965.

奥兰城首先是荒诞的，是一座在希望面前遭到流放的城市，"它似乎是个毫无臆想的城市，就是说，它是个纯粹现代的城市"①。它和加缪在《西西弗斯的神话》中描述的境况一样，人们生活在熟悉的日常生活中，"人们在城里感到厌倦，但又努力让自己养成习惯"②。我们完全可以想象在射杀阿拉伯人之前的莫尔索也生活在奥兰，过着同样的生活，厌倦但是熟悉，炙热的太阳让他的脸发烫。而之所以说奥兰城也是一座纯粹现代的城市，因为迎接奥兰城的将是一场马上迫使其中人物开始"自我审视生命的意义，在这点上，它们是现代的"③。

鼠疫入侵奥兰城是毫无征兆的，而很快随之而来的封锁也是瞬间发生的，如同纳粹发动的战争一样，"人世间经历过多少次鼠疫和战争，两者的次数不分彼此，然而无论是面对鼠疫还是面对战争，人们都同样措手不及"。④ 因此，鼠疫首先带来的死亡是全面的，所有人共同面临着死亡⑤。从"努力让自己养成习惯"，奥兰城突然成为一座"全城都在发高烧"的城市。加缪的这种设置在荒诞逻辑上和《局外人》相同。在《局外人》中，加缪认为被判死刑的人所面对的是一种最纯粹的荒诞，而《鼠疫》亦是如此，面对毫无来由的致死疾病，同时整座城市遭到封锁，奥兰城中的人民也面临了直接的死亡风险。在写作《鼠疫》的时候，加缪甚至打算将小说改名为"那些囚徒"这样的名字，在日记中加缪强调了这一点："《鼠疫》。不可能

① Camus, Albert. *La Peste. Œuvres complètes II*, Paris：Édition Gallimard, 2008, p. 82.

② Camus, Albert. *La Peste. Œuvres complètes II*, Paris：Édition Gallimard, 2008, p. 81.

③ Camus, Albert. *Peste. Œuvres complètes II*, Paris：Édition Gallimard, 2008, p. 290.

④ Camus, Albert. *Peste. Œuvres complètes II*, Paris：Édition Gallimard, 2008, p. 106.

⑤ Solomon, Robert C. *Dark Feelings, Grim Thoughts：Experience and Reflection in Camus and Sartre*, Oxford University Press, 2006, p. 180.

离开。……《局外人》写的是面对荒诞时人的赤裸。《鼠疫》也是面对相同的境况。"①

然而奥兰城人民所面对的鼠疫，与梅尔所所面对的死刑，又有根本上的不同。在个人问题仍旧矛盾突出的同时，整座奥兰城被作为一种形象凸显了出来。与《局外人》中莫尔索被判死刑关在封闭的牢房里不同，随着奥兰城的封锁，整座城市的人民在同一时间与同一空间里都变成了等待被判刑的莫尔索。因此，在这一情况下，不再是意识到荒诞的个人感到"背景"崩塌了，而是作为每个人所共享的生活基础的"背景"本身崩塌了。感到流放的不再仅仅是莫尔索或者梅尔所一个个的个体，而是整座奥兰城遭遇了流放的状态，让人感到"全城都在发着高烧"。因此，《鼠疫》中的死亡不再是个人的、孤独的，而是普遍的、全部的。所以，我们可以看到，在《鼠疫》中，加缪第一次将人的无辜境况扩展到了属于每个人的、人人都分享的程度，这种普遍的象征是在之前的创作中并未出现的。当这种改变集中体现在一部小说中时，势必将导致奥兰城的人民作出与之前无论是《快乐之死》《局外人》还是《卡利古拉》中不同的反抗。在这一意义上，鼠疫本身象征了第一种团结，人类的命运是共享的，而这不是由人可以自行选择的。"原本属于个人的感情，从最初几周开始，都突然变成了整城居民的共同感情"②，在鼠疫的象征意义下，人必须团结。

因此，在这种封锁的城市，加缪向我们描绘了几种不同路径的团结。《鼠疫》全书采用编年史的方式写作，它的叙述口吻是扁平的、机械的。我们直到小说的最后一章才知道，这一"记录"的作者正是医生里厄。至于采用这种新闻式记录的原因，医生里厄表示了两个方面的原因，首先因为这份记录是为了见证一场犯罪，因此必须坚持以客观的见证人身份进行描述，同时，见证是为了站在受害者的一边，因为他们都有一种共有的确定

---

① Camus, Albert. *Carnets. Œuvres complètes II*, Paris：Édition Gallimard, 2008, p. 955.

② Camus, Albert. *La Peste. Œuvres complètes II*, Paris：Édition Gallimard, 2008, p. 127.

性，即"爱""苦难和流放"。实则《鼠疫》中的每个人都是受害者，而除了我们所论述过的面对荒诞的流放感之外，《鼠疫》表现出了另一种流放的感觉，即爱人和友谊之间的分离。在奥兰城遭到封禁的那一刻起，医生里厄就在记录中描述了这中被迫分离的流放感："我们经受着双重的痛苦——首先是我们自己的痛苦，然后是我们能够想到的不在此处的人的痛苦，儿子，妻子或者爱人。"①由此我们可以看到，加缪在《鼠疫》中的处理，显示了两种让人无法忍受的情况。第一种在加缪之前的作品中都已经得到展现，即人在面对死亡时感到的荒诞。而在这时加缪的思想中无疑出现了第二种可以被称作是荒诞的东西，即由于鼠疫带来的威胁，导致的人与人之间的分离。事实上，第二种流放感并不比第一种情况来得更少，其严重程度也并没有更小，对此医生里厄对此评论道："人们认为这场灾难不是现实，而只是一场很快会过去的噩梦。然而噩梦并不总是会消失，只是一场噩梦接着一场，消逝的只是人们。"②

里厄医生的态度是明确的："必须以这样或那样的方式进行反抗，而不是卑躬屈膝。全部的问题在于阻止人死于鼠疫和永远的分离。为了这一点，只有与鼠疫作战这一个办法。这一真理没有什么过人之处，只是自然的结果。"③而在这两种流放中，医生里厄选择专注于第二种分离的流放，因为第二种流放暗示了人的团结与命运共同体。在医生里厄与朗贝尔的第一次谈话中暗示了这种改变。朗贝尔作为一个旅行者在偶然的情况下被封锁在奥兰城，他与里厄一样与爱人相分离。朗贝尔想要里厄医生开给他一张出城证明，里厄医生虽然十分同情和理解朗贝尔与爱人分离的处境与心情，并且抱着最希望朗贝尔回到爱人身边的心情拒绝了朗贝尔。里厄的理

---

① Camus, Albert. La *Peste*. *Œuvres complètes II*, Paris：Édition Gallimard，2008，p. 81.

② Camus, Albert. La *Peste*. *Œuvres complètes II*, Paris：Édition Gallimard，2008，p. 59.

③ Camus, Albert. La *Peste*. *Œuvres complètes II*, Paris：Édition Gallimard，2008，p. 125.

由是"虽然这是一个荒诞的局面，但是这关系到我们所有人，我们必须接受它的本来面目"①。朗贝尔指责里厄医生使用的是理性的语言，并且生活在抽象里。在朗贝尔看来，所谓抽象的概念就是一切反对他快乐的东西，里厄医生一方面完全同意朗贝尔的看法，但是里厄医生同时也认为："抽象的概念在有些时候显得比快乐更为有力，在这些时候，则必须考虑抽象概念。"②

这里无疑显示了加缪思想上的变化。朗贝尔象征的那个试图脱离死亡而获得快乐的人，在小说后续的情节中我们可以看到，为了达到这一目的，他不惜用尽一切办法。这种做法与梅尔所、卡利古拉等人在逻辑上是相同的。而里厄医生医生这里所谓的一种抽象的概念，意为当死亡的阴影笼罩在全城人民的头顶时，我们所共有的命运与生活。这种抽象概念里面包含了加缪在"反抗时期"所关注的种种概念：正义、公平、尊严、人的价值，等等。在这时个人维度上的快乐已经让位给了集体意义上的价值。

在随后的一次谈话中，里厄医生和朗贝尔直接将话题集中在快乐和人的本质上。在朗贝尔看来，作为概念的"人"属于一种理念，而不是一种实实在在的东西。他表示他愿意为了爱情而死，但是并不能理解里厄医生为了"人"这一概念而置自己于危险之中，同时这样的做法也让自己背叛了爱情。朗贝尔进一步认为，像里厄医生这样的做法，只是一种英雄主义。尽管里厄医生感到疲倦，但还是告诉朗贝尔说："人并不是一种理念……而且这里面不包含任何英雄主义，而是关于正直（honnêteté）。"对话以不和谐结尾，然后同在场的塔鲁在里厄医生离开之后告诉朗贝尔，里厄医生的妻子同样不在奥兰城里，甚至还在一家疗养院里面疗养。而朗贝尔第二天即决定加入里厄医生的团队，与他们一起抵抗鼠疫。朗贝尔很快放弃了逃出奥兰城的计划，即使他即将获得成功，当他向里厄医生表示这个决定时，

①　Camus, Albert. La *Peste*. *Œuvres complètes II*, Paris：Édition Gallimard, 2008, p. 92.

②　Camus, Albert. La *Peste*. *Œuvres complètes II*, Paris：Édition Gallimard, 2008, p. 96.

里厄医生并不表示明确的赞同，而是让他自己在抵抗鼠疫和爱情之间做出选择。朗贝尔的回答是："如果仅仅只是属于我一个人的快乐，这将是羞耻的。"①朗贝尔的转变首先表明他已经在个人的快乐和集体的价值之间做出了选择，放弃所有人遭受的苦难而选择一个人的快乐，这时候在朗贝尔看来是可耻的，这表明他意识到了人类普遍共享命运的含义，因此他决定放弃自己个人的爱情和安全，全身心投入到抵抗鼠疫的运动中。虽然加缪在这个角色上倾注了强烈的理想情感，但是我们可以从中看到加缪所要强调的团结中所透露的信息。在奥兰城人人受到死亡威胁的情况下，"人"这一概念的价值被放在首位，这不是一种英雄伦理的选择，而是一种自然的结果，如果放弃这种团结的话，奥兰城无疑将受到更严重的鼠疫威胁。因此，为了每个个体的安全，人必须要团结。

而在《鼠疫》中里厄医生的团结同时还遭遇了与另一种团结的冲突，这种冲突体现在他与神父帕内鲁的对话上。上帝的形象已经在《误会》中得到一定的描述，在《误会》中代表上帝的老仆人是一个始终贯穿全剧但是不会回应任何人请求的角色，同时他又在关键时刻影响剧情的发展。而这种带有宿命感的上帝角色，在《鼠疫》中被加缪设置成神父帕内鲁这一角色，而这一角色也成为了对话与团结的对象。在《鼠疫》中，加缪对于医生里厄与帕内鲁神父两个角色的设置是冲突的。帕内鲁神父代表了宗教，而医生里厄代表了医学，两者是不可能和解的，必须在两者之中选择其一："如果我相信上帝，我就不会去救人。如果我认为我可以治愈病人，那么我就不会信仰上帝。"②而医生里厄的角色在本质上即是一个上帝的敌人，因为"他和死亡作斗争"③。帕内鲁神父是团结的另一种体现。帕内鲁神父积极

---

① Camus, Albert. La *Peste*. *Œuvres complètes II*, Paris：Édition Gallimard, 2008, p. 178.

② Camus, Albert. *Carnets*. *Œuvres complètes II*, Paris：Édition Gallimard, 2008, p. 1013.

③ Camus, Albert. *Carnets*. *Œuvres complètes II*, Paris：Édition Gallimard, 2008, p. 1019.

参加抵抗鼠疫的活动，并且参加卫生防疫组织，从来没有离开过医院和鼠疫发作的地方，在种种救援人员中，帕内鲁神父也始终站在最前线的位置。但是与医生里厄所主张的态度相反，帕内鲁神父坚持用抽象的绝对观念来倡导团结。在帕内鲁神父第一次布道中，他向前来的听众表示鼠疫这场灾难是奥兰城居民罪有应得的，但是上帝虽然愤怒，他仍旧是仁慈的，所以鼠疫并不仅仅是一场灾难，而是一种正反两面的启示，上帝必将拯救匍伏信仰的人，而惩罚他的敌人。帕内鲁神父的观点，无疑也是一种团结，但是这种团结基于一种对于"绝对"的信仰与臣服，并且这种团结的范围集中在信徒当中，而这种团结，在里厄医生看来是卑躬屈膝的。在关于反抗的随笔中，加缪写道："人可以靠自己创造出属于他的价值吗？全部的问题就在这里。"①里厄医生是坚决否定帕内鲁神父向上帝祈求帮助这种做法的，但同样为了正义，里厄医生与帕内鲁神父也共享一种命运共同体。从医生里厄和帕内鲁神父的对话与和解开始，这种价值也将被创造。

约翰·卡普（John Krapp）将帕内鲁神父描述成在《鼠疫》中真正向瘟疫屈服的角色②，事实上，帕内鲁神父的第一次布道也确实带来了明显的后果。作为《鼠疫》的记录者，里厄医生对第一次布道之后人们的反应作这样的描述："人们对过去很模糊的概念感受更深了一层：他们不知道犯了什么罪而被判处了难以想象的监禁。于是，一些人继续过自己的小日子，并尽量适应禁闭的生活；另一些人则相反，他们今后唯一的想法是逃出这个监狱。"③里厄医生认为，"只要看到鼠疫给人们带来的不幸和痛苦，只有疯子、瞎子或者懦夫才会放弃斗争"④。而帕内鲁神父在这题提供了一种相

① Camus, Albert. *Carnets. Œuvres complètes II*, Paris：Édition Gallimard, 2008, p. 1015.

② Krapp, John. *Time and Ethics in Albert Camus's The Plague*, University of Toronto Quarterly 68. 2（1999）. p. 76.

③ Camus, Albert. La *Peste. Œuvres complètes II*, Paris：Édition Gallimard, 2008, p. 102.

④ Camus, Albert. La *Peste. Œuvres complètes II*, Paris：Édition Gallimard, 2008, p. 168.

反的出路，解决鼠疫的办法不是反抗，而是对自己感到内疚的原罪主义。对于这种观点的理论驳斥将出现在《反抗的人》中，加缪认为这正是一种以正义的名义合理杀人的道德观，而这是让人无法忍受的，尤其是在看到无辜的人遭受这种痛苦无端死去的时候。因此，在帕内鲁神父和里厄医生一同目睹了一位罹患鼠疫的小女孩死去的情景之后，里厄医生与帕内鲁神父终于发生了冲突。里厄医生和帕内鲁神父同样无法忍受小女孩死去的场景，帕内鲁神父表示"这之所以让我们感到反感，是因为超出了我们的理解能力"，但是里厄医生朝帕内鲁神父表示："我对爱的观点和你的不一样，我永远也不会爱这个让孩子们饱受折磨的造物主。"但是很快，在里厄医生怒气渐消之后，帕内鲁神父和他打成了另一种共识。在两人和解的时候，里厄医生向帕内鲁神父道歉，帕内鲁神父表示仍旧没有说服里厄，里厄医生不无坦然地表示："这并不要紧……我们走在一起，就是为了对抗死亡与恶。现在上帝也不能把我们分开了"里厄医生与帕内鲁神父的和解代表了原本两种相反的价值观也是可以和解的，并且可以达到一种团结的状态。事实上，在帕内鲁神父第二次的布道中，他已经产生了加缪在《反抗的人》中所描述的伊万·卡拉马佐夫的反抗："必须信仰一切，或者否定一切。"①但是帕内鲁神父无疑是选择了前者，在《鼠疫》的最终还是选择最坚定的信仰。因此，可以将帕内鲁神父比作克尔凯郭尔《恐惧与战栗》中亚拉伯罕形象的角色，事态越是荒诞，帕内鲁神父越是信仰，这在《西西弗斯的神话》中被加缪称作"哲学的自杀"。

鼠疫最终的离去就和鼠疫的到来一样，其原因是不明确的，至少里厄医生在《鼠疫》这部记录中并没有给我们提示。然而这并不表示团结与反抗的力量在面对鼠疫的时候是无能为力的。在《鼠疫》的第五章中，当里厄医生表明自己就是这部记录的作者时，他袒露了自己的心声。加缪替里厄医生回答了几个问题，首先是为什么我们一定要反抗鼠疫："因为在深层意

① Camus, Albert. La *Peste*. *Œuvres complètes II*, Paris：Édition Gallimard, 2008, pp. 185-189.

义上，鼠疫本身就象征着流放和分离"。① 而在思索我们从这种反抗中赢得了什么东西时，回答并不是战胜了鼠疫："我们了解了鼠疫，可以回忆鼠疫；了解了友谊，可以回忆友谊；了解了温情，可以在某一天回忆这种温情，这就是他所赢得的东西。人可以在鼠疫和生命中所赢得全部东西，就是了解与回忆。"②最后还有关于快乐的问题："至少在一定时间里，他们（鼠疫中反抗的人们）是快乐的。他们现在知道，如果有一样东西是人可以渴望并且有时可以获得的，那就是人之间的温情。相反，对于那些想要超越人本身，从而去追求他们自己都无法想象的事情之人，他们是不会得到回应的。"③

在 1943 年的一则日记中，加缪如此重新评论荒诞："荒诞。如果自杀，那么荒诞就被否定了。如果不自杀，那么荒诞则会揭示出一种自我否定的满足原则。这并不是说荒诞不是一种存在，而是说荒诞实则是非逻辑的。因此，我们不能在荒诞内部生活。"④这表明，加缪在这时已经重新定义了人与荒诞的关系。虽然荒诞对于加缪来说仍旧是一个无法抛弃的基础，但是加缪已经认识到，诚然此世的流放是荒诞的必定结果，但是如果遵循这一逻辑，反抗是无法继续的，甚至会随时出现卡利古拉这样的行为。如果在《西西弗斯的神话》中，面对荒诞加缪所提出的方法是"生活于其中"与"义无反顾"，那么在这一时期加缪则需要在荒诞之外寻找新的可能性了。《鼠疫》清晰地表明了加缪这种反思的结果，人的反抗不能是孤独的，人的快乐也不能是孤独的。同时，无论是人的反抗还是人的快乐，都无法在超越了人本身的范畴上去寻找，人不是一种理念，而是具体的、有

---

① Camus, Albert. La *Peste*. *Œuvres complètes II*, Paris：Édition Gallimard, 2008, p. 241.

② Camus, Albert. La *Peste*. *Œuvres complètes II*, Paris：Édition Gallimard, 2008, p. 236.

③ Camus, Albert. La *Peste*. *Œuvres complètes II*, Paris：Édition Gallimard, 2008, p. 242.

④ Camus, Albert. *Carnets*. *Œuvres complètes II*, Paris：Édition Gallimard, 2008, p. 1005.

温情的。最为重要的是，人与人之间共享一种普遍的命运，在这种命运上，反抗的先决条件是人的团结。

3.5.3　超越快乐主义

"快乐"从最初《快乐之死》中梅尔所的追求，一直发展到《鼠疫》中的团结，在"反抗系列"中将会暂时告一段落。我们可以将加缪笔下的"快乐"人物分为两个序列。在第一个序列中，快乐与个人自己的死亡相关联。他们包括《快乐之死》中的梅尔所、《局外人》中的莫尔索和卡利古拉等。第二个序列中，快乐与他人的死亡相关联。他们包括《误会》中的几位主角、《鼠疫》中的里厄医生、《卡利古拉》中的舍雷亚、《正义者》中的卡里亚耶夫等。加缪对于"快乐"问题的探讨在这两个序列中产生一个分水岭。

在第一个序列中，这种与自己的死亡相关联的快乐是一种对于自我的寻找。在 1951 年接受《现代文学》(*Nouvelles Littéraires*) 的采访时，加缪说道："当我发现了我的本质是什么时，这就是我要寻找的快乐。"①寻找这种本质，也是加缪在第一个序列中的写作动机。他在这一时期找到的本质是荒诞和自由。在第二个序列中，这种与他人的死亡相关联的快乐是一种对于所有人而言的快乐。在《反抗的人》的笔记中，加缪写道："我想要数量上最可能多的人，是快乐的。"②这时候快乐的含义已经改变，成为一种限制第一序列中的自由的快乐。因此，在这两个阶段里，快乐的含义实则是不同的。

在第一序列的人物中，加缪得到的快乐是承认死亡之后得到的自由："形而上的自由问题与我根本无关。我也并不感兴趣于知道人是否是自由的。我只能体验到我自己本身的自由。"③在这种关于自己的自由中，传统

---

① Camus, Albert. *Œuvres complètes III*, Paris：Édition Gallimard, 2008, p. 887.

② Camus, Albert. *L'Homme révolté. Œuvres complètes III*, Paris：Édition Gallimard, 2008, p. 153.

③ Camus, Albert. *Le Mythe de Sisyphe. Œuvres complètes I*, Paris：Édition Gallimard, 2008, p. 54.

价值被摒弃了，所有事物在价值层面上都是相等的。在这种境况下，我们的激情只能存在于生活得更多，而不是生活得更好，"相信荒诞的人用量（la quantité）来代替质（la qualité）"①。因此这种快乐，是人对于必死性的反抗，必死性实则是人的一种公平，在此意义上，那些反抗的人是在反抗一种公平，试图在反抗中获得一种不公平。这种反抗实则是为了解决自己的形而上焦虑，因此他时常表现出一种想要跳脱出这种必死结局的倾向，我们从卡利古拉死前最后的呐喊"我还活着"就可以看到这种意图。而在第二序列的人物中，加缪将之描述成是奴隶对于奴隶主的反抗，奴隶与奴隶主本身处于不公平的状态，因此奴隶的反抗要求的是公平。这种反抗基础是为了解决人的不公平待遇，其目的正是为了至少从我开始的一种公平。而这种一开始属于我的公平，自然会蔓延开来，成为一种遍及所有人的公平追求，在这个意义上，人必须团结，也只能团结。于是第一序列中关于经验数量的理论，转化为人的价值问题。个人自己与死亡的关系仿佛退到了幕后，出现的另一种关系是他人之死与快乐的关系，因为这涉及人的共同命运。在1948年一次《开罗报》（La Revue du Caire）采访中，加缪被问及是否可以基于快乐的理念建立一种非常纯粹的道德。加缪的回答是肯定的："不要排除他人，因为错误总是来自排除。"②快乐只可能在他人的快乐中建立，在他人不快乐的情况下，是不会有真正意义上的快乐的。

因此，加缪的快乐最终化为团结，团结即是一种与他人共享命运与快乐的模式，即使这种快乐仍旧是根植于荒诞之中的。其实加缪在《卡利古拉》中已经展现了这种倾向。在《卡利古拉》的最后，卡利古拉质问卡索尼娅"你为什么觉得我不快乐"，卡索尼娅回复："快乐是一种善意，它不会

---

① Camus, Albert. *Le Mythe de Sisyphe. Œuvres complètes I*, Paris：Édition Gallimard, 2008，p. 260.

② Camus, Albert. *Actuells. Œuvres complètes II*, Paris：Édition Gallimard, 2008, p. 475.

看到毁灭。"①只是在《卡利古拉》中，除了卡利古拉之外其他人的声音并不会被听到。在构思《反抗的人》时，加缪在笔记中的记录是："最大的问题是要在实际上解决人能不能孤独的快乐。"②加缪的答案是不能，故而在《反抗的人》中加缪给出了"我反抗，故我们存在"的定义。快乐只有在当"我们"代替了"我"，成为一种人类普遍共享的命运时，才是有可能的。与此相反，一个人的快乐，已经经由《鼠疫》中朗贝尔的转折表达出来，那将是羞耻的。快乐只能是人类在团结中向不公平、沉默、荒诞进行反抗，才有它的合法性。

我们已经看到，在加缪对于快乐的追寻中已经建立了"南方思想"的第一个维度要求，即团结。但是我们仍然可以发现的是，在这里加缪实际上并没有获得在第一系列中那种"将快乐握在了手中"的感觉，快乐是不确定的，因为在这一阶段的快乐，是一种运动与平衡，它牵扯到人的道德与行动。因此，在团结的情况下，快乐将不会是一劳永逸的。革命作为团结反抗的一种突出表现形式，依旧诞生了普遍杀人的虚无主义，加缪将在"南方思想"的另一个维度"尺度"中尝试修正这种虚无主义倾向。

①　Camus, Albert. *Caligula. Œuvres complètes I*, Paris：Édition Gallimard, 2008, p. 386.

②　Camus, Albert. *L'Homme révolté. Œuvres complètes III*, Paris：Édition Gallimard, 2008, p. 987.

第四章 "南方思想"维度之二：
陀思妥耶夫斯基与尺度

"南方思想"的另一维度"尺度"，来自加缪和俄国作家陀思妥耶夫斯基的反复对话，这种对话开始于青年加缪从事文学活动之始，一直持续到加缪文学活动之终。"尺度"用以对反抗的"过度"进行修正，而反抗的"过度"在于加缪前期以"量"为基础的反抗自由观，这种自由观由对荒诞的分析而得出。以这样的倒推方式向上追溯，可以发现"尺度"这一概念在加缪创作中的完整线索。而伴随这整一条线索的正是加缪与陀思妥耶夫斯基所始终保持的一种对话关系。从最初在《西西弗斯的神话》中确定荒诞的概念，到荒诞自由的提出，再到《反抗的人》中对这种自由观进行修正，都是在与N.N. 先生、基里洛夫、斯塔夫罗金以及伊万·卡拉马佐夫等一系列陀思妥耶夫斯基笔下的人物以及陀思妥耶夫斯基本人一次次的对话中得出的。

4.1 加缪与陀思妥耶夫斯基

4.1.1 一种"震颤"：对话陀思妥耶夫斯基

对于陀思妥耶夫斯基的巨大影响，加缪用"震颤"（ébranlement）一词来形容①。陀思妥耶夫斯基自从 19 世纪 80 年代进入法国以来，就一直在法

---

① 加缪在《至陀思妥耶夫斯基》（Pour Dostoïevski）一文中，将陀思妥耶夫斯基对他的影响描述为一种持续了二十年的震颤，见 Camus, *Albert. Pour Dostoïevski. Œuvres complètes IV*，Paris：Édition Gallimard，2008，p. 90.

国的知识界扮演着极其重要的角色，甚至在法国形成一种陀思妥耶夫斯基传统。其中加缪也是重要的一员，这一传统甚至和加缪自身的阅读经历有相当程度的吻合，从普鲁斯特到安德烈·纪德，再到加缪自身。同时，加缪始终反对的以萨特为领军的法国无神论存在主义哲学，也与陀思妥耶夫斯基有极其重要的联系。可以说，陀思妥耶夫斯基渗入了欧洲现代社会的血液中①。我们可以清晰明白地看到陀思妥耶夫斯基的身影出现在加缪写作的全过程之中，从加缪成名前在阿尔及利亚的一系列写作，一直持续到其最后的作品。杰赫玛尼·布雷(Germaine Brée)在回忆录中指出，加缪的思想是如此受陀思妥耶夫斯基的影响，以至于陀思妥耶夫斯基实际上渗透了加缪的全部写作，在大部分情况下加缪甚至都是无意识地在自己的写作中回应了陀思妥耶夫斯基②。

根据法国七星文库(Pléiade)的编辑罗杰·纪约(Roger Guilliot)和加缪在阿尔及尔大学的哲学老师让·格尼埃(Gean Grenier)回忆以及加缪自身的笔记来看，加缪在20多岁时，即30年代，开始阅读陀思妥耶夫斯基。1938年，加缪导演了阿尔及利亚埃及普剧院 (Théâtre de l'Equipe)上演的《卡拉马佐夫兄弟》(Les Frères Karamazov)，并在其中扮演了伊万·卡拉马佐夫一角。1957年回忆早期在阿尔及利亚这段经历时，加缪表示："在所有角色中，我尤其钟爱伊万·卡拉马佐夫。"③从1938年到1957年这将近20年正好是加缪几乎完整的创作生涯。1959年，加缪自己改编且导演的陀思妥耶夫斯基《群魔》(Les Possédés)在法国巴黎安东尼剧场 (Théâtre Antoine)上演，1960年转移到巴黎图光剧场 (Théâtre de Tourcoing)上演，一直到加缪车祸去世的前夜。

陀思妥耶夫斯基的身影在加缪的创作中，有时候是显性的，有时候是

---

① Gourfinkel, Nina. *Dostoïevski: notre contemporain*. Paris: FeniXX, 1961, p. 14.

② Brée, Germaine. *Albert Camus*. Columbia: Columbia University Press, 1964, p. 67.

③ Camus, Albert. *Interview à Paris-Théâtre. Œuvres complètes IV*, Paris: Édition Gallimard, 2008, p. 578.

隐性的。除去加缪最后的戏剧作品《群魔》之外，陀思妥耶夫斯基在加缪的作品中最重要也是最明显的体现在于两处：第一是 1942 年加缪在写作散文《西西弗斯的神话》时，专门用了一个章节来论述陀思妥耶夫斯基，对于这时的加缪来说，陀思妥耶夫斯基的思想与加缪的荒诞思想之间有着重要的对话关系。第二是在 1951 年的散文《反抗者》中，加缪也用了专门的一个篇幅来处理陀思妥耶夫斯基的《卡拉马佐夫兄弟》，对于这时期的加缪来说，陀思妥耶夫斯基预言了欧洲虚无主义的发生，而《反抗的人》正是要处理欧洲虚无主义的问题。同时陀思妥耶夫斯基在加缪的创作中也是隐性的，这种隐性并不是说不重要，而是说加缪在创作的过程中，有意无意之间处于一种与陀思妥耶夫斯基对话的状态。比如小说《堕落》(*La Chute*) 就是一部典型的陀思妥耶夫斯基风格的小说；《西西弗斯的神话》中除去专门论述陀思妥耶夫斯基的章节之外，其他部分也处在一种与陀思妥耶夫斯基对话的过程中；在其他作品如小说《鼠疫》、戏剧《正义者》(*Les Justes*) 和《卡利古拉》中，都有陀思妥耶夫斯基笔下的人物身影出现。除此之外，在加缪其他的文字中也无时不刻没有陀思妥耶夫斯基的影子，如在加缪留下的薄薄三册日记中，陀思妥耶夫斯基的名字出现了将近 30 次，1955 年加缪在给罗杰·马丁·杜·加尔(Roger Martin du Gard)的全集作序的时候却大谈特谈陀思妥耶夫斯基。

同时，我们也应该知道的是，加缪绝不仅仅是一个简单的陀思妥耶夫斯基模仿者。加缪的思想和写作与陀思妥耶夫斯基有根本出发点的不同，包括其写作理路、诗学特点、解决的问题等，都有极大的差别。加缪虽然珍视陀思妥耶夫斯基，但是在加缪的创作中，尤其在与陀思妥耶夫斯基有直接关联的《西西弗斯的神话》和《反抗者》两部作品中，加缪实则把陀思妥耶夫斯基作为一个平等对话的对象，通过互动甚至是冲突的方式，阐明其自己的态度与观点。无论如何，陀思妥耶夫斯基首先是一个宗教作家，我们甚至应该"宗教性地阅读陀思妥耶夫斯基"[1]，而加缪甚至在大多数情况

---

[1] Pattison, George. Oenning, Diane. *Reading Dostoevsky religiously*, in *Dostoevsky and the Christian Tradition.* edited by George Pattison, Cambridge University Press, 2001, p. 1.

下被列入无神论存在主义作家的阵营，从这一点上来看加缪和陀思妥耶夫斯基在存在论和本体论上就有根本的区别。另一方面，陀思妥耶夫斯基创作所面对的一个重要问题在于西欧激进社会改革思想对俄罗斯传统宗教生活的侵蚀，而在加缪那里，借用《西西弗斯的神话》中的言说，是"生活是否值得一过"，加缪所关注的重点在于人如何才能在自己的生活中创造属于自己的价值。笼统地说，在陀思妥耶夫斯基的笔下，几乎没有人会考虑到"生活是否值得一过"这一对于现代人来说关乎存在本身的问题，即使是基里洛夫这样的自杀者，他的自杀行为也有着重要的形而上使命，而不仅仅是认为生活不值得一过而决定结束自己的生命。加缪则相反，生活本身的意义问题被直接抛到了现代人的身上，而加缪几乎所有的写作从一定意义上来讲都是从这一问题延展开来的。

因此，加缪对于陀思妥耶夫斯基的"运用"，同在他笔下出现的其他作家属于相同的理路。加缪在写作中大量援引其他作家的思想与创作，其目的不仅仅是为了援引他们原本的观点，而是用他们的一部分内容来支撑或反衬自己的观点。这样的做法导致了许多被加缪所引用的作家，其原初的思想往往被部分地扭转与变形，这点在《西西弗斯的神话》中其对于胡塞尔的引用上尤其明显。在这一点上，陀思妥耶夫斯基也面临了相同的状况。但是另一方面，相比于胡塞尔、舍斯托夫、克尔凯郭尔、黑格尔等人来说，陀思妥耶夫斯基属于另一个对于加缪影响深远的作家群体，这是一个包括帕斯卡尔、纪德、蒙田、托尔斯泰等人在内的关心"人类境况"的作家群体，而陀思妥耶夫斯基在这一作家群体中对于加缪的影响也是属于前列的。

可以说，加缪和陀思妥耶夫斯基的关系既是明显的，又是复杂和细化的。与此同时，加缪对于陀思妥耶夫斯基的关注又与他自己的写作阶段前后呼应，在加缪的"荒诞系列"中，加缪与陀思妥耶夫斯基的对话主要集中于关于荒诞与自由的问题上，在"反抗系列"中，则集中于加缪对于欧洲虚无主义的反思，加缪的这种转变也随着他对陀思妥耶夫斯基笔下基里洛夫、斯塔夫罗金、维尔霍文斯基、伊万·卡拉马佐夫等人的态度转变而转变。最终，加缪与陀思妥耶夫斯基的对话也落脚于南方思想上。

4.1.2 悬隔上帝：加缪的另一种选择

加缪与陀思妥耶夫斯基的对话可以从两个层面看待。首先，从时间上来说，加缪的作品按照流行的观点与他自己的粗略划分，可以分为"荒诞系列"和"反抗系列"两个阶段①。这种划分刚好符合加缪与陀思妥耶夫斯基对话的两个不同阶段，在这两个不同阶段里加缪各有侧重点。

在第一阶段"荒诞系列"中，加缪对于陀思妥耶夫斯基的兴趣集中在《作家日记》中关于荒诞的问题、《群魔》中基里洛夫的自杀和斯塔夫罗金的自由以及《卡拉马佐夫兄弟》中伊万·卡拉马佐夫的反抗上。对于这一时期的加缪来说，陀思妥耶夫斯是一个荒诞的代言人，陀思妥耶夫斯基的小说则是"荒诞小说"，其笔下的人物准确诠释了荒诞的含义，并且出现了极其优秀的反抗人物。同时在面对荒诞时，"值不值得活下去"这一问题也在陀思妥耶夫斯基笔下众多的自杀人物中得到了具体的体现，在这其中将荒诞逻辑推演到底，就出现了为了证明自己自由而自杀的工程师基里洛夫形象。通过对基里洛夫形象的分析，加缪得出了"拒绝自杀""悬搁上帝""激情反抗"等对于这一时期的加缪来说非常重要的结论，但同时也正是在对于基里洛夫的分析中，加缪留下了荒诞逻辑会造成虚无主义的潜在问题。在这一时期的其他作品诸如《局外人》《卡利古拉》和《误会》等都是在这一语境中创作的，这些作品也都暴露了尤其是"激情反抗"所带来的问题，但是加缪在这一时期并没有解决它们。

在第二阶段"反抗系列"中，加缪对于陀思妥耶夫斯基的兴趣集中到了

---

① 当然我们从加缪的日记中可以看出加缪仍旧有第三阶段的写作计划，并且在第三阶段中打算再一次重新审视陀思妥耶夫斯基，并且向托尔斯泰靠近，但是这部分内容我们只能在加缪直到 1994 年才出版的未竟稿《第一个人》中瞥见一二。因此，我们对于加缪和陀思妥耶夫斯基的对话仍旧只能聚焦在加缪的前两个写作阶段，即"荒诞系列"与"反抗系列"中。即使如此，我们也已经能够在其中看到一个完整的加缪对陀思妥耶夫斯基的"接受-对话-超越"的过程。

《卡拉马佐夫兄弟》中的伊万·卡拉马佐夫身上,同时涉及《群魔》以及陀思妥耶夫斯基发表在 1880 年给车尔尼雪夫斯基的信。对于这一时期的加缪来说,虽然仍旧继承了荒诞的立场,但是陀思妥耶夫斯基更加是一个对于欧洲革命局势的预言者。加缪认为陀思妥耶夫斯基在尼采之前就通过伊万·卡拉马佐夫与"宗教大法官"揭示了 20 世纪欧洲革命所要遭遇的问题,并且在对这一问题的预言上,他比黑格尔和马克思更加准确和有洞见力。另外,陀思妥耶夫斯基在这一时期所预见的问题,恰好又是加缪在前期的思想和创作中所暴露和遗留的问题,虽然拒绝了自杀,但是荒诞逻辑如若结合了伊万·卡拉马佐夫的逻辑,就会无法避免陷入另一种虚无主义,即合理的杀人。因此,在这一时期陀思妥耶夫斯基,或者说伊万·卡拉马佐夫,既是这个时代的预言者,又是加缪自身的修正者。在这一阶段加缪除了确立陀思妥耶夫斯基新的意义之外,也开始对自己早期的想法进行修正。在这一时期除了《反抗的人》之外,《鼠疫》《戒严》《正义者》等一系列作品都在朝着这一方向而努力。

其次,从加缪对陀思妥耶夫斯基的态度上来说,我们仍旧可以借用"荒诞"与"反抗"这两个词来理解。尽管加缪在"荒诞系列"和"反抗系列"中,都认为陀思妥耶夫斯基起到了揭示和预言的作用,但是加缪并不认同陀思妥耶夫斯基对于他所揭示和预言的问题之处理方法,也不采用陀思妥耶夫斯基的道路。在这一点上,如同雷·戴维森(Ray Davison)的说法,加缪与陀思妥耶夫斯基笔下的各种反抗者,而不是陀思妥耶夫斯基本人,具有更多的相通性①。在"荒诞系列"中,加缪认为陀思妥耶夫斯基《作家日记》中那些自杀的人物准确地揭示了荒诞的含义,加缪正是在与《作家日记》的对话中开始了《西西弗斯的神话》中对于荒诞的论述,并且确立了荒诞在我们生活中的基础性地位。然而荒诞的问题在陀思妥耶夫斯基看来,是属于信仰的问题,《作家日记》中那些自杀的人物之所以会感到荒诞,是

---

① Davison, Ray. *Camus: the challenge of Dostoevsky*. Exeter: University of Exeter Press, 1997, p. 43.

因为他们的信仰缺失。同样，在"反抗系列"中，加缪认为陀思妥耶夫斯基预言了 20 世纪因为价值的缺失和自由的绝对而导致杀人的问题，但是杀人的问题在陀思妥耶夫斯基那里同样属于信仰的问题。在陀思妥耶夫斯基看来，在信仰缺失的情况下，欧洲必定会进入这种虚无主义的状态。因此，无论是自杀的问题还是杀人的问题，在陀思妥耶夫斯基的笔下其实是一个问题，两者都是因为信仰的缺失而造成的，因此解决的办法即是回到对上帝的信仰中去。然而在加缪那里，他第一步就肯定了荒诞，并且得出了反抗的结论。而杀人的问题是因为反抗的人出现了问题，而并不是因为信仰的缺失，所以我们需要修正的是反抗的事业，而不是信仰。所以，加缪一方面接受了陀思妥耶夫斯基所揭示的问题，但是对于陀思妥耶夫斯基本人，实则是持以一种"反抗"的态度——他并不同意陀思妥耶夫斯基的方法，而是坚持要自己找到解决问题的道路。

在这种逻辑下，加缪所关注的陀思妥耶夫斯基笔下的人物集中在《作家日记》中因为唯物主义而自杀的 N. N. 先生、《群魔》中的基里洛夫和斯塔夫罗金、《卡拉马佐夫兄弟》中的伊万·卡拉马佐夫等人身上，而这些人物恰恰是陀思妥耶夫斯基本人所拒斥的，他们在陀思妥耶夫斯基所创造的人物价值序列中处于最下一级，甚至在陀思妥耶夫斯基的价值观体系里没有获得拯救的机会。然而他们在加缪那里却并不是没有价值的，更准确地说，他们在一定程度上都是具有合法性的，甚至是正义的和拥有爱的，只是在反抗的道路上误入歧途而已，而陀思妥耶夫斯基在源头上就拒绝了他们的反抗。因此，加缪将通过自己的方法来建立起反抗和保持反抗的方法。如果说陀思妥耶夫斯基超越虚无主义的方法是回到基督教，而加缪则打算在超越虚无主义的同时再次超越基督教，回到古希腊与地中海，建立属于他的"南方思想"。在一定意义上，虽然加缪在最终得出的结论以及他所追寻的价值，与他所想要超越的陀思妥耶夫斯基所追寻的价值在表面上是看似相同的，这种价值表现为一种在公平和正义互相权衡之下的爱，但是加缪仍旧在这种爱上增加了一种古希腊和地中海式的律动。

4.2 《作家日记》中荒诞的提出

4.2.1 荒诞的揭示：基于逻辑的自杀

在前文的论述中我们已经知道，加缪《西西弗斯的神话》的主题之一是"快乐"，在我们跟随加缪的思想路径读完这本书之后"应当想象西西弗斯是快乐的"，这意为在认识到了荒诞之后，我们仍旧可以通过反抗、自由与激情来获得快乐。"自杀"在《西西弗斯的神话》中所代表的意思是"判断生活是否值得一过"，而加缪的结论自然是生活值得一过。简而言之，"自杀"在《西西弗斯的神话》中实则不是最重要的哲学问题，而是一个我们认识荒诞的切入点。而加缪之所以用"只有一个真正重要的哲学问题，自杀"①这样的表达来作为整部《西西弗斯的神话》的开头，是因为他在陀思妥耶夫斯基的作品中看到了因为意识到荒诞而自杀的人。

陀思妥耶夫斯基所面临的俄国是一个自杀率急速上升的时代，是一个"自杀的时代"，陀思妥耶夫斯基称之为"我们这个时代可怕的问题"②。在1876年和1877年的两年时间里，俄国社会中自杀的问题似乎严重困扰了陀思妥耶夫斯基，并且占据了他在《作家日记》中的相当篇幅。在《作家日记》中陀思妥耶夫斯基一共记录了六次自杀案件并对它们进行相应的评价。表面上来看，它们都是一些社会上常见的案件，正如加缪所说的"把自杀看成一种社会现象"③，比如一个被丈夫伤害的女性、一个被侮辱的男孩、一个因找不到工作而无法生活的裁缝、无聊的唯物主义者等。陀思妥耶夫

---

① Camus, Albert. *Le Mythe de Sisyphe. Œuvres complètes I*, Paris：Édition Gallimard, 2008, p. 221.

② Dostoevsky, Fyodor. *A Writer's Diary*, translated and annotated by Kenneth Lantz, Illinois：Northwestern University Press, 1993, p. 472.

③ Camus, Albert. *Le Mythe de Sisyphe. Œuvres complètes I*, Paris：Édition Gallimard, 2008, p. 222.

斯基对此类案件的评价是："无论在表面上看起来它们多么简单，但是背后总有让人长时间思考的东西。"①在加缪《西西弗斯的神话》的引言中，加缪首先表示："以下的散文涉及一种遍布于我们这个世纪的荒诞感觉。"②随后，在"荒诞推理"一节中，加缪表示："世人常常把自杀看作一种社会现象。相反，这一问题在这里从个体思想和自杀行为之间的关系开始。"③加缪在这里告诉我们的是，自杀虽然是一种社会现象，但是在自杀的行为和个体思想之间必定有深刻的联系，而不仅仅是一种社会现象那么简单。而同时这种导致自杀的思想必定不是我们常常所认为的那些表面问题："有许多种原因导致自杀，但是普遍的表面现象并不是最致命的原因。"④加缪随后的解释是，最为致命的原因是当人"被剥夺了对故土家园的怀念和对应许之地的希望"⑤。加缪在这里的思路是，自杀的情况有表面原因和真实原因两种，一般我们所认为的表面原因并不是主要的原因，而其真实原因是内在的和隐秘的，是由于人在形而上的问题上觉得人生不再值得一过，生活与死亡之间并没有差别，因此决定自杀。

显而易见，加缪在《西西弗斯的神话》开头中这种思维结构是在和陀思妥耶夫斯基的对话中产生的，与陀思妥耶夫斯基的思路相同。他们拥有相同的问题，即自杀成为弥漫社会的一种顽疾；他们拥有相同的思路，即自杀存在两种原因，一种是流于肤浅但被社会接受的表面原因，而另一种是存在于个人思想深处的真正原因；而那些自杀的人，他们也有相同的原因，即真正深处的原因是在于认为生活不值得一过以及无法忍受生活带来

① Dostoevsky, Fyodor. *A Writer's Diary*, translated and annotated by Kenneth Lantz, Illinois：Northwestern University Press，1993，p. 653.

② Camus，Albert. *Le Mythe de Sisyphe. Œuvres complètes I*，Paris：Édition Gallimard，2008，p. 221.

③ Camus，Albert. *Le Mythe de Sisyphe. Œuvres complètes I*，Paris：Édition Gallimard，2008，p. 222.

④ Camus，Albert. *Le Mythe de Sisyphe. Œuvres complètes I*，Paris：Édition Gallimard，2008，p. 222.

⑤ Camus，Albert. *Le Mythe de Sisyphe. Œuvres complètes I*，Paris：Édition Gallimard，2008，p. 223.

的痛苦。

而加缪认识到认为生活不值得一过是因为其背后存在的一种荒诞，则是来自陀思妥耶夫斯基《作家日记》中的一则关于自杀者的故事。在《西西弗斯的神话》中名为"基里洛夫"的一节中，加缪在正式论述基里洛夫之前，引用了陀思妥耶夫斯基《作家日记》中的"逻辑自杀"，这部分内容来自陀思妥耶夫斯基《作家日记》中1876年10月一位自杀者的自供①。加缪在这一节中虽然只是简要提到这种逻辑自杀，但是这种自杀的逻辑实际上主导了整部《西西弗斯的神话》中对于荒诞的发现以及近一步的分析。

陀思妥耶夫斯基在《作家日记》1976年10月篇中的"判决"一文中，提出了一种逻辑自杀。该篇记录了一位物质主义者通过逻辑决定自杀的自白。根据这位名为N. N. 的来信者的描述，大写的"自然"没有经过他意志的同意而诞生了具有意志能力的他。同时这一大写的"自然"告诉他必须要臣服于对于"完整的和谐"的渴求，即使他心里知道他不可能进入到其中。出于实际的考虑，N. N. 表示他会选择在他存在的当下获得快乐，因为当他死后，他根本无法知道这一"完整的和谐"究竟是存在还是虚无。因此，N. N. 不理解为什么自己要对自己身后的不确定之事感到担忧。人类的最终问题在于自然分配给人的时间有限，人无论在现世经历任何快乐，明天都将会变成虚无。人如果相信在未来可以获得自然所许诺的"完整的和谐"，那么只需要想一想自然这一法则已经统治了人类上千年，就会明白这一大写的自然法则就是"对人性的侮辱"。然而在这一过程中，又是没有人应该被指责的，这一切仅仅是因为自然的死亡法则注定了人的结局。

因此，N. N. 得出了对于《西西弗斯的神话》来说至关重要的两条结论：一、大写的"自然"告诉我们人可以通过"完整的和谐"获得快乐，但是我们并不知道什么是"完整的和谐"，也不会有能力知道这种"完整的和谐"。二、大写的"自然"拒绝给予我们的疑问以任何解释，甚至拒绝回答我们的任何问题，不是因为它不愿意回答，而是因为沉默的自然并不会回答。

————————

① 加缪在《西西弗斯的神话》中误以为是12月。

在《西西弗斯的神话》中，加缪对于荒诞的论述与这位 N. N. 有相同的逻辑。首先，荒诞始于日常生活中突然的"背景倒塌"，突然有一天，"'为什么'的疑问油然而生，于是一切就在这种略带惊讶的百无聊赖中开始了"①。这里的"为什么"正是表示人的意识，人一旦开始意识活动，就会遭遇到荒诞的问题。而意识的诞生意味着痛苦的随之而来。在陀思妥耶夫斯基的《地下室手记》中，地下室人的一段自白可以视作理解陀思妥耶夫斯基对于这一问题的看法的关键：

> "先生们，我向你们发誓，意识太过于丰富——这是一种病，一种千真万确、不折不扣的病。单就人的日常生活而言，只需具备普通人的意识就卓有余裕了，也就是说，只需具备我们这个不幸的19世纪中一个贤达之士意识的二分之一或四分之一就绰有余裕了……我始终相信，不仅过多的意识是一种病，甚至任何意识都是一种病。"②

这种被陀思妥耶夫斯基视为一种病的意识，在加缪那里成为了意识到荒诞必不可少的东西。加缪的荒诞之所以被发现，首先是因为人的意识活动开始反思，"精神的首要活动是区别真假，然而，思想一旦开始反思自身，首先发现的，便是一种矛盾"③。这种矛盾表现为人的意识中所蕴含的理性渴望从世界那里得到答案，但是世界和 N. N. 先生的"自然"一样冷漠，既不给予解释，也不给予答案。因此，《西西弗斯的神话》首先与 N. N. 有一个相同的困扰，即人有意志，而自然并不回复。

N. N. 接下来的逻辑是：大写的自然为了回答我的问题，即我的矛盾，

---

① Camus, Albert. *Le Mythe de Sisyphe. Œuvres complètes I*, Paris：Édition Gallimard, 2008, p. 228.

② [俄]陀思妥耶夫斯基著，《地下室手记：陀思妥耶夫斯基中篇小说选》，曾思艺等译，上海：上海三联书店 2015 年版，第 406 页。

③ Camus, Albert. *Le Mythe de Sisyphe. Œuvres complètes I*, Paris：Édition Gallimard, 2008, p. 220.

让我拥有了自我，它通过我的自我意识来回答我的这些问题。所以在这一情况下，我必须同时充当原告和被告的角色，同时形式起诉和判决的职能，在这种关系下，自然是十足的荒诞，而我作为人，是十足的羞辱。可以看到的是，荒诞的逻辑和 N.N. 的逻辑再次如出一辙。对于加缪来说，荒诞是一种"人类呼唤和世界无理性沉默之间的对峙"①，荒诞正是有人和世界(自然)这两级的关系中才得以诞生，也是这种关系将人与世界联系在一起，并且无法摆脱。如同 N.N. 所描述的一样，在这一关系中没有任何人是应该是被指责的，我们同时充当了原告和被告的角色，并且永恒地处于这种关系中，在痛苦和求索中无法摆脱。因此，虽然加缪在《西西弗斯的神话》的其他部分中没有明确提及陀思妥耶夫斯基，而只是在专门论述陀思妥耶夫斯基的章节给予了部分脚注，但是经过这样的对比，我们有理由相信加缪的荒诞正是受到了陀思妥耶夫斯基笔下这位 N.N. 的启发。在《西西弗斯的神话》的第一篇"荒诞与自杀"中，加缪明确表示"自杀在某种意义上，像在情节剧里那样，等于自供"②。陀思妥耶夫斯基笔下这位 N.N. 正是通过逻辑的自供，得出了在荒诞的情况下，人同时作为原告和被告必须要自杀。N.N. 的自供表示，人的生活在这种矛盾的情况下，根本不值得一过，因此只能选择自杀。因此，加缪在《西西弗斯的神话》开篇才表明真正严肃的哲学问题只有一个，即自杀。在此意义上，我们可以通过这种对比确认加缪的《西西弗斯的神话》正是要面对陀思妥耶夫斯基在《作家日记》中提出的这一问题。

然而很快，加缪和陀思妥耶夫斯基便开始有了分歧。面对荒诞，加缪和陀思妥耶夫斯基两人自然有相同的答案，即都不允许通过自杀的方法来解决这一问题，但是他们的思想路径却截然不同，走向了两个相反的方向。更为重要的是，加缪把陀思妥耶夫斯基的方法也列为另一种"自杀"，

---

① Camus, Albert. *Le Mythe de Sisyphe. Œuvres complètes I*, Paris：Édition Gallimard, 2008, p. 238.

② Camus, Albert. *Le Mythe de Sisyphe. Œuvres complètes I*, Paris：Édition Gallimard, 2008, p. 223.

予以拒绝。

4.2.2 荒诞的路径：基于自由的反抗

从加缪自身的经历来看，在当时是不治之症的肺结核让加缪早早地开始关注与反思死亡的问题，N. N 关于自杀的思考，未必不是加缪自己曾多次思考过的问题。而陀思妥耶夫斯基在这一问题上的立场与加缪并不相同。陀思妥耶夫斯基作为传统东正教信徒，自杀的行为对于他来说是无法接受与容忍的，甚至是无法理解的。对于《作家日记》中所记录的那些自杀的案件，陀思妥耶夫斯基经常称他们是"愚蠢的"①。自杀在东正教中是一种被严格禁止的行为，教会法和教会条例将自杀标志为"一种自由意志的行为以及对上帝主权的否认"，以及"带有敌意的对于沙皇的不服从"②。因此自杀这种情况会受到沙皇法律和教会的双重制裁。即使在陀思妥耶夫斯基的时代对于宗教信仰的严格规定已经有一定的松动迹象，但是陀思妥耶夫斯基本人在自杀的问题上仍旧坚持传统东正教和沙皇的立场。而与此相反的是，加缪出生于宗教和民族混杂的法属阿尔及利亚，在加缪的成长过程中他所感受到的是宗教和民族的冲突问题，而不是绝对唯一的宗教戒律，加缪的家庭也并没有在宗教上对他有什么影响。准确地讲，加缪的时代正是欧洲经历过启蒙运动之后"上帝死了"的年代，加之两次世界大战的影响与加缪自身的不治之症，加缪对于宗教的看法是和陀思妥耶夫斯基大为不同的。在一定意义上，加缪正是陀思妥耶夫斯基坚决无法忍受的"西方物质主义者"。19 世纪西方开始出现的自由主义运动和个人主义思潮中所带有的无神论倾向在陀思妥耶夫斯基看来是造成社会混乱和崩溃的原因，而俄国的问题正是由于这种思潮的传入导致的，"俄国已经是强大的

---

① Dostoevsky, Fyodor. *A Writer's Diary*, translated and annotated by Kenneth Lantz, Illinois：Northwestern University Press，1993，p. 751.

② Morrissey, Susan. *Suicide*. In *Dostoevsky in Context*, edited by Deborah A. Martinsen and Olga Maiorova, Cambridge University Press, 2015, p. 131.

力量……（西方思想）是一种危险的信号"①。正是这种基本立场的区别，导致了加缪在《西西弗斯的神话》第一章中陀思妥耶夫斯基式的分析结束后，就开始转向了与陀思妥耶夫斯基不同的道路。

在《作家日记》名为"声明"的一则记录中，陀思妥耶夫斯基明确表示，他所记录的 N. N. 先生的"审判"一文所关涉的是人类生存中最基础和最高的理念，即灵魂不死是一种必须和必定的信念。陀思妥耶夫斯基在"审判"一文的开头就暗示了他对于 N. N. 逻辑自杀的不赞成，表示他的自杀是出于"无聊"②，对于陀思妥耶夫斯基来说，刊登 N. N. 的自供代表了一种反讽，在 N. N. 的逻辑自杀之下隐藏了一个重要的结论：如果一个人失去了信仰，不相信人的灵魂是永生的，那么他的存在将是无法接受的。陀思妥耶夫斯基在这里将人根据信仰与否分成了不同的等级。在"审判"中 N. N. 表示如同动物那样关心吃喝、睡觉、筑巢、繁衍的人才是真正活得开心的人，在"声明"中陀思妥耶夫斯基对此的解释是，这些动物性的行为只能够吸引在现世生活的人，而无法吸引那些更高类型的人。而对于其所谓更高类型的人，陀思妥耶夫斯基指向那些"在压抑和昏暗中死去的贫穷的、不知名的、无关紧要的人"。③ 安德烈·纪德（André Gide）曾在对于陀思妥耶夫斯基的研究中表示，智力与意志在陀思妥耶夫斯基的小说中扮演了魔鬼的角色④。陀思妥耶夫斯基在人类本性中区分了三个层次：智力思辨的区域、激情的区域、深层的爱的区域。第一区域与第三区域形成相反的格局，在陀思妥耶夫斯基那里，爱的反面并不是恨，而是如同地狱一般的智

①　Dostoevsky, Fyodor. *A Writer's Diary*, translated and annotated by Kenneth Lantz, Illinois：Northwestern University Press, 1993, p. 234.

②　Dostoevsky, Fyodor. *A Writer's Diary*, translated and annotated by Kenneth Lantz, Illinois：Northwestern University Press, 1993, p. 653.

③　Dostoevsky, Fyodor. *A Writer's Diary*, translated and annotated by Kenneth Lantz, Illinois：Northwestern University Press, 1993, p. 733.

④　[法]安德烈·纪德：《关于陀思妥耶夫斯基的六次讲座》，余中先译，北京：人民文学出版社 2019 年版，第 88 页。

力思辨的区域①。在陀思妥耶夫斯基的笔下，主张智力与逻辑者诸如《群魔》中的基里洛夫、《白痴》中的伊波利特、《卡拉马佐夫兄弟》中的伊万·卡拉马佐夫，他们的形象都是灰色的甚至是滑稽的；而智力与逻辑的相反面则是信仰与爱，诸如梅诗金公爵和阿辽沙等，虽然表面上是不合时宜的，但是他们属于更高一个层次的人。N. N. 所代表的是主张智力与意志的下层次的人，正是他对于智力与逻辑的确信导致了他的死亡，N. N. 的错误"完全在于他丢失了对于永生的信仰"②。

按照詹姆斯·佛伊(James L. Foy)和史蒂芬·罗斯威兹(Stephen J. Rojcewicz)的研究，仅仅在陀思妥耶夫斯基的小说中，就有超过 17 个人物自杀，还有数量众多的人尝试或者打算自杀，这其中有一部分人物是小说中的主要人物，他们自杀或试图自杀的行为有着深远的含义，并且对于小说剧情的发展极为重要③。对于陀思妥耶夫斯基来说，如果上帝不存在，那么其中最重要的一件被允许的事情就是自杀。自杀这一行为集中体现了陀思妥耶夫斯基形而上学中最为冲突的那一部分。在一定意义上，伊万·卡拉马佐夫的"如果上帝不存在，那么一切都是被允许的"中所被允许的最重要的事情，就是自杀。自杀的行为是一种自我意识和自由意志的体现，对于陀思妥耶夫斯基的宗教观来说，这是一种否认上帝的做法。在另外一个层面上，自杀在当时也是一种反对俄罗斯帝国的表现。相比于同时代其他作家的"自杀"剧情，陀思妥耶夫斯基的自杀剧情集中在对于宗教、哲学、社会革命等冲突问题上，而这其中后两者又可以归结到前者中去。正是 19 世纪俄国的社会革命和与之相随而来的西方哲学思潮，导致了其对于传统宗教的冲击，从中诞生了陀思妥耶夫斯基意义上的虚无主义，最终引发了

---

① ［法］安德烈·纪德，《关于陀思妥耶夫斯基的六次讲座》，余中先译，北京：人民文学出版社 2019 年版，第 132 页。

② Dostoevsky, Fyodor. *A Writer's Diary*, translated and annotated by Kenneth Lantz, Illinois：Northwestern University Press，1993，p. 735.

③ Foy, James L. and Stephen J. Rojcewicz Jr. *Dostoevsky and suicide. Confinia psychiatrica* 22. 2（1979），p. 67.

自杀的问题。从陀思妥耶夫斯基不断地描述这种人的存在境况可以看到，对于这种自杀逻辑背后的危机，陀思妥耶夫斯基持相当的拒斥态度，这种"自杀的危机"所体现的时代氛围对于陀思妥耶夫斯基而言是当时"俄罗斯的危机"①。但是与陀思妥耶夫斯基的解决办法是回归到信仰当中、强调信仰与爱对于这种危机的拯救不同，对于当时的加缪来说，他所关心的更为主要的是个人生存境况的问题，并未扩展到整个欧洲层面上的虚无主义。面对荒诞，个人的行动是加缪所关注的重点，加缪与陀思妥耶夫斯基有共同的起点，加缪十分同意 N. N. 的自供所隐藏的人的精神危机，但是坚决不同意陀思妥耶夫斯基的信仰以及用信仰拯救俄罗斯社会的观点。

加缪对陀思妥耶夫斯基的"反抗"集中在《西西弗斯的神话》"哲学的自杀"一节中。加缪经过论述否定了两种自杀，一种是肉体的自杀，另一种被称为哲学的自杀。所谓的哲学的自杀指的是以雅斯贝尔斯和克尔凯郭尔所代表的有神论存在主义者所倡导的"希望哲学"，这种"希望哲学"将解决荒诞痛苦的办法寄希望于哲学的"跳跃"。在"跳跃"中，人们可以在现世世界之外，也就是在超验的世界中摆脱荒诞的问题："不是为生活本身而生活，而是为了某个伟大的理念而生活，让理念超越生活，使生活变得崇高，给生活注入意义，任理念背叛生活。"②在《作家日记》中，N. N. 最终通过自己的逻辑选择了自杀，这是加缪所反对的第一种肉体的自杀。陀思妥耶夫斯基同样也否定这种肉体的自杀，但是陀思妥耶夫斯基否定这种肉体自杀的原则与态度，则被加缪视为如同雅斯贝尔斯和克尔凯郭尔一样的"哲学的自杀"，成为加缪所否定的第二种自杀。加缪在《西西弗斯的神话》中对于第一种肉体的自杀并没有过多的着墨，而是将重点放在第二种自杀哲学的自杀上。在"哲学的自杀"一节，加缪对于雅斯贝尔斯、舍斯托夫、胡塞尔、克尔凯郭尔等人哲学自杀的论述，其本质上可以看作对陀思妥耶

---

① Foy, James L. and Stephen J. Rojcewicz Jr. *Dostoevsky and suicide. Confinia psychiatrica* 22. 2 (1979), p. 68.

② Camus, Albert. *Le Mythe de Sisyphe. Œuvres complètes I*, Paris：Édition Gallimard, 2008, p. 224.

夫斯基的回应。加缪也是通过这种回应,以一种反对的方式建立自己的荒诞观。对于加缪来说,从荒诞上升到信仰的做法缺乏合法性,信仰是一种否定自身的行为,并且在否定自身中试图超越自身。而荒诞的一个重要前提在于,自身与世界两者缺一不可,否定了其中任何一项,就是否定了荒诞的整体。哲学的自杀,或者说信仰不仅破坏了荒诞,也破坏了人意识到荒诞的意识,使得反抗、自由、激情皆成为不可能,因为"生活因没有意义而过得更好"①。陀思妥耶夫斯基将克服荒诞的希望寄托在信仰上,对于加缪来说是一种逃避,甚至是一种"低三下四的理性"②。虽然加缪在这一节中没有直接提到陀思妥耶夫斯基,但是实则是在暗示陀思妥耶夫斯基的方法,这种暗示也将在后文中加缪专门论述基里洛夫的一节中得到体现。

陀思妥耶夫斯基认为,灵魂永生的信仰丢失之后,自杀便成为了注定的结局。而若是相信灵魂永生,怀有信仰,则可以反过来让生活于现世的人更加团结紧密。如果没有对于灵魂永生的信仰,那么人与人之间的联系就会遭到破坏,更进一步则会损毁更高层次上的生命的意义,因此才会导致自杀③。加缪也有与陀思妥耶夫斯基同样的态度:"精神走到边界,必须做出判断,选择结论。那里便是自杀和找到答案的地方。"④但是哲学的自杀与肉体的自杀无异,人的反抗、人的自由和人的激情,都会因为哲学的自杀而遭到破坏,哲学的自杀与肉体的自杀一样,会使人失去存在的根基与理由,随之也同样损毁更高层次上的生命的意义。因此,哲学的自杀被加缪归入与肉体的自杀相同的行列而遭到拒斥。所以可以看到,加缪和陀思妥耶夫斯基依据相同的荒诞基础,得出了不同的面对荒诞的结论,在这

① Camus, Albert. *Le Mythe de Sisyphe. Œuvres complètes I*, Paris:Édition Gallimard, 2008, p. 255.

② Camus, Albert. *Le Mythe de Sisyphe. Œuvres complètes I*, Paris:Édition Gallimard, 2008, p. 251.

③ Dostoevsky, Fyodor. *A Writer's Diary*, translated and annotated by Kenneth Lantz, Illinois:Northwestern University Press, 1993, p. 736.

④ Camus, Albert. *Le Mythe de Sisyphe. Œuvres complètes I*, Paris:Édition Gallimard, 2008, p. 238.

里加缪正是通过反对陀思妥耶夫斯基才得以建立自己的荒诞理论的。

因此，我们可以对《西西弗斯的神话》一书的前半部分略作总结。《西西弗斯的神话》可以被视作加缪与陀思妥耶夫斯基的一种对话与挑战，陀思妥耶夫斯基在《作家日记》中对于 N. N. 先生的记录，成为加缪发现与确认荒诞的一个重要来源，加缪由此得以确立荒诞的概念。同时，加缪并不同意陀思妥耶夫斯基本人的观点与立场，并且拒斥他的道路。也正因为如此，加缪必须在自己的体系中，找到另外一种面对荒诞的途径。

4.3 荒诞小说中的绝对自由

4.3.1 自杀的导师：基里洛夫

在《西西弗斯的神话》"哲学与小说"一节的最后，加缪表示将用陀思妥耶夫斯基的一部作品来阐述这种关于荒诞小说的理论，因为陀思妥耶夫斯基的这部小说的"所有内容都汇集起来标明一种对荒诞的意识，这部小说中的起点是清晰的、氛围是清醒的"，但是同时，加缪也强调如果荒诞没有在这部小说中得到符合荒诞小说标准的对待，我们也可以从中知道"幻觉是从哪里间接地进入的"①。这部作品即陀思妥耶夫斯基的《群魔》，加缪将注意力集中在《群魔》中的工程师基里洛夫身上。

加缪在《西西弗斯的神话》中对于基里洛夫的引用向来引起学界的关注，让·奥尼缪(Jean Onimus)精辟地指出："或许陀思妥耶夫斯基的基里洛夫才是加缪最应该感恩的……人们很难想象加缪的形而上学中没有基里洛夫的存在会是怎么样。"②相应的专著与论文也围绕这一问题展开讨论。艾维·布罗丁(Ervin Brody)将加缪对于基里洛夫的分析称作"一项最与众

---

① Camus, Albert. *Le Mythe de Sisyphe. Œuvres complètes I*, Paris：Édition Gallimard, 2008, p. 291.

② Onimus, Jean. *Albert Camus and Christiantity*. Translated by Emmett Parker. Alabama：University of Alabama Press. 1970, p. 60.

不同的研究"①；朱莉·文森特（Julie Vincent）指出虽然是由于法文翻译的歧义问题导致加缪忽视了基里洛夫身上陀思妥耶夫斯基的负面含义，从而理想化了基里洛夫的形象，但加缪仍旧从基里洛夫身上创造了一个"新的传统"②；彼得·邓伍迪（Peter Dunwoodie）将加缪对于基里洛夫的理解称为一个"正面的荒诞英雄"③。因此，加缪对于基里洛夫的"喜爱"是显而易见的。虽然基里洛夫在陀思妥耶夫斯基本人的价值序列里是低下的，但是在这一时期的加缪眼里却是一个真实的、荒诞的，甚至是非凡的反抗者。在《西西弗斯的神话》专门论述基里洛夫的一节中，加缪将基里洛夫、伊万·卡拉马佐夫和斯塔夫罗金列为同样的正面反抗者，对于1942年的加缪来说，基里洛夫的疑问即是这个时代我们所遭遇的荒诞问题，而基里洛夫的反抗，也就是荒诞人的反抗。因此，《西西弗斯的神话》中加缪所找到的反抗路径，被他全部投射在了以基里洛夫为代表的自由反抗上，甚至基里洛夫的自杀也成为了一种教育意义的反抗。

虽然基里洛夫在《西西弗斯的神话》中只出现了几页的篇幅，但是实际情况并不如此，在整部《西西弗斯的神话》中，我们都可以看到基里洛夫的印记出现。在《西西弗斯的神话》的开篇部分，加缪表示此书的第一个目的是要"研究个人的思想和自杀之间的关系"④，基里洛夫也是如此，在与《群魔》的叙述者第一次对话的时候，基里洛夫表示他正打算写一篇论文"探索人们不敢自杀的原因"⑤。同时，不仅加缪的《西西弗斯的神话》和基

① Brody, Ervin C. *Dostoevsky's Kirilov in Camus's "Le Mythe de Sisyphe."* The Modern Language Review（1975），p. 293.

② Vincent, Julie. *Le Mythe de Kirilov：Camus, Dostoievski et les traducteurs.* Comparative Literature Studies（1971），p. 248.

③ Dunwoodie, Peter. *Une histoire ambivalente：le dialogue Camus-Dostoïevski.* Nizet, 1996, p. 40.

④ Camus, Albert. *Le Mythe de Sisyphe. Œuvres complètes I*, Paris：Édition Gallimard, 2008, p. 291.

⑤ ［俄］陀思妥耶夫斯基，《鬼》，娄自良译，上海：上海译文出版社2015年版，第108页。

里洛夫有目的上的相同，在具体论述的内容部分也是相似的。在同一次对话中，基里洛夫认为，人的自杀有两种，一种是因为悲伤、气愤、疯癫等原因而自杀，他们属于突然自杀，而另一种则是出于"理智的考虑"①。加缪也认为，一般而言，人们只是把自杀看作一种社会现象，但是一般社会认为的自杀原因，往往并不是真正导致自杀的原因，我们"首先要研究个人的思想与自杀的关系"②。对于真正导致人自杀的原因，基里洛夫表示这是对于上帝的思考以及与此相关的自由问题，并且，基里洛夫表示"任何人想起什么，随即会想起别的。我不能想别的，生平只能想一件事。上帝折磨了我一生"③。在《西西弗斯的神话》中加缪虽然不是直接论述上帝的问题，而是将上帝的问题归属到荒诞问题中的一部分，但是对于荒诞是否会导致自杀而言，则又与基里洛夫面临相同的问题，在论述"哲学的自杀"时，加缪表示"有一种明显的精神事实，即人永远受困于他自己的真理。一旦这种真理得到确认，人就无法从中摆脱出来"④。在《群魔》中，基里洛夫的论文虽然没有最终出现，但是基里洛夫实际上通过几次对话以及自己最终的行动表明了论文的内容，即用一种自杀的方式证明自己的自由，与加缪的"论文"《西西弗斯的神话》形成相呼应的关系。

《群魔》是一部"情节不明"的小说，小说的剧情并不像传统小说那样靠一条主要的剧情线展现，而是靠一系列的丑闻而推进⑤。这一评论是恰当的，《群魔》中革命组织的活动往往并不是明确的，但是工程师基里洛夫的自杀在整部小说中处于突出的情况。基里洛夫表示他决定自杀是因为"他

---

① ［俄］陀思妥耶夫斯基，《鬼》，娄自良译，上海：上海译文出版社 2015 年版，第 108 页。

② Camus, Albert. *Le Mythe de Sisyphe. Œuvres complètes I*, Paris：Édition Gallimard, 2008, p. 222.

③ 俄］陀思妥耶夫斯基，《鬼》，娄自良译，上海：上海译文出版社 2015 年版，第 111 页。

④ Camus, Albert. *Le Mythe de Sisyphe. Œuvres complètes I*, Paris：Édition Gallimard, 2008, p. 135.

⑤ Conradi, Peter J. *Fyodor Dostoevsky*. Houndsmills and London：Macmillan, 1988, p. 84.

自己的理念",因为自己的理念与思想而决定自杀,这首先是一种高级的自杀。在这一点上基里洛夫和《作家日记》中的 N. N. 先生一样,是因为一种逻辑而自杀。基里洛夫知道上帝是必须要有的,上帝也最好是有的,但是他同时又知道上帝实际上是不存在的。光是这一点,就足以使得基里洛夫自杀了。加缪认为,基里洛夫这种自杀的逻辑里面有一种"反抗与自由的混合",他通过自杀同时展现了他的不服从与一种"新的且可怕的自由"①,如此,加缪表示,基里洛夫就与《作家日记》中的 N. N. 先生不同了。N. N. 先生的自杀只是一种对上帝的复仇,试图将上帝与自己一同毁灭,而基里洛夫则在自杀中确立了一种新的自由,因此他将不再是简单的报复心理,而是一种属于荒诞人的反抗。基里洛夫虽然在肉体上自杀了,但是在他的自杀中有一项更加非凡的野心,即要通过自己自杀成为一种新的上帝。加缪于是将基里洛夫的自杀解释成一个三段论:如果上帝不存在,那么基里洛夫就是上帝;如果上帝不存在,那么基里洛夫必须自杀;因此基里洛夫应当通过自杀来成为神。我们且不论这一三段论是否确实成立,加缪在这里给予的解释是,基里洛夫通过这样的逻辑,将原本属于经验之外的上帝的神圣世界拉回到了地面上来。因为传统的上帝不存在,而基里洛夫通过自杀成为上帝,那么这一新的上帝就不再是以往的那个上帝,而是属于现世的、人间的上帝。加缪在这里实际上就已经脱离了陀思妥耶夫斯基笔下基里洛夫的本身含义,而将其拉拢到自己关于荒诞的写作意图中来了。由此我们可以看到,基里洛夫无疑就是加缪在《西西弗斯的神话》中论述的"荒诞的人"。

基里洛夫在自杀前与斯塔夫罗金的对话中表示,他所成为的新的上帝,准确地讲并不是一种"神人",而是应当反过来,是一种"人神"。在这里加缪同样认为基里洛夫并不是要与上帝做区别,而是要将上帝拉回到地

---

① Camus, Albert. *Le Mythe de Sisyphe. Œuvres complètes I*, Paris: Édition Gallimard, 2008, p. 292.

面，因为"耶稣从来没有回到过天堂""基督本身就生活在谎言之中"①。通过这样的解释，加缪从基里洛夫的自杀中得出两层含义：首先，基里洛夫即将成为的上帝，是完全属于人间的、现世的。因为上帝并不存在，所以人不需要成为上帝的附属，人自身可以在人间成为自己的上帝，掌控自己的自由，"成为上帝，就是在这片土地上成为自由，不需要服务于一个永生的存在"②。其次，既然我们每个人实际上都跟基督一样生活在同样的谎言当中，那么我们每个人都可以是成为自己的上帝，因为我们每个人都可以是自由的、不需要上帝的。加缪引用安德烈·纪德在关于陀思妥耶夫斯基讲座中的评论："如果上帝存在，那么一切都取决于上帝，我们不能违反任何上帝的意愿；如果上帝不存在，那么一切都取决于我们自己。"③因此，遵循着基里洛夫的道路，我们就可以成就尼采意义上的"新人"。在《群魔》中，基里洛夫与代表了斯拉夫民族主义的沙托夫是相反的角色，对沙托夫来说，俄罗斯民族是高于一切的信仰，而基里洛夫是一个代表了"西方"的角色。基里洛夫继承了费尔巴哈的哲学思想，认为不是上帝创造了人，而是人创造了上帝，人们按照自己的本质创造了上帝的形象，因此，原本属于上帝的本质也就是人的本质。这种唯物论的色彩从他的铁路工程师身份已经可以得到暗示，科学与宗教是敌对的，而基里洛夫是一个"新人"。

然而基里洛夫的自杀在加缪那里还有一层矛盾需要解决，首先他的自杀以及他整个哲学是一种对于"哲学的自杀"的拒绝，是一种形而上的反抗，但是与此同时，拒绝"哲学的自杀"其结果却是肉体的自杀。基里洛夫作为一个肉体自杀的角色，与加缪在《西西弗斯的神话》中的立场相悖。正

---

① Camus, Albert. *Le Mythe de Sisyphe. Œuvres complètes I*, Paris：Édition Gallimard, 2008, p. 292.

② Camus, Albert. *Le Mythe de Sisyphe. Œuvres complètes I*, Paris：Édition Gallimard, 2008, p. 293.

③ Camus, Albert. *Le Mythe de Sisyphe. Œuvres complètes I*, Paris：Édition Gallimard, 2008, p. 293.

是从这里开始，加缪就彻底抛开了基里洛夫的作者陀思妥耶夫斯基，完全展开了自己的解释。加缪认为，基里洛夫的自杀并不是之前所描述的因为判断生活不值得一过而自杀，而是一种"教育式"的自杀。基里洛夫已经通过自己形而上的反抗明白了上帝是不存在的，人是自由的。但是世人仍旧不知道这一点，"他们需要有人向他们指明这一条道路，他们不能没有指点"①。因此，基里洛夫并不是因为绝望或者怀疑等任何负面的原因而自杀，而是为了仍旧留在荒诞世界中的其他人而自杀，基里洛夫的自杀代表了他对这个世界的爱与感情，"他必须向他的兄弟们指明这一条荣誉与困难俱在的道路，而他将是第一个踏上这条道路的人，这是一种教育式的自杀"②。也因此，在陀思妥耶夫斯基的《群魔》中那几下预示着恐怖的枪声，被加缪解释成是一种最终革命的信号。

在此加缪引入了斯塔夫罗金和伊万·卡拉马佐夫，并且认为这两人就是最先在基里洛夫的自杀中顿悟之人。一般而言，斯塔夫罗金被认为是《群魔》的中心人物，否定所有人物的彼得·斯捷潘诺维奇只认斯塔夫罗金为偶像，是他的革命小组中的精神领导，而沙托夫、基里洛夫、列比亚德金等人都是斯塔夫罗金复杂性格中的一个侧面；而同时斯塔夫罗金是一个汇集矛盾的人物，他即是拉斯科尔尼科夫式的，又是梅诗金公爵式的③。基里洛夫对斯塔夫罗金的评价是："斯塔夫罗金如果信神，他就不信他信神。如果他不信神，他就不信他不信神。"④这一评价在《西西弗斯的神话》中尤其被加缪所重视，将它作为引言放在"荒诞人"一节的开头。斯塔夫罗金的犹豫与虚无，以及他最后留下来的信"我对什么都不恨"，成了基里洛

① Camus，Albert. *Le Mythe de Sisyphe. Œuvres complètes I*，Paris：Édition Gallimard，2008，p. 293.

② Camus，Albert. *Le Mythe de Sisyphe. Œuvres complètes I*，Paris：Édition Gallimard，2008，p. 293.

③ Peace，Richard. *Dostoevsky an Examination of the Major Novels*，Cambridge University Press，1971，p. 180.

④ ［俄］陀思妥耶夫斯基，《鬼》，娄自良译，上海：上海译文出版社 2015 年版，第 650 页。

夫"一切都很好"的同义词，而伊万·卡拉马佐夫的"一切都是允许的"也是一种"忧伤的色调"①。对于加缪来说，斯塔夫罗金和伊万·卡拉马佐夫是这一时期他所认定的真正的荒诞人，而基里洛夫则通过自己的牺牲来成就了斯塔夫罗金和伊万·卡拉马佐夫。加缪在这里试图证明，对于他们两人来说，拒绝了"意义"与"希望"，在面对死亡的时候通过自己的反抗而生活，他们将仍旧是快乐的。

加缪在肯定了基里洛夫、斯塔夫罗金和伊万·卡拉马佐夫三人之后开始对陀思妥耶夫斯基展开批判。在《荒诞创作》的第一节"哲学与小说"中，加缪首先探讨哲学与艺术(小说)的关系。如同加缪自身所体现的那种气质一样，加缪认为哲学与艺术并没有严格意义上的对立，因为所有伟大的哲学家都只有一种思想体系，而伟大的艺术家虽然塑造各种不同的形象与剧情，但是在各种不同的作品中，他们也都是只表达一种思想。基于在《西西弗斯的神话》开篇所给出的定义"真正严肃的哲学问题只有一个，即自杀"，加缪认定哲学家与艺术家都只有一个真正的问题，那就是判断生活是否值得一过，也即是如何面对荒诞。而真正属于这一类范畴的作品，只能是用以表现哲学思想(即荒诞)的艺术作品。但同时，在艺术作品中又不能显露出作家自己的哲学思想。加缪认为这种悖论本身也是一种荒诞，因此，"伟大的小说家是哲学小说家"②。

对于伟大的小说家，加缪提出了一个准则和一种危险。首先，荒诞小说的准则在于简单地再现荒诞但同时不进行解释。荒诞小说的任务在于描述作家自身所感受到的那种荒诞感觉，因为荒诞存在于生活中，所以作家以自身进入小说的创作中，这种创作的主要任务在于模仿生活，也就是客观地描述生活中的荒诞，这种描述需要如同科学一样冷静与客观："描述，

---

① Camus, Albert. *Le Mythe de Sisyphe. Œuvres complètes I*, Paris：Édition Gallimard, 2008, p. 294.

② Camus, Albert. *Le Mythe de Sisyphe. Œuvres complètes I*, Paris：Édition Gallimard, 2008, p. 288.

这就是荒诞思想的最后愿望。"①同时，荒诞小说的描述必须止于描述，而不对荒诞的境况作过多的解释，因为"艺术作品自身即是一种荒诞现象，它仅仅涉及描述，给精神的痛苦提供不了任何出路"②。因此，荒诞小说的全部任务仅仅在于描述与模仿生活中的荒诞，而除此之外不需要另一层更深的意义。加缪认为艺术作品并不具备超出此功能之外的作用，其局限就在于此。因此，作家必须要清醒认识到自身这种局限，其作品在表现荒诞之外，不具备其他的意义和作用。加缪对此表示，"这些都是人在预先就失败的战役中向自己的尊严表示敬意"③。其次，荒诞小说的一种危险在于，人们倾向于希望在荒诞作品中找到"希望"。使得荒诞小说是其所是的方法是"保持一种有意识的无动机态度"④，如果荒诞小说坠入"希望"的诱惑中，那它便将不再称得上是荒诞创作。加缪这里的"希望"同样指的是《西西弗斯的神话》中所反对的克尔凯郭尔式的"跳跃"，在荒诞小说中，若是出现暗示着跳跃的"希望"，就会出现相同的结果：这种希望试图逃避荒诞，把解决的办法寄托于荒诞之外，如此就取消了那种带有意识的反抗。加缪甚至表示："我的生活可以在小说中找到意义：这是嘲讽的。"⑤

　　加缪在此试图表明，作家的任务在于描述与展现荒诞，而无须尝试找到取消荒诞的办法。荒诞是人生存的根基，是一个无法取消的起点。而试图在荒诞小说中寻找出路的作家，其目的在于取消荒诞，而不是自由的反抗。对于这一时期的加缪来说，他认为陀思妥耶夫斯基符合了第一个准

① Camus, Albert. *Le Mythe de Sisyphe. Œuvres complètes I*, Paris：Édition Gallimard, 2008, p. 284.

② Camus, Albert. *Le Mythe de Sisyphe. Œuvres complètes I*, Paris：Édition Gallimard, 2008, p. 284.

③ Camus, Albert. *Le Mythe de Sisyphe. Œuvres complètes I*, Paris：Édition Gallimard, 2008, p. 283.

④ Camus, Albert. *Le Mythe de Sisyphe. Œuvres complètes I*, Paris：Édition Gallimard, 2008, p. 289.

⑤ Camus, Albert. *Le Mythe de Sisyphe. Œuvres complètes I*, Paris：Édition Gallimard, 2008, p. 289.

则，但是却落入了第二种危险。即陀思妥耶夫斯基完美地向我们展现了荒诞，但是却始终想要寻找消灭荒诞的方法，这无疑是落入了一种哲学的自杀。因此，陀思妥耶夫斯基的小说虽然直面了荒诞的主题，但是他并没有符合加缪关于荒诞小说的标准。陀思妥耶夫斯基的小说可以作为尝试描写荒诞的一种例子，但它同时也是一种失败的例子，甚至是可以作为艺术家的一种反面警示。陀思妥耶夫斯基在一定意义上也是背叛了荒诞小说的要求，坠入了和雅斯贝尔斯与克尔凯郭尔为代表的有神论存在主义作家一样的问题，即在荒诞面前寻求一种信仰的跳跃。加缪最终认为，陀思妥耶夫斯基的伟大之处在于提出了荒诞问题，但他的小说本身却并不是十足的荒诞作品。

我们可以从《西西弗斯的神话》中的一个侧面来看待加缪对于陀思妥耶夫斯基小说的看法。最初的《西西弗斯的神话》手稿中，"荒诞创作"这一章的第二节"基里洛夫"论述的并不是陀思妥耶夫斯基的基里洛夫，而是取名为"弗兰茨·卡夫卡作品中的希望和荒诞"的关于卡夫卡的论文。根据当时法国占领时期的出版规则，卡夫卡作为犹太人身份不能出现在出版物中，因此加缪才将这一节换做了基里洛夫。而原本写就的关于卡夫卡的这一节于 1943 年发表在《弩》杂志，并在 1965 年版的《西西弗斯的神话》中收录于附录。我们可以看到两部分内容的相似之处。

按照加缪在"哲学与小说"一节中对于荒诞小说"止于描述"的规定来衡量，加缪认为卡夫卡的《审判》是一部杰出的荒诞小说。卡夫卡的《审判》符合加缪所认为的哲学小说，因为它实际上只是描述小说的主角约瑟夫·K 的一系列遭遇，并没有其他过多的象征，其突出的特质是"自然"①。但是随后加缪便立刻与卡夫卡分道扬镳了。加缪认为，卡夫卡的失败在于紧随《审判》之后的《城堡》。城堡描写的是名叫 K 的主角为了进入城堡而进行了一系列努力，但是最终仍旧没有成功进入城堡，但是 K 仍旧抱有希望。而卡夫卡在这里正是引进了大写的"希望"。《审判》中的约瑟夫·K 和

---

① Camus, Albert. *Le Mythe de Sisyphe. Œuvres complètes I*, Paris：Édition Gallimard, 2008，p. 306.

《城堡》中的 K 共享一个相同的起点,即加缪所认为的荒诞,但是这两者在面对荒诞的时候表现出了不同的态度。《审判》中的约瑟夫·K 并没有做过关于逃脱审判的尝试,根据加缪的猜测,这或许是约瑟夫·K 本身就没有对加之其身上的审判抱有希望,正如每个真实的荒诞人一样,但也或许是卡夫卡故意没有对此进行描写,其目的是为了接下来写作《城堡》,"他必须先写《审判》,然后才着手写《城堡》"①。而《城堡》中的 K 一心想要进入的城堡,势必是与城堡之外的 K 的荒诞生活全然不同,而这是一种取消荒诞的意图。因此在这一意义上,城堡就是加缪描述的克尔凯郭尔的"跳跃"。在这里,加缪似乎以非常确定的态度将卡夫卡和陀思妥耶夫斯基归位一类,认为他们都是基督教作家。加缪对卡夫卡《审判》的拒斥达到了和对陀思妥耶夫斯基的拒斥相同的程度,甚至表示卡夫卡的作品之所以具有普遍的意义,仅仅是因为它们具有宗教的启示,但是这种宗教的启示,是"全身心地蒙受上帝的侮辱"②。加缪在这一节的论述和他在"基里洛夫"一节中对于陀思妥耶夫斯基的态度如出一辙。首先承认他们所共享的荒诞意识,但是随即便与他们分道扬镳,因为卡夫卡和陀思妥耶夫斯基最终都陷入了以克尔凯郭尔为代表的那种基督教和救世福音哲学,他们都寄希望于一种超越性的和谐与美满,一切的问题都归因于上帝并且寄希望于上帝,而对现世的荒诞采取了任凭其处置的逃避态度。因此加缪对于陀思妥耶夫斯基和卡夫卡的批判集中于一个焦点,即他们在发现了荒诞之后,仍旧回到了"跳跃"的老路上,渴望在荒诞之中找到超越的意义。而加缪则始终认为没有这种超越的意义更好,人的自由只有荒诞之中的自由,并且加缪肯定在这种自由中也可以找到快乐。

尽管如此,加缪对于工程师基里洛夫的分析,仍旧有值得商讨之处。首先,在加缪的分析中,基里洛夫是一个充满爱的形象。基里洛夫每天早

---

① Camus, Albert. *Le Mythe de Sisyphe. Œuvres complètes I*, Paris：Édition Gallimard, 2008, p. 312.

② Camus, Albert. *Le Mythe de Sisyphe. Œuvres complètes I*, Paris：Édition Gallimard, 2008, p. 310.

上会做运动保持健康，沙托夫与自己的妻子重遇，基里洛夫也会有发自内心的喜悦，在基里洛夫死后人们甚至找到一张他画的可爱的肖像。加缪列举这些例子是为了说明基里洛夫是"现世"的，在确认上帝不存在之后仍旧是可以与生活共处的，是"一切都很好的"。加缪尤其重视基里洛夫的"一切都很好"这一表达，并且将其与"一切都是允许的"和"没有什么是可恨的"三者一起称为"荒诞的判断"①。但是加缪或无意或有意忽略的事情是，基里洛夫的"一切都很好"有严格的陀思妥耶夫斯基式的含义。在一起与尼古拉·弗谢沃洛多维奇讨论死亡与快乐的关系时，基里洛夫谈到了关于"一片叶子"的意象：

> "不久前我见到一片黄叶，略微泛绿，边缘有点儿腐烂了。它在风中飘落。十岁时，我在冬天故意闭上眼睛，想象着一片树叶，绿莹莹的，耀眼的，上面有叶脉，阳光灿烂。我睁开眼睛，简直不敢相信，因为太美好了，于是又闭上眼睛……一切都很好。"②

这是一种在散文集《婚礼集》中加缪所透露的普罗提诺式的自然之美，加缪用同样的方法来看待基里洛夫对于叶子的感情。但是加缪所忽视的是基里洛夫接下来对于"一切都很好"的解释。尼古拉·弗谢沃洛多维奇问基里洛夫"有人饿死，有人欺侮、奸污妇女——这好吗"，基里洛夫的回答是："好。有人为孩子而砸烂他的脑袋，这样也好；有人不去砸烂他的脑袋，这样也好。一切都好。如果他们知道他们感到好，那么他们就会感到好，如果他们还不知道他们感到好，那么他们就会感到不好。这就是全部思想，全部，再也没有别的了！"③很明显，在这段描述中基里洛夫是一个

---

① Camus, Albert. *Le Mythe de Sisyphe. Œuvres complètes I*, Paris：Édition Gallimard, 2008, p. 294.

② [俄]陀思妥耶夫斯基，《鬼》，娄自良译，上海：上海译文出版社 2015 年版，第 232 页。

③ [俄]陀思妥耶夫斯基，《鬼》，娄自良译，上海：上海译文出版社 2015 年版，第 232-233 页。

冷漠的形象，对于他来说，邻人受难与朋友快乐两者并没有价值上的区别。加缪显然忽略了这一点。

其次，在加缪看来，基里洛夫是一个快乐的形象。在《西西弗斯的神话》中加缪认为"快乐和荒诞是同一片土地的两个子孙"①，而基里洛夫是符合荒诞反抗的人选，因此对于基里洛夫我们应该像想象西西弗斯是快乐的一样来想象基里洛夫也是快乐的，基里洛夫的自杀"在我们看来，根本不觉得可怕"②，基里洛夫转而变成了一个"可爱"的人物。加缪在这里仍旧忽略了陀思妥耶夫斯基对于基里洛夫自杀的描述，当彼得·斯捷潘诺维奇面对即将自杀的基里洛夫时，看到的是"那猛兽似的野性"③。加缪似乎也忽略了这一点。

另外，加缪在这一时期反复提及基里洛夫所说的"一切都很好"，用以表明拒绝超越的意义，在清醒地认识到死亡与荒诞的背景下进行反抗，他对这句话的评价是"和人类的苦难一样久远"④。但是根据陀思妥耶夫斯基自己的立场，若是不相信上帝，人们之间将无法获得爱，由此导致人与人之间的冷漠与疏远，因此他人的苦难将是"好"的，这是"一切都很好"在陀思妥耶夫斯基笔下的含义。加缪只选取了对于《西西弗斯的神话》的论述来说需要的几个瞬间，而无视基里洛夫本身的逻辑。

因此，我们可以看到，加缪对于基里洛夫的论述是不完善的、甚至是有失偏颇的。他无疑忽略了陀思妥耶夫斯基一些非常重要的细节描述，而只选取了对自己有需要的那一部分，甚至是在一定程度上对基里洛夫的形象进行了一定的改造和修正，以使其满足自己的论述。不过，我们仍旧可

---

① Camus, Albert. *Le Mythe de Sisyphe. Œuvres complètes I*, Paris：Édition Gallimard, 2008, p. 303.

② Camus, Albert. *Le Mythe de Sisyphe. Œuvres complètes I*, Paris：Édition Gallimard, 2008, p. 293.

③ ［俄］陀思妥耶夫斯基，《鬼》，娄自良译，上海：上海译文出版社 2015 年版，第 675 页。

④ Camus, Albert. *Le Mythe de Sisyphe. Œuvres complètes I*, Paris：Édition Gallimard, 2008, p. 294.

以看到这一时期基里洛夫对于加缪而言的几个重要意义。首先，基里洛夫是一个被加缪所肯定的反抗者，加缪从基里洛夫的自杀中得出的重要结论是：人在没有上帝的情况下也是自由的。在此基础上，加缪得出了在"荒诞"时期的反抗理论，包括人的反抗、自由、激情。但是加缪此时的反抗理论无疑给他留下了伦理上的问题，尤其是加缪在《西西弗斯的神话》中将自由论述成为一种"量的自由"，而不是"质的自由"。因此，伊万·卡拉马佐夫的"一切都是允许的"将成为这种自由观的最佳注释。加缪在这一时期虽然意识到了这个问题，甚至是在戏剧《卡利古拉》和《误会》中也都已经描绘了这种自由观所带来的伦理危险，但是无论如何加缪塑造了西西弗斯这一永远推石头上山的形象，对于这一形象来说，它是不负伦理责任的。这一问题需要加缪在"反抗时期"去修正，也正是到了反抗时期，加缪的关注点不再集中于基里洛夫身上，而是转向了《卡拉马佐夫兄弟》中的伊万·卡拉马佐夫。加缪对于伊万·卡拉马佐夫也不再是赞成的态度，而是要去修正其"一切都是允许的"这一价值观。

4.3.2 自由的代言：斯塔夫罗金

基里洛夫的自杀是一种教育式的自杀，他的自杀首先启发了同是《群魔》中角色的斯塔夫罗金和《卡拉马佐夫兄弟》中的伊万·卡拉马佐夫。在《西西弗斯的神话》中，加缪对这两人的评价是"他们在实际生活中操作荒诞真理。"①

斯塔夫罗金是陀思妥耶夫斯基小说《群魔》里的主要角色之一，在陀思妥耶夫斯基的小说中，斯塔夫罗金是一个神秘的、闪耀的、有智慧的形象，而同时又是在形而上问题上感到充分挣扎与折磨的人物。在《群魔》中，斯塔夫罗金作为沙托夫和基里洛夫的领袖，一方面将无神论的思想传给了基里洛夫，另一方面又将正统东正教的信仰传给沙托夫。因此斯塔夫

---

① Camus，Albert. *Le Mythe de Sisyphe. Œuvres complètes I*，Paris：Édition Gallimard，2008，p. 294.

罗金的两种精神样貌分别在这两人的身上体现，并且推向极致。因此，斯塔夫罗金同时作为这两人领袖，其自身是处在深刻矛盾中的。在陀思妥耶夫斯基看来，这样的矛盾思想最终必定会导致此人的毁灭。但是加缪显然关注的不是这一点，这时加缪对于斯塔夫罗金的态度是让后来的自己感到诧异的。

加缪在《西西弗斯的神话》"荒诞人"一节的开头将基里洛夫评论斯塔夫罗金的话作为引言："如果斯塔夫罗金有信仰，那么他不相信他有信仰；如果斯塔夫罗金没有信仰，那么他不相信他没有信仰。"①基里洛夫在自杀前如此评论斯塔夫罗金，用以表明斯塔夫罗金也跟他拥有同样的困扰，但是基里洛夫认为斯塔夫罗金并不会因此而自杀，并称呼他为"脑子不正常……废物一个"②。然而加缪在此引用这段评论，目的是为了证明斯塔夫罗金在基里洛夫的启发下，有了一种更为高级的否定，这并不是一种简单的否定，而是一种关于否定的否定③。加缪因此将之称为"反讽"，反讽在加缪看来与陀思妥耶夫斯基不同，是面对死亡的一种特别的清醒手段。加缪特别提到了斯塔夫罗金的一个反差。加缪认为，斯塔夫罗金在自己周围掀起仇恨，但是他在最后给达莉娅的告别信中却表示自己没有什么可以仇恨的。加缪表示这是"在冷漠中的沙皇"④。这让人想到《局外人》中莫尔索的结局。在《局外人》的最后莫尔索感到自己和这个世界的融洽："我第一次感到我向这个冷漠的世界打开了自己，我感受到这个世界如此像我，如此友好，我感到自己是快乐的，并且一直是快乐的……我希望在我行刑的

---

① Camus, Albert. *Le Mythe de Sisyphe. Œuvres complètes I*, Paris：Édition Gallimard, 2008, p. 265.

② ［俄］陀思妥耶夫斯基，《鬼》，娄自良译，上海：上海译文出版社 2015 年版，第 650 页。

③ Brody, Ervin C. *Dostoevsky's presence in Camus' early works*, *Neohelicon* 8. 1 (1980), p. 106.

④ Camus, Albert. *Le Mythe de Sisyphe. Œuvres complètes I*, Paris：Édition Gallimard, 2008, p. 294.

那天有很多的观众，他们想我发出仇恨的喊叫。"①莫尔索在面对行刑时得到的感悟是，这个世界和我一样，没有是非对错之分，一切价值都是扁平的。对于莫尔索来说，仍旧不认为杀死阿拉伯人这一行为本身有什么值得商讨的地方。斯塔夫罗金的价值观和莫尔索相同，这种冷漠在《西西弗斯的神话》中也得到相关的论述。基里洛夫的自杀仿佛是莫尔索即将面临的行刑一样，给斯塔夫罗金证明了人在此世的自由，斯塔夫罗金可以在他的身边掀起仇恨，但是自己对此是冷漠的，意为他并不为诸事负道德上的责任。加缪这种观点无疑是尼采式的，为了推翻传统的价值观，必须连同全部的道德一起否定，因为"道德恰恰是属于上帝的最后一张面孔"②。因此，在推翻了道德的价值之后，任何事物在这种观点看来都是扁平的、相等的。加缪认为，有了这种价值观之后，人就获得真正面对死亡的自由。伊万·卡拉马佐夫的"一切都是允许的"道出了这中价值的秘密，斯塔夫罗金在《群魔》中做的任何事情都是无罪的，也是允许做任何事情的。

这种观点无疑是反直觉的，但是这反而是《西西弗斯的神话》中加缪从荒诞中得出的结论。加缪对于反抗的定义是尼采式的，他是一个"说'是'的人"，一个"热爱命运"（amor fati）的人，因此反抗首先是一种肯定："反抗只是对压倒性命运的确定，而不是伴随在它身边的顺从。"③反抗在肯定自身生命的基础上拒绝破坏生命的任何事情，所以在《西西弗斯的神话》中，反抗就是当人意识到了死亡，却仍旧拒绝死亡，并且同时承担这种人类身上的永恒重负，反抗是"不接受和解地死去，不心甘情愿地死去"④。这也正是《局外人》中的莫尔索作为死囚犯直到生命的最后才意识到的反

---

① Camus, Albert. *Le Mythe de Sisyphe. Œuvres complètes I*, Paris：Édition Gallimard, 2008，p. 213.

② Camus, Albert. *L'Homme révolté. Œuvres complètes III*, Paris：Édition Gallimard, 2008，p. 113.

③ Camus, Albert. *Le Mythe de Sisyphe. Œuvres complètes I*, Paris：Édition Gallimard, 2008，p. 256.

④ Camus, Albert. *Le Mythe de Sisyphe. Œuvres complètes I*, Paris：Édition Gallimard, 2008，p. 257.

抗。因此，反抗在这里首先要求一种清晰性，即我们要清楚地认识到人的境况：人处在荒诞中，人是必死的，人是流放的。但同时，这就要求我们用一种近乎于苦行的方式来进行反抗，拒绝逃避，"不放弃地保持荒诞意识"①。

反抗的具体内容在《西西弗斯的神话》中被加缪描述成"自由"与"激情"。对于这两个词语加缪有特殊的论证。首先，加缪始终认定，任何超越意义上的问题，都是与上帝的问题连接的，因而它们都属于"哲学的自杀"。因此，自由的问题也是如此。要知道人是否拥有存在意义上的自由，那就势必要引入上帝的概念：人要么不是自由的，那么上帝就是全能的；人要么是自由的，那么上帝就不是全能的。加缪在开始之初就将上帝排出在荒诞概念之外，因此这一问题对于加缪来说并没有意义，他所关注的只是人自身的具体自由："形而上的自由问题与我根本无关。我也并不感兴趣于知道人是否是自由的。我只能体验到我自己本身的自由。"②因此加缪得出的关于自由的重点是：没有明天(sans lendement)。在意识到荒诞之前，普通的人带着目标而生活，内心所关心的是未来，哪怕是"自己什么时候退休"或者是"自己子孙未来的工作"这样的问题③，人们总是希望自己生活中的一些事情是可以带领自己通向未来的。然而加缪认为，这是人们在扮演自己是自由的，因为根本没有他们所期望的未来，当人们真正意识到荒诞之后，这一切都会被推翻，在死亡面前一切对于未来的希望都会被破坏："关于'我存在'的想法、好像一切都有意义的行动，都被荒诞中的死亡以一阵眩晕揭穿了。"④因此我们必须清醒地认识到，在必死的人当

---

① Camus，Albert. *Le Mythe de Sisyphe. Œuvres complètes I*，Paris：Édition Gallimard，2008，p. 297.

② Camus，Albert. *Le Mythe de Sisyphe. Œuvres complètes I*，Paris：Édition Gallimard，2008，p. 54.

③ Camus，Albert. *Le Mythe de Sisyphe. Œuvres complètes I*，Paris：Édition Gallimard，2008，p. 258.

④ Camus，Albert. *Le Mythe de Sisyphe. Œuvres complètes I*，Paris：Édition Gallimard，2008，p. 258.

中，所谓的自由，只是一种奴隶式的自由，只是一种在当下的自由。这是一种身体自由，而不是一种关于未来的、形而上的、永恒的自由。但是恰恰是在这种奴隶式的自由中，加缪得出了第二个结论，即激情。加缪在《西西弗斯的神话》中所谓的激情，并不是指克尔凯郭尔式的宗教激情，恰恰相反，加缪首先就拒斥了这种形而上的激情："相信生命意义的人假设了一种价值的梯序……而相信荒诞的人是恰恰相反的。"①加缪认为，要在荒诞面前摒弃意义，即消除传统思想中的价值梯序，所有事物在价值层面上都是相等的。在这种境况下，我们的激情只能存在于生活得更多，而不是生活得更好，"荒诞的人用量（la quantité）来代替质（la qualité）"②。

于是，我们可以清楚地看到加缪在《西西弗斯的神话》中的反抗究竟代表了什么。人是注定死亡的生物，在这一条件下，我们只能够反抗。而正是由于死亡所带来的荒诞，人只拥有在有限的时间里身体上的自由，而我们的激情，正是要在这有限的时间里尽可能的获得更多的经验，因为基于以上两点，生活得更多比生活得更好是更优的选择。可以看到无论是梅尔所、莫尔索，还是卡利古拉，都符合加缪在《西西弗斯的神话》中对于反抗的定义与要求。然而我们若是用一般的意义来看，他们却很难说是成功的。而他们各自意外的死亡结局，也从侧面与"活得更多"这一教条相背离。即使是推石头上山的西西弗斯，我们也只能"想象"他是快乐的，并且其中一个重要因素在于，西西弗斯是一个不死的形象，这恰恰是与以上其他人物完全相反的。

加缪的最大问题在于以经验的数量来取代经验的质量，这造成了在伦理上不可调和的问题。《快乐之死》中的梅尔所以及卡利古拉都认同这一价值判断，但是他们无论如何遭遇了毁灭性的打击，实际上加缪也并不是没有意识到这一问题，在《卡利古拉》美国版的前言中加缪就透露了他的倾

---

① Camus, Albert. *Le Mythe de Sisyphe. Œuvres complètes I*, Paris：Édition Gallimard, 2008, p. 260.

② Camus, Albert. *Le Mythe de Sisyphe. Œuvres complètes I*, Paris：Édition Gallimard, 2008, p. 260.

向："如果说卡利古拉的真理是要反抗命运，那么他的错误在于否定了人。"①表面上，卡利古拉仅仅是将其荒诞的逻辑贯彻到底，但是实际上，根据加缪在《西西弗斯的神话》中关于反抗的描述，这种基于"量"的自由正是导致了卡利古卡可以如此行动的原因。因为在这种自由观下，人本身丧失了传统的价值判断，人的任何事情都处于同一个水平面上，"善"与"恶"实际上得不到区分。这也正是梅尔所与莫尔索的杀人行为本身从来不引起读者怀疑的原因。加缪在《西西弗斯的神话》中虽然没有明确表示，但是这种自由观还是隐含了卡拉马佐夫的虚无主义注释：如果上帝不存在，那么一切都是允许的。

斯塔夫罗金对加缪而言的另一个作用在于，斯塔夫罗金在《西西弗斯的神话》中仿佛代言了加缪自己，对于陀思妥耶夫斯基试图回到宗教的做法，加缪用斯塔夫罗金的身份评论其是"屈辱、可耻"②。在斯塔夫罗金最后留给达莉娅的信中，他重新论述她对于理智和信仰的看法："您的哥哥对我说过，谁失去与自己乡土的联系，谁也就失去了自己的神，即失去自己所有的目标。任何问题都可以无止境地争论下去，而我所流露的只有否定，既无高尚理由也没有任何力量的否定……我绝不会失去理智，因而绝不会对思想信仰到他(基里洛夫)那种程度……我绝不会自戕。"③斯塔夫罗金在这里有两点信息被加缪肯定，首先他将上帝以及在陀思妥耶夫斯基笔下与上帝绑缚在一起的斯拉夫精神一起否定了。其次，斯塔夫罗金强调了理智的作用，即使在认为生活不值得一过的情况下，他也可以战胜自杀的倾向。我们可以看到，斯塔夫罗金这里所表露的情绪和内容，完全是与加缪所强调的内容相反的。对于上帝的问题，斯塔夫罗金在这里所表露出来

---

① Camus, Albert. *Caligula. Œuvres complètes I*, Paris: Édition Gallimard, 2008, p. 447.

② Camus, Albert. *Le Mythe de Sisyphe. Œuvres complètes I*, Paris: Édition Gallimard, 2008, p. 296.

③ ［俄］陀思妥耶夫斯基，《鬼》，娄自良译，上海：上海译文出版社 2015 年版，第 709 页。

的情绪是软弱的、无力的，而他对于理智的肯定，又只是假托于理智，实则是没有基里洛夫那样坚定的逻辑的，更何况，在加缪的论述中，是基里洛夫解放了斯塔夫罗金，而不是相反。但是加缪在这里明显故意忽略了这些内容，将斯塔夫罗金认定为是一个拒绝"哲学自杀"的反抗者，符合加缪在"荒诞自由"一节中得出的反抗成果："仅仅用意识的游戏，就改变了生活的规则。"①

加缪在《西西弗斯的神话》中对于斯塔夫罗金的论述留下了诸多问题。虽然对于斯塔夫罗金报以肯定的态度，但是加缪实际的着墨并不是非常多。雷·戴维森认为这是因为斯塔夫罗金和伊万·卡拉马佐夫在陀思妥耶夫斯基笔下的最终命运似乎很难被加缪修改成一种完全乐观的情况，因此加缪只好尽量不过多地讨论他们②。而艾文·布劳迪(Ervin C. Brody)在评论加缪对斯塔夫罗金的态度时表示"每当谈论到斯塔夫罗金时就有一种强烈的情绪暗流和心酸感，仿佛想要拯救他"③。这种说法是合理的，因为加缪自己未必没有注意到斯塔夫罗金和伊万·卡拉马佐夫所代表的那种反抗理论里面潜在的危险。在加缪的手记中对于这部分内容的记录显示了加缪实际上是持保留态度的，加缪一方面认为斯塔夫罗金和伊万·卡拉马佐夫的"一切都是允许的"是唯一的正确的自由精神，另一方面也强调"必须要仔细探索其表现"④。

无论如何，斯塔夫罗金在《西西弗斯的神话》中出现过后的下一次登场就将是加缪在 50 年代后期着手改编的《群魔》戏剧了，在戏剧《群魔》中斯塔夫罗金已经不再是如此时这样一个正面的反抗英雄形象，而是一个情感

---

① Camus, Albert. *Le Mythe de Sisyphe. Œuvres complètes I*, Paris：Édition Gallimard, 2008, p. 263.

② Davison, Ray. *Camus：the challenge of Dostoevsky*. Exeter：University of Exeter Press, 1997, p. 88.

③ Brody, Ervin C. *Dostoevsky's presence in Camus' early works*, *Neohelicon* 8.1 (1980), p. 107.

④ Camus, Albert. *Carnets. Œuvres complètes II*, Paris：Édition Gallimard, 2008, p. 857.

丰沛的仇恨者，在剧本的最后斯塔夫罗金对莉莎大喊："我，我极其憎恨在俄罗斯存在的一切：人民、沙皇、还有你和莉莎！我憎恨在这片土地上生活的一切……让一切毁灭！"①加缪也表示斯塔夫罗金"既不是局外人，也不是荒诞人"②。不过加缪在《西西弗斯的神话》之后还是将更多的精力放在了伊万·卡拉马佐夫这一角色上，斯塔夫罗金毕竟是在两种思想的夹缝中挣扎和犹豫的人物，而伊万·卡拉马佐夫的形象更适合加缪对于"杀人"问题的探索。

4.4 伊万·卡拉马佐夫的"正"与"反"

4.4.1 伊万的本真反抗

在《卡拉马佐夫兄弟》第五卷"正与反"中，伊万·卡拉马佐夫与他的弟弟阿辽沙在酒馆里进行了一次长谈。伊万·卡拉马佐夫向弟弟讲述了他对于信仰的种种看法，以及一个关于宗教大法官的故事。加缪一生都关注于这次长谈，加缪的作品也仿佛反复地与这次对话进行对话。相比于基里洛夫，陀思妥耶夫斯基《卡拉马佐夫兄弟》中的伊万·卡拉马佐夫对加缪而言是更为重要的角色，他对于加缪而言不仅仅是如基里洛夫那样单方面的启发者，而是呈现出前后两种面貌。在加缪的早期作品中，伊万的身影不仅是反抗的，而且是快乐的，他同时是一个形而上反抗的正面形象和一个如西西弗斯那般快乐的人。而加缪在后期对伊万·卡拉马佐夫有一个明显的态度改变，虽然加缪仍旧认定伊万在反抗上的积极意义，但是加缪承认通过理智将反抗的逻辑推演到底而得出"一切都是允许的"，将造成道德上的虚无主义。而20世纪欧洲种种暴力革命，在谋杀了成千上万人的表面之

---

① Camus, Albert. *Les Possédés*. *Œuvres complètes IV*, Paris：Édition Gallimard, 2008，p. 499.

② Camus, Albert. *Les Possédés*. *Œuvres complètes IV*, Paris：Édition Gallimard, 2008，p. 537.

下，隐藏的正是伊万·卡拉马佐夫的反抗逻辑。

从某种意义上讲，伊万·卡拉马佐夫就是加缪年轻时候的自己。在1957年接受《巴黎戏剧》(*Paris-Théâtre*)的采访时，加缪表示"我最喜欢伊万·卡拉马佐夫，我觉得我完全理解他"①。埃赫柏(A. Herbert)表示年轻的加缪和伊万身上"有一种相同的本性"②。这种说法是成立的，伊万·卡拉马佐夫对于自然的热爱，对于生活本身价值的重视，对于命运不公平的愤慨，以及明显地感到人在世界上的流放感，都在加缪早期的作品中有所体现。

在《西西弗斯的神话》中，伊万·卡拉马佐夫和斯塔夫罗金一样，被加缪认为是经过基里洛夫启发的荒诞英雄。这是一种加缪从始至终认定的思想，即使在后期加缪对伊万的态度有所改变时，伊万作为一个反抗的英雄形象并未改变。作为荒诞英雄的伊万给加缪的启示有两点。第一，伊万是一个直接揭示了荒诞真实情况的人，并且在荒诞的面前拒绝了《西西弗斯的神话》中被称为"哲学的自杀"的信仰；第二，伊万以清醒的、冷漠的态度面对一切经验，并且极度肯定自己的自由。在这个意义上，伊万就是另一个版本的西西弗斯，不惧艰难困苦并且义无反顾地推石头上山。加缪认为这种反抗的精神代表了不愿意放弃个人自由的权利。与之相反的则是伊万的兄弟阿辽沙，阿辽沙在《卡拉马佐夫兄弟》中作为信仰的代表，在伊万看来是在过一种受侮辱的生活："伊万拒绝放弃精神的皇冠，如他的兄弟(阿辽沙)那样用生活证明了如果要信仰就要自我羞辱，伊万会回答那是没有尊严的。"③

伊万首先是荒诞的揭示者。在《卡拉马佐夫兄弟》第五卷第四节中，伊

---

① Camus, Albert. *Interview à Paris-Théâtre. Œuvres complètes IV*, Paris：Édition Gallimard, 2008, p. 578.

② Herbert, A. *Dostoïevski, Camus et l'immortalitéde l'âme*, Revue de littérature comparée 54. 3 (1980), p. 322.

③ Camus, Albert. *Le Mythe de Sisyphe. Œuvres complètes I*, Paris：Édition Gallimard, 2008, p. 94.

万向阿辽沙表示这个世界的本质："知道吗，见习修士，世上太需要荒诞了。这世界就是靠荒唐支撑起来的，要是没有荒唐，世界只是一滩死水。"①在伊万的世界里，人首先是流放的。伊万并不能理解上帝，在生活中也无法感受到上帝，因此这个世界的存在基础不是上帝，而是荒诞。在这个问题上加缪明显和伊万·卡拉马佐夫拥有相同的观点。在《西西弗斯的神话》中，加缪这样描述："这个世界本身是不可理解的，这是我们全部可以表达的内容。所谓荒诞，就是指这种不可理解和从我们内心深处响起的强烈理解愿望。荒诞平等地建立在人和世界两者之上，它是两者唯一的联系。"②荒诞被伊万·卡拉马佐夫确立为生活的基础，而加缪在伊万的这种观点中找到了共鸣。在伊万·卡拉马佐夫那里，人类不仅仅处于流放状态，还有无法理解的在这种流放状态中的"恶"。对于陀思妥耶夫斯基来说，上帝的存在以及灵魂的永生是爱他人的必要条件，如果不相信上帝以及灵魂永生，那么人类就无法做到对他人之爱。换言之，上帝与灵魂永生确保了我们对他人之爱。伊万和弟弟阿辽沙在酒馆中的讨论同样涉及这一问题。伊万·卡拉马佐夫认为这是不可能实现的事情，因为世间的人类根本无法做到爱他人，也无法感受到他人的苦难。因为人间世充满无法理解之恶，"基督对人们的博爱在某种程度上是世间不可能出现的奇迹"③。伊万列举了一系列让人无法理解，尤其是让相信基督者无法理解的儿童受难的故事；上帝根本不会关照到我们，我们向上帝的祈祷也同样了无回应。按照伊万的观点，假使人类因为偷吃了伊甸园的果子而永恒有罪，但是天真无辜的孩子不应该替他们的父辈承受这种惩罚，无辜者不应该受罪，更何况还是孩子，"整个对世界的认识也抵不上那小女孩向上帝哭诉时所洒

① ［俄］陀思妥耶夫斯基，《卡拉马佐夫兄弟》，荣如德译，上海：上海译文出版社 2015 年版，第 313 页。

② Camus, Albert. *Le Mythe de Sisyphe. Œuvres complètes I*, Paris：Édition Gallimard, 2008, pp. 233-234.

③ ［俄］陀思妥耶夫斯基，《卡拉马佐夫兄弟》，荣如德译，上海：上海译文出版社 2015 年版，第 306 页。

的眼泪"①。因此，伊万认为这种恶是无法解释的，对于基督的信仰也无法理解这种加诸于孩童的苦难与罪恶：

"如果人人都受苦，以便用苦难换取永恒的和谐，那么请回答我：这跟孩子们有什么相干？令人百思不得其解的是：为什么他们也必须受苦？为何要他们以苦难为代价换取和谐？"②

对于儿童所遭之恶所产生的无法理解的情绪，在加缪的小说中也是一个重要的主题。这种无法解释的恶，同样被加缪描写在《鼠疫》中。在医生里厄和帕纳鲁神父目睹了一个儿童饱受鼠疫折磨而死去之后，两人产生了这样的对话：

> "帕纳鲁神父低语道：'我理解，这样的事情之所以让人反感，是因为它超出了我们的界限。但或许我们应该去爱我们所不能理解的事情。'……
>
> 里厄摇头说道：'不，神父。我对爱有不一样的理解。我至死也拒绝这种让孩子饱受折磨的造物主。'"③

在这里，医生里厄和伊万·卡拉马佐夫拥有相同的起点。在《鼠疫》中，加缪表示人世间没有任何事情比一个孩子饱受折磨与痛苦更加恐怖，而让这一切发生的原因，却又是无法寻找的。里厄对于加诸儿童身上之恶的叙述和伊万的叙述一样，这种恶的起因让人无法理解，"甚至神父对此也一无所知"④。在《反抗的人》中，反抗者之所以要反抗，其首要的原因

---

① ［俄］陀思妥耶夫斯基，《卡拉马佐夫兄弟》，荣如德译，上海：上海译文出版社 2015 年版，第 312 页。

② ［俄］陀思妥耶夫斯基，《卡拉马佐夫兄弟》，荣如德译，上海：上海译文出版社 2015 年版，第 314 页。

③ Camus, Albert. *La Peste. Œuvres complètes II*, Paris: Édition Gallimard, 2008, p. 184.

④ Camus, Albert. *La Peste. Œuvres complètes II*, Paris: Édition Gallimard, 2008, p. 189.

正是出于对这种恶的不理解，"对于恶的抗议居于形而上反抗的核心……令人反感的并不仅仅是儿童所受苦难的本身，而是这种苦难并不合理"①。因此，对于伊万·卡拉马佐夫来说，他虽然向阿辽沙表示他同样热爱生活，同时也不反对上帝的存在，但是他反对上帝所创造的这个世界。

加缪在《反抗的人》中将伊万这种反抗称为"拒绝得救"，在"形而上的反抗"历史中，伊万处于一个交汇点，在伊万之前的反抗历史仍属于一种浪漫主义的反抗，这种反抗的终极目标是通过作恶的行为试图与上帝平起平坐。以萨德（Marquis de Sade）为代表，在这种浪漫主义反抗中，反抗者还全然没有"他者""集体""团结"和"全人类"等概念，仅仅通过自己的享乐主义来对抗造物者，通过对恶的赞扬来反对上帝所代表的善。而到了伊万·卡拉马佐夫这里，反抗的事业犹如康德的哥白尼革命那样，将反抗的途径、方法、目的全都颠倒了过来。反抗不再仅仅是个人的事业，而是以全人类的权利为基础与目的地对抗上帝；反抗也不再是宣扬个人的恶与亵渎上帝，而是以人类的正义驳斥上帝的道路。

如此，加缪确认了伊万·卡拉马佐夫式反抗的第一个意义。如果恶对于上帝创造世界来说是必不可少的，那么这种创造就是不可以接受的，因此伊万拒绝相信这个上帝以及它所创造的带有恶的世界，而是相信一个在他看来更高于上帝的价值，即正义。伊万"开创了对于反抗来说至关重要的事业，即用正义的王国来取代恩赐的王国"②。同时，与浪漫主义的反抗将上帝视为仇恨原则的代言人不同，伊万的反抗其目标是以爱为原则的上帝。上帝的爱的原则让我们变得可以接受人世间的种种苦难与不公，甚至是可以接受孩童的惨死，而伊万表示如果相信上帝需要我们接受孩子们的苦难作为前提条件，那么为了获得这一真理所需要付出的代价是无法接受的，在苦难和基督教的真理之间，不应该有这种前者作为后者条件的关系。加缪强调伊万反抗最重要的表示在于他的"哪怕（même si）"，哪怕伊

① Camus，Albert. *L'Homme révolté. Œuvres complètes III*，Paris：Édition Gallimard，2008，p. 132.

② Camus，Albert. *L'Homme révolté. Œuvres complètes III*，Paris：Édition Gallimard，2008，p. 80

万的反抗是错误的，哪怕佐西玛神父和阿辽沙有理，伊万也要将上帝的"入场券"退还给它。信仰可以给人带来永生，但是信仰包含了对于恶和非正义的无条件接受，如果由于见到了孩童所遭受的苦难而怀疑信仰，那么他将无法获得永生。在这种情况下，哪怕永生是存在的，伊万也要将它拒之门外。在伊万看来，他只接受无需条件的恩赐，因此他拒绝这种"交易"。在此，伊万确立了他的第一个反抗要求：全部，或者没有（Tout ou rien）。加缪引用伊万的话"世界上所有的知识也抵不过孩童的眼泪"，用以表明他并非表示世上没有真理，而只是他不接受这种非正义的真理。加缪认为这种"用正义抵抗真理"的反抗是至关重要的一步，伊万在此时是"孤独的"与"堂吉诃德式的"①。

加缪所确认的伊万·卡拉马佐夫反抗的第二个意义是，他拒绝独自得救。虽然伊万首先是孤独的，但是他将自己与那些受苦难的人联结在一起，因而与他们站在一起拒绝永生的恩典。如果伊万相信自己可以通过信仰而得救却让那些受苦难的人停留在原地，那么无疑苦难仍将继续，"对于忍受着真正激情的人来说，获救是不可能的"②。因此，伊万在拒绝非正义的同时，也拒绝优先得救，这样便给反抗加上了第二个要求，从"全部，或者没有"中发展出第二条要求：所有人，或者没有人（Tous ou personne）。

在建立了"所有，或者没有"和"所有人，或者没有人"这两个要求之后，伊万具有了加缪所认为的最为本真性的反抗特质。但是在这个时候，伊万的反抗却突然失去了平衡，通过其自身隐蔽的弑父行为导向了虚无主义。

4.4.2 伊万的误入歧途

加缪对伊万·卡拉马佐夫态度的转变主要集中在"一切都是允许的"这

---

① Camus, Albert. *L'Homme révolté. Œuvres complètes III*, Paris：Édition Gallimard, 2008, p. 81.

② Camus, Albert. *L'Homme révolté. Œuvres complètes III*, Paris：Édition Gallimard, 2008, p. 81.

一条口号上。早期加缪将伊万·卡拉马佐夫认作是正面的荒诞英雄，并且将"一切都是允许的"作为反抗的口号，其中主要吸引加缪的地方在于伊万对上帝的拒斥和对个体自由的肯定，这是加缪《西西弗斯的神话》中所探讨的主要问题。但是对于"一切都是允许的"，加缪《西西弗斯的神话》中已经出现了诸多矛盾的地方。在"荒诞人"一章中，加缪首先表示"荒诞人确信他终极的自由，排除一切判断……道德不是讨论的问题"①。然而仅仅是在下一段中，加缪又追加解释道："荒诞不是解绑，而是束缚，它并不授权所有的行为。'一切都是允许的'并不意味着没有任何事情是受保护的。荒诞仅仅是把所有行为的价值视为等同的，它并不劝人犯罪，否则就太幼稚了。"②然而我们可以发现，加缪的这种辩护是苍白的，荒诞的一个结果是人的所有行为在价值上都是相等的，这意味着所有行为的道德标尺都是一致的，在这样的情况下，道德也就不需要存在了。因此，"一切都是允许的"就如其本身的含义那样，一切的行为，包括杀人，在道德层面上都是相同的，即没有道德。杀人和不杀人完全处在相同的道德水平线上，杀人自然是没有道德束缚的。然而加缪对此的解释是这样的行为过于幼稚，这无疑的无法说服人的。恰恰相反的是，基础这样的价值标准，加缪在"荒诞自由"一节中进一步从中得出了反抗的自由观。加缪认为，行为的价值只取决于数量，而不取决于质量。因此，人对于自己的自由，感觉到的越多越好。加缪举的例子是"四十年有意识的生活和六十年无法对比"。这种自由观无意更加确定了"一切都是允许的"所暗示的虚无含义。这种情况一方面说明在《西西弗斯的神话》中加缪实则已经由这种前后不一致导致了论述上的问题，道德的难题在《西西弗斯的神话》中已经若隐若现。另一方面也说明，加缪未尝不是没有考虑过道德层面的问题。

实际上加缪很快就开始注意到"他者"的问题。在绝对自由价值观指导

① Camus, Albert. *Le Mythe de Sisyphe. Œuvres complètes I*, Paris：Édition Gallimard, 2008, p. 265.

② Camus, Albert. *Le Mythe de Sisyphe. Œuvres complètes I*, Paris：Édition Gallimard, 2008, p. 266.

的行动中，道德是一个无法避免的问题，加缪在《西西弗斯的神话》中选择
对这一问题采取非常简单的解释，也许说明加缪在这一时期的关注点并没
有关注在道德的问题上。但无论如何，加缪很快就开始了对于道德问题的
反思。从《卡利古拉》开始，加缪的创作中就已经不再完全是绝对孤独的主
角，而是出现了另外的对话者，而到了剧本《误会》时，对话已经成为了获
得快乐的必要条件。在这种情况下，"杀人"这一行为所面临的道德问题自
然浮出水面。事实上，《卡利古拉》与《误会》未尝不是加缪对"一切都是允
许的"所做的反思①。加缪 1938 年的日记记录了他对伊万的反思："唯一可
能的自由是一种关于死亡的自由。真正自由之人，如同接受任何事一样
接受死亡，同时也同样接受其后果——这既是说，这是一种对于所有传
统生命价值的反转。伊万·卡拉马佐夫的"一切都是允许的"是唯一一种
关于自由的有逻辑性的表达。但需要仔细研究表现形式。"②如果拒绝了
"哲学的自杀"、摆脱了上帝，将死亡视为和生命一样的事情，那么其后
果就是传统价值的取消。所以"一切都是允许的"是这种反抗观点所必然
得出的后果，而道德层面的缺失则是"一切都是允许的"所引起的必然后
果。加缪显然也意识到其中的问题，一方面表示我们必须要接受它所带
来的所有后果，但是同时也特别强调了需要研究这种反抗观的具体表现
形式。

在 1953 年加缪重返阿尔及利亚的时候完成了散文集《夏天》的创作，
在其中加缪不无后悔地表示："在纯真年代，我不知道道德的存在。现在
我知道了，我却辜负了它。"③这表明加缪已经意识到道德问题实则比他在
"荒诞系列"中所设想的情况更加严重。引起加缪这种改变的原因，除去他

---

① 埃赫伯(Herbert)认为卡利古拉实则是受到了基里洛夫的启发，因为其实是伊
万·卡拉马佐夫的化身。见 Herbert, A. *Dostoïevski, Camus et l'immortalitéde l'âme*.
Revue de littérature comparée 54. 3 (1980), p. 337。

② Camus, Albert. *Carnets. Œuvres complètes II*, Paris：Édition Gallimard, 2008,
p. 857.

③ Camus, Albert. *L'Été. Œuvres complètes III*, Paris：Édition Gallimard, 2008,
p. 610.

自身创作过程中的反思之外，还体现在加缪身处的欧洲环境的变化。加缪离开阿尔及利亚之后依次经历了占领时期、抵抗运动以及战后冷战等一系列改变欧洲整体面貌的事件。欧洲长时间的动荡与不安氛围使得加缪的思考中心开始转移。《西西弗斯的神话》于1941年2月写完，1942年在法国伽利玛出版社出版。同时，1940年5月德国纳粹开始对法国发动进攻，1942年法国变成了被占领的"北区"和发起抵抗运动的"南区"。加缪很快变成法国南部的流亡者。而正是在这个时候，加缪开始创作小说《鼠疫》和散文集《反抗的人》。

我们在前文中已经分析过《鼠疫》对于"南方思想"的一个坐标"团结"的重要意义。如果说《鼠疫》的创作表示了加缪在价值主题上从个人向集体改变，"集体"作为一种价值植入到加缪的思想体系中，那么随着占领、抵抗、冷战的一步步加深，加缪开始了对于"团结"这一概念本身的反思。德国纳粹所代表的价值观，在其底层意义上，无疑也是团结的，正是在团结这一意义上，纳粹开始了战争和杀戮，试图通过谋杀的方式建立新的人类幸福世界。"二战"之后的冷战思维同样如此，遍布欧洲的虚无主义思想使加缪开始重新思考他之前的思想。这种反思包括两部分，其一在于反思荒诞理论所带来的后果；其二在于更加仔细地考察反抗的本真性要求和误入歧途的危险。对于第一点，《西西弗斯的神话》在一定意义上可以用其中的一个题目作为主旨，即"荒诞的人"，这与加缪后期的散文《反抗的人》所暗示的主题"反抗的人"形成概念上的编年意义。引用基里洛夫的话"一切都很好"，荒诞的人所需要的判断既是对于一切都采取一种无动于衷的态度。但是在《反抗的人》中，这种态度经由"他者"的引入而必须改变。加缪在《反抗的人》中继承了"荒诞的人"中的一个价值观，即对于任何事情都不存在仇恨，并且尽可能地耗尽生命中的一切可能性。这种价值观导致的结果之一就是如《卡利古拉》和《误会》中的悲剧。而在《反抗的人》中，加缪做的努力将是如何避免这种悲剧的发生，即如何消除"荒诞的人"中所自带的虚无主义倾向。对于第二点，《反抗的人》一书主要将要处理的是杀人的问题。加缪在最初构思《反抗的人》的时候，给此书拟定的开场白是"唯一真正严肃的道德问题是谋杀……"①这与《西西弗斯的神话》的开场白："唯一真正严肃的哲学问题是自杀"几乎相同，仅仅是把"自杀"变成了"谋杀"。虽然最终这句话并没有作为《反抗的人》的开场白，但这暗示了对于加缪来说《反抗的人》和《西西弗斯的神话》两部书之间的联系，以及加缪思想上的变化。赫伯特·洛特曼表示这是加缪"从对某个人与世界关系的检讨发展到了对人类与历史必然性、制度性谋杀的检讨"②。即如何避免反抗在"团结"的名义上推进，其结果却是误入歧途，引起合理的罪恶，即谋杀。

同时，加缪在思想上经历了一次与陀思妥耶夫斯基的重新对话。在离开阿尔及利亚之前，加缪的思想中心是荒诞与自杀的问题，在离开阿尔及利亚之后，面对欧洲的种种问题，加缪开始思考荒诞所导致的虚无主义问题。根据加缪的荒诞逻辑，似乎虚无主义是其中的一项必然的结果。为了解决这一问题，加缪在陀思妥耶夫斯基的作品中重新发现了伊万·卡拉马佐夫。在陀思妥耶夫斯基的笔下，伊万·卡拉马佐夫是一个受到无神论思想困扰与折磨的形象，而在《反抗的人》中，伊万被加缪视作在反抗中从本真性反抗坠入到虚无主义的一个过渡性形象，伊万仿佛是一座桥梁连接了荒诞反抗和虚无主义。通过对伊万的解读，加缪找出了欧洲虚无主义的根源性问题，在此基础上才得以提出以"尺度"为重点的南方思想。因此，基于这一逻辑，加缪在所谓"反抗系列"中，工程师基里洛夫以及其所代表的自杀问题开始让位给《卡拉马佐夫兄弟》和《群魔》中所揭示的虚无主义、欧洲革命和暴力等问题上来。在加缪的阐释中，伊万·卡拉马佐夫作为连接思想与行动的中间人，是导致《群魔》中维尔霍文斯基所领导的革命小组导致虚无主义结果的直接原因。因此在这一阶段，陀思妥耶夫斯基对加缪而言有了新的启示意义。一方面，加缪认为早在19世纪陀思妥耶夫斯基就已经开始预料到欧洲20世纪将会出现的无神论、虚无主义、专制政府等一系

---

① ［美］赫伯特·R·洛特曼，《加缪传》，肖云上、陈良明、钱培鑫等译，南京：南京大学出版社2018年版，第524页。

② ［美］赫伯特·R·洛特曼，《加缪传》，肖云上、陈良明、钱培鑫等译，南京：南京大学出版社2018年版，第524页。

列问题；另一方面，加缪同样是在反对陀思妥耶夫斯基有神论的基础上才建立起自己的"南方思想"的。

另外，伊万·卡拉马佐夫的形象又恰恰衔接了加缪在前一时期与陀思妥耶夫斯基的对话。伊万的反抗起点首先是荒诞与流放，伊万的信仰危机首先经历了"自杀"的可能性，随后通过将逻辑进行到底的方法确立了"一切都是允许的"这样一条价值观，进而导致了虚无主义。在此意义上，加缪的两个系列作品通过同一条线索得以串联起来，在这条线索上建立起"荒诞—反抗—南方思想"的概念顺序。

如同在上一节中所述，对于陀思妥耶夫斯基来说，对于上帝与永生的信仰是对他人之爱的前提，如果不相信上帝与永生，那么人根本不能够感到爱的含义，由此必定将导致杀戮、灾难与虚无主义。在《群魔》之中维尔霍文斯基所领导的革命小组以及其所代表的欧洲革命思想，其根本性问题在于其无神论的基础。在这一意义上，欧洲革命注定是会导致灾难的，这与伊万·卡拉马佐夫的弑父属于同一逻辑序列里的结果，如果失去了信仰，根据伊万的"一切都是允许的"，那么就会导致弑父和杀人。在这一问题上，加缪仍旧延续了他在"荒诞时期"的理路，将"上帝"的角色排除在外，悬搁起来。加缪甚至直接采用了伊万·卡拉马佐夫的立场，虽然不否认上帝的存在，但是拒绝上帝所创造的价值。因此，在这一前提下，加缪在《反抗的人》中将努力在陀思妥耶夫斯基的信仰论之外开辟一条新的道路。这一新的道路将包含两个条件：第一在于人要如何保持反抗，并且不误入歧途踏入虚无主义的境况；第二在于如何在排除了上帝的情况下，从人自身出发，找到反抗的价值与意义。

在围绕"反抗系列"所创作的一系列作品中，包括《反抗的人》《正义者》《鼠疫》，以及相关的重要文章如《关于反抗的批注》(*Remarque sur la révolte*)和《致陀思妥耶夫斯基》(*Pour Dostoïevski*)等，加缪都将围绕这两个问题的展开进行努力，而这种努力的结果，将汇聚成南方思想的另一个重要内容，即"尺度"。"尺度"的概念在《反抗的人》中被加缪用以限制反抗，从而克服虚无主义。加缪在这一时期的"虚无主义"一词包含了形而上的虚

165

无主义与革命的虚无主义两种含义，这实际上与陀思妥耶夫斯基意义上的虚无主义略有不同。对于陀思妥耶夫斯基来说，首先不相信上帝与永生已经构成了一种虚无主义，其余的皆是此种虚无主义的后果。因此在陀思妥耶夫斯基那里，只要能够做到并坚持信仰，虚无主义的问题就有克服的可能。而在加缪那里，无神论本身并不属于虚无主义，甚至伊万·卡拉马佐夫的反抗在一开始是符合荒诞的、积极的，而当伊万决定将逻辑推演到底，得出了"一切都是允许的"，并且将这种价值观付诸于行动之后，才产生了虚无主义。因此，加缪的反抗的人必须始终处在一种张力之中，在这种张力的维持之下，才可以保证不陷入虚无主义。因此，反抗对于加缪来说是一种辛苦的、带有危险性的劳作，必须时刻保持清醒才可以维持反抗的本真性。在这一意义上，在加缪那里回到上帝与永生，其本身就是一种带有虚无主义危险的行为。所以加缪必须要再一次越过陀思妥耶夫斯基，也就是越过基督教，来建立他的"南方思想"。1947 年加缪在日记中已经明确了这一愿望："如果说必须回道基督教才能超越虚无主义的话，那我们更可以继续回到古希腊文明中去超越基督教。"①如果说基督教是一种"绝对"的思想，那么希腊文明就是一种"节制"的思想，其中的要义就在于"尺度"。通过把握"尺度"的办法，才能回答伊万的"一切都是允许的"这一难题。

在《反抗的人》中，"一切都是允许的"被加缪视作反抗陷入歧途的关键，在"一切都是允许的"中，反抗也从一种形而上的概念演变成了实际的杀人行动。在《反抗的人》一书中，加缪分析了两种反抗，即"形而上的反抗"与"历史的反抗"。这两种反抗在时间上是连续的，人在经历了反抗上帝的"形而上的反抗"之后，使反抗误入歧途，忘记了其本来的尺度与节制，进入了虚无主义弥漫的"历史的反抗"，"奴隶最开始要求的是公正，

---

① Camus, Albert. *Carnets. Œuvres complètes II*, Paris：Édition Gallimard, 2008, p. 1106.

最后却想得到权力"①。在从"形而上的反抗"过渡到"历史的反抗"这一过程中，陀思妥耶夫斯基《卡拉马佐夫兄弟》中的伊万·卡拉马佐夫及其"宗教大法官"扮演了重要的角色，加缪正是在伊万·卡拉马佐夫这一形象中找到了反抗误入歧途的关键原因。

　　在上一节中我们已经看到，伊万·卡拉马佐夫在反抗的过程中建立了"全部，或者没有"和"所有人，或者没有人"这两个要求，而在这个时候，伊万的反抗突然失去了平衡，走向了虚无主义。经过向阿辽沙描述了"宗教大法官"之后，阿辽沙终于指出伊万是一个不信上帝的人。阿辽沙的立场在于，伊万的想法使他失去了爱的能力，他将无法忍受这一切。而伊万决意使用一种"卡拉马佐夫式的方法"，即"一切都是允许的"。加缪将伊万的这一情况描述为一种"在'是'与'不'之间的撕扯"②，对于伊万来说，取消了上帝存在与永生的可能性，只能感受到活着本身而没有其余任何价值是将逻辑贯彻到底的唯一结果。"如果他拒绝永生，他还剩下什么呢？最基本的生命。"③所以伊万成了不知道为什么活着的人，因为除去生命本身之外，不存在恩赐与惩罚，也没有善与恶的区分，即没有任何道德的束缚加之于伊万身上。因此伊万将逻辑推演到底之后得出的结论是：一切都是允许的。加缪之所以认为伊万的"一切都是允许的"是反抗的道路上最为重要的改变，是因为这一价值观的确认，使反抗"真正开始了现代虚无主义的历史"④。同样与浪漫主义反抗相对比，浪漫主义始终认为并不是任何事情都是允许的，但是由于浪漫主义反抗的傲慢，他们选择去做不被允许的事情。而伊万·卡拉马佐夫把对于不正义的情感以及其逻辑转向自身，使

---

① Camus, Albert. *L'Homme révolté. Œuvres complètes III*, Paris：Édition Gallimard, 2008, p. 82.

② Camus, Albert. *L'Homme révolté. Œuvres complètes III*, Paris：Édition Gallimard, 2008, p. 81.

③ Camus, Albert. *L'Homme révolté. Œuvres complètes III*, Paris：Édition Gallimard, 2008, p. 81.

④ Camus, Albert. *L'Homme révolté. Œuvres complètes III*, Paris：Édition Gallimard, 2008, p. 82.

自己处于一种绝望的矛盾中。两者重要的区别在于，浪漫主义的反抗者通过自己的选择允许自己从善或做恶，而伊万则由于逻辑的一致性只能强迫自己通向恶，而不允许自己从善。在《卡拉马佐夫兄弟》第十一卷中，伊万见到代表自己另一面的魔鬼时，魔鬼揭示出伊万的问题："你要去完成一项道德的壮举，可是你并不相信道德——所以你恼火，所以你痛苦，所以你这样睚眦必报。"①因此，伊万的"一切都是允许的"中所蕴含的虚无主义，不仅仅是绝望与否定，而是通过自己的意愿去绝望与否定。原本坚决地站在无辜与受难的孩童一边的伊万，其反抗的起点是为了对抗杀人的上帝，但是其反抗的结果则是从反抗中得出了杀人的合法性，在"一切都是允许的"这一规则下，伊万可以杀死自己的父亲，也可以默许自己的父亲被杀死。

我们可以看到，加缪实际上通过到此为止对于伊万·卡拉马佐夫的分析，重新叙述了"荒诞逻辑"的问题。伊万的形而上反抗所暴露的问题，首先正是加缪在前期的创作中所遗留下来的问题。而通过"宗教大法官"的分析，加缪接下来将开辟另一条路径。通过将伊万·卡拉马佐夫的形而上反抗与"宗教大法官"线性地连接起来，加缪认为欧洲革命之所以落得如今的局面，正是由于"一切都是允许的"与"宗教大法官"两者的结合。

伊万的反抗始于对于上帝与永生的形而上反抗，其结局是从侧面导致了其父亲的死亡，以及自己最终变为疯癫。伊万的坚持在于：人要在反抗中生活，则必须将反抗进行到底②。形而上的反抗进行到底，则就变成了形而上的革命。原本作为世界主人的上帝遭到了合法性的取消，人们必须将反抗推到极致，推翻上帝的统治。伊万的反抗代表了形而上反抗的终结，人杀死了上帝，世界上只剩下了人自己。这时候的反抗从简单的"形而上的反抗"成为"形而上的革命"，人将自己来扮演上帝的角色。加缪认

---

① [俄]陀思妥耶夫斯基：《卡拉马佐夫兄弟》，荣如德译，上海：上海译文出版社 2015 年版，第 830 页。

② Camus, Albert. *L'Homme révolté. Œuvres complètes III*, Paris：Édition Gallimard, 2008, p. 83.

为伊万"形而上的革命"正是当代欧洲种种政治革命的起源，欧洲革命与运动所导致的种种杀戮与残忍，正是从伊万的逻辑出发的。加缪写道："这一问题被提出后，这场灾难并没有停止，其后果随之而来：反抗随之走向行动。"①对于加缪来说，反抗走向行动是其对于欧洲革命的分析中至关重要的一个步骤。这是伊万对阿辽沙所讲述的"宗教大法官"的故事所蕴含的重要内容，在宗教大法官的故事中，反抗从形而上的反抗进入到了具体的行动中。伊万的反抗本身并没有将现世的世界与造物主割离开来，伊万明确对阿辽沙表示，他所反抗的是上帝对于这个世界的创造，而不是作为造物主本身。他的反抗实际上停留于伦理层面，并没有改变世界的计划。世界仍旧如其所是，伊万的反抗只是在道德与伦理上解放自己的束缚。但是在"宗教大法官"中，这种反抗暗示了欧洲革命的虚无主义。

"宗教大法官"是伊万向其弟弟阿辽沙所描绘的他所创作的"诗"。在"宗教大法官"中，基督回到一场宗教审判中并且通过让人复活与让人重获视力的方法使人看到奇迹，人们认出了他的身份，但是基督随即被宗教大法官逮捕并且关入地牢。大法官来到地牢告诉基督，现在世人已经不需要他了，并且向他解释他不应该回来扰乱宗教秩序。大法官表示，基督拒绝了撒旦的三次引诱，虽然是出于自由的目的，但是基督无论如何高估了人的本性。从人的本性来说，人类根本不能承受基督给予他们的自由，而基督给予人类自由选择的权利，无疑只是让人受到折磨并且丧失拯救的机会。而大法官通过他的运筹与掌控，代替人们行使自由的权利，将人类聚集在他的教堂下，人类就可以结束折磨的状况，在无知中快乐地活着与死去。大法官向基督表示："我们并不和你(基督)在一起，而是和它(可怕的聪明的精灵，自我毁灭和否定存在的精灵)在一起，这就是我们的秘密! 多少世纪以来我们抛弃了你而跟随了它。"②

---

① Camus, Albert. *L'Homme révolté. Œuvres complètes III*, Paris：Édition Gallimard, 2008, p. 84.

② ［俄］陀思妥耶夫斯基：《卡拉马佐夫兄弟》，荣如德译，上海：上海译文出版社 2015 年版，第 325 页。

　　从"宗教大法官"的故事中，我们首先至少可以看出伊万的两个结论。第一个结论是，无论伊万是不是绝对的无神论者，他至少确认现在的宗教环境是虚假的、有组织的，而不是真正自由的。第二个结论从第一个结论中得出，人应当是自由的，因此一切都是允许的。对于陀思妥耶夫斯基来说，伊万·卡拉马佐夫的矛盾中心在于有神论和无神论之间，伊万虽然有"一切都是允许的"这样的教条，但是在最终面对阿辽沙的时候，伊万的幻觉是魔鬼的造访。也就是说，即使在"一切都是允许的"这样的思想下，伊万的反抗仍旧在基督教的框架里面才得以展开。然而对于加缪来说，伊万向阿辽沙所描述的宗教大法官的秘密，不仅仅表示了"一切都是允许的"，更重要的是这一"秘密"也是现代欧洲革命的"秘密"，这一秘密不仅仅是伊万自己的"一切都是允许的"，恰恰也是欧洲革命的"一切都是允许的"，是欧洲革命劫持了伊万的逻辑，为自己所用，从而才导致了革命的虚无主义。

　　加缪在《致陀思妥耶夫斯基》和《反抗的人》中两次引用了陀思妥耶夫斯基在《卡拉马佐夫兄弟》中对于基督教和欧洲革命的一个论述："上帝和永生的问题和欧洲革命的问题是同一个问题，只是角度不一样。"①在《卡拉马佐夫兄弟》中陀思妥耶夫斯基通过对阿辽沙的评论将这一问题提出来。阿辽沙是坚定的有神论者，为灵魂的不灭与永生而活着，但是陀思妥耶夫斯基假设阿辽沙如果认为不存在灵魂不灭以及不存在上帝，那么他立刻就会加入欧洲革命。因为欧洲革命"不仅仅是工人的问题，主要是无神论问题，是无神论在当代的表现，以及恰恰在不要上帝的情况下建造巴比伦塔的问题；建塔的目的并不是为了从地上登天，而是把天挪到地上来"②。"宗教大法官"的故事暗示了这其中的逻辑。在"宗教大法官"的故事中，大法官虽然并没有杀死上帝，但是实际上从人类世界中驱逐了上帝，并且告

---

　　① Camus, Albert. *Œuvres complètes*, Paris：Édition Gallimard, 2008. Tome IV. pp. 590-591, Tome III, p. 111.

　　② ［俄］陀思妥耶夫斯基：《卡拉马佐夫兄弟》，荣如德译，上海：上海译文出版社2015年版，第29页。

之上帝以后不要再回来。这实际上即将上帝从人类的"快乐事业"中排除出去了，而大法官自己将负责人类实际上的快乐，扮演上帝的角色。而欧洲革命拥有与此相同的逻辑：即以正义与团结的名义实际上杀死上帝，以便人可以建立属于自己的地面上的正义与团结的王国。而这一任务伴随着伊万重要的价值观"一切都是允许的"，欧洲革命者将可以通过杀人的办法达到建立王国的目的，如同上帝让人遭受苦难一样。加缪对于这其中微妙但灾难性的改变如此描述：

"伊万的篡夺计划仍然完全是道德的……但创造就是这样，他从中获得了在道德上解放自己以及与他同在的其他人的权利。相反，从反抗的精神，接受'一切都允许'和'所有人或没有人'的那一刻起，将旨在重塑创造，以确保人的皇室和神性，从形而上革命的那一刻起从道德延伸到政治，一个范围不可估量的新事业将从同样的虚无主义开始，也应该指出，它也将诞生。"①

这其中仍旧有一个重要的差别。加缪虽然同样认为形而上的反抗与欧洲革命有复杂的内在联系，但准确地讲，它们并不是同一个问题。在加缪看来，伊万的逻辑之所以被欧洲革命所劫持，正是因为陀思妥耶夫斯基所信仰的一神论宗教。只有在人们习惯了一神论的价值思想之后，反抗的人才会在推翻了上帝之后希望重建一个上帝，而这在希腊思想中是不存在的。在古希腊的思想中，一方面没有绝对的神，另一方面也没有绝对的人，价值可以分为善与恶，但是没有绝对的罪恶与清白的对立的思想，"唯一的根本罪恶就是过度"②。因此，在加缪的观点里，无神论的问题与革命的问题，仍旧是两个问题，并且是在时间上有先后顺序的两个问题，伊万反抗是清白的，而革命在随后的世纪里劫持了他。

我们可以总结加缪对伊万·卡拉马佐夫的重新审视。伊万的反抗仍旧

---

① Camus, Albert. *L'Homme révolté. Œuvres complètes III*, Paris：Édition Gallimard, 2008, p. 111.

② Camus, Albert. *L'Homme révolté. Œuvres complètes III*, Paris：Édition Gallimard, 2008, p. 84.

起于对于自由与公平的要求，他的反抗并不反对上帝本身，而是反对上帝所创造的这个世界中的恶与不公，在这一意义上，伊万将依旧是一个本真性的反抗的人。然而伊万的误入歧途，问题不在于伊万，而在于统治西方2000多年的基督教思想，这种思想让人产生自然的惯性，想要寻找一个代替上帝的角色。在这种逻辑下，伊万决定"一切都是允许的"，而这一点随后被欧洲革命所劫持。如何使伊万的反抗回道正轨？加缪在这里无疑是悲观的，只要基督教的思想始终存在，人类就始终有这种寻找新上帝的冲动。唯一的办法则是回到古希腊的思想世界中去，那里没有绝对的领域，一切都是处于相对与运动之中，在生成与变化的韵律中持续运动。

4.5 用尺度限制自由

4.5.1 有尺度的反抗：《正义者》

陀思妥耶夫斯基作为欧洲的预言者，他的预言已经成为现实。而加缪通过对伊万·卡拉马佐夫的分析，也已经找出了问题的关键所在。伊万的"一切都是允许的"终结了形而上的反抗，让反抗成为一种拥有无限自由的形而上革命，使杀人成为可能；同时"一切都是允许的"也被用作革命的教条，开启了"历史的反抗"，使杀人成为合理。"尺度"这时成为了纠正这种问题、克服虚无主义的关键。加缪"南方思想"中的"尺度"，围绕着自由和正义两个层面展开，其核心要义是要使反抗事业重新找回到自己最本真的含义，即一种团结了所有命运的、以正义与自由为基础的反抗。为此，加缪同样不仅做了哲学散文上的表达，也创作了剧本《正义者》来阐释尺度的含义。

相比于《鼠疫》，《正义者》中反抗的对象是明确的，它不再是毫无来由的一种具有象征意味的疾病，而是要炸死一个代表着不正义统治的俄国大公。然而，《正义者》同样是双重性的，一方面它是现实的，取材于俄国真实发生的革命事件，剧中人物也都使用了真名，暗示了加缪在这一时期对于革命运动的关注；另一方面，它亦是形而上的，加缪在此致力于探索"绝对"与"尺度"的关系。《正义者》于1949年12月15日在巴黎俄伯多剧院（Le Théâtre Hébertot）上演，并在1950年由伽利玛出版社出版。按照加缪的"系列"写作方法，《正义者》和《鼠疫》《反抗的人》构成了所谓"反抗系列"的三部作品，这三部作品在写作和出版时间上有一定的差距①，《正义者》与《反抗的人》在时间上更为接近，加缪的研究者马丁·梅耶表示是《正义者》成就了《反抗的人》②。在一定意义上确实《正义者》和《反抗的人》更有相同性，《正义者》的内容也同样作为论述的直接对象被加缪写入了《反抗的人》中。另外，我们同样可以在《正义者》中看到陀思妥耶夫斯基笔下伊万·卡拉马佐夫的影子。特殊的是，加缪在《正义者》中将伊万化身成了两组人物。斯切潘代表的是伊万最后的教条"一切都是允许的"，并且斯切潘将这种教条与革命相结合起来。为了革命之后到来的正义，现在的一切杀戮行为都是允许的。而多拉则象征了仍旧处在形而上反抗阶段的伊万，她仍旧尊崇伊万最初的反抗原因：无法忍受看到他人死去。故事的第一主角卡里亚耶夫在剧本的一开始处于两者的拉扯之中，但明显，他更偏向于多拉的那一面。而在故事最终卡里亚耶夫通过自己的实际行动成为了加缪"尺度"的象征符号。

《群魔》中的革命小组因为西方的理念而最终失败，这时候加缪的《正义者》无疑透露出与《群魔》遥相呼应的意图。表面上，《正义者》中的革命成功了，然而故事的最终卡里亚耶夫决定放弃逃脱的机会，则将《正义者》的故事推上了一个新的高潮。卡里亚耶夫以自己的死亡弥补在反抗运动中造成的杀人事件，将"尺度"的含义推到了极限。

《正义者》的故事取材于俄罗斯真实发生的革命暴力事件，即罗曼诺夫王朝谢尔盖—亚历山大·罗维奇大公在1905年俄罗斯革命中被SR战斗组

---

① 《鼠疫》大致在抵抗时期进行写作，于1947年由伽利玛出版社出版，而《正义者》和《反抗的人》的写作时间是交叠的，前者于1950年出版，后者于1951年出版。

② ［德］马丁·梅耶著，《阿尔贝·加缪：自由人生》，董璐译，哈尔滨：黑龙江教育出版社2015年版，第173页。

织成员伊万·卡里亚耶夫投掷炸弹谋杀。在剧本中的谋杀者，同时也是主角，使用了卡里亚耶夫这一真名，加缪表示"不是因为对于想象力的懒惰，而是对于那些在最残忍事业中仍旧没有治愈心灵的人们表示尊敬"①。这种"事业"与"心灵"的冲突，我们已经在《反抗的人》中看到，正是伊万·卡拉马佐夫所面临的两难境地。SR革命小组在本质上同样是一个寻求正义与幸福的恐怖组织，革命小组的起点与伊万·卡拉马佐夫的反抗相同，他们无法理解这个世界的不公平，因此他们希望通过一系列的恐怖活动来推翻现有俄国政府，建立一个新的拥有正义的国度。因此，谋杀亚历山大·罗维奇大公不是因为单纯地憎恨他，而是为了拯救俄罗斯，建立新的正义王国，正义是他们的第一准则，自由则是他们的方法。但是谋杀亚历山大·罗维奇大公的活动在《正义者》中却表现出了种种矛盾。在剧本第一幕的开始，斯切潘就向安南科夫明确表示："只要世界上仍旧有一个人遭受奴役，那自由就是一座苦役营。"②在这里斯切潘表示对于正义的要求必须覆盖到所有人，哪怕他在自由的瑞士，他也仍旧想着俄罗斯的奴隶，只要俄罗斯仍旧存在压迫与苦役，那在瑞士的自由也是一场奴役。这种对全体人类的正义要求，与伊万·卡拉马佐夫的要求一样，要求"所有人，或者没有人"。正义应当是属于所有人的正义，而不仅仅属于特权阶级的正义。在这里，作为伊万·卡拉马佐夫代言人的斯切潘将革命小组即将开展的恐怖活动之崇高性展现出来。

在万无一失的准备之后，革命小组开始进行第一次刺杀活动，准备在大公去看戏的路上投掷炸弹杀死大公。但是负责谋杀的卡里亚耶夫因为看到大公的马车上同时坐着两个孩子而临时终止了刺杀活动。虽然卡里亚耶夫终止了活动，但是在其与斯切潘的争论中卡里亚耶夫表示他不是懦夫，他并不是因为恐惧而停止了刺杀，仅仅是因为组织没有命令他杀死两个孩

---

① Camus, Albert. *Les Justes. Œuvres complètes III*, Paris：Édition Gallimard, 2008, p. 57.

② Camus, Albert. *Les Justes. Œuvres complètes III*, Paris：Édition Gallimard, 2008, p. 6.

童。卡里亚耶夫的这一举动同样呼应了《鼠疫》中的医生里厄与《反抗的人》中伊万·卡拉马佐夫的反抗逻辑。在《鼠疫》中医生里厄因为看到了孩童受到苦难而死去，于是坚决否定帕纳鲁神父将鼠疫的灾难归结为上帝惩罚的做法，在《正义者》中卡里亚耶夫因为看到大公马车上的儿童而终止了刺杀，因为为了正义而杀死孩童，这一行为本身是不正义的。若是通过不正义的行为来试图获得正义，并且其结果需要在未来才能看到，卡里亚耶夫对此事产生犹豫与疑虑。卡里亚耶夫开始跟多拉反思，同意多拉对于通过谋杀来获得正义这一方法的怀疑："今天，我知道了我原本不知道的事情。你说的对，事情没有这么简单。我原本以为杀人很简单，只需要理念和勇气。但是我并没有这么伟大，我也明白了在仇恨中并没有幸福。"[1]而斯切潘指责卡里亚耶夫背叛了革命，表示如果是组织要求，他就会选择开枪："只要我们深深地爱着全人类，我们就可以把革命强加给它，并把它从自身的奴役状态中拯救出来。"[2]剧中女性主角多拉与斯切潘持彻底相反的态度，并且她在一开始就与革命小组愿意用一切办法来达到革命目的的做法抱有怀疑态度。她对卡里亚耶夫表示，虽然要谋杀大公，但是大公首先也是一个和大家一样的人："在你注视他的那一瞬间！卡里亚耶夫！你应该知道，你也应该提前知道，人就是人！大公也许拥有一双同情的眼睛，你也会看见他挠耳朵或者开心地笑出来。或者他脸上甚至有一道剃须刀刮破的伤口呢！如果在那一瞬间，他也注视着你……"[3]

《正义者》中的戏剧矛盾在三个人不同的态度中凸显出来。除了正义与爱这一伊万·卡拉马佐夫式的起点之外，斯切潘的立场一直延伸到了伊万逻辑的尽头，为了革命的胜利，任何的手段都是可以使用的，即一切都是

---

[1] Camus, Albert. *Les Justes. Œuvres complètes III*, Paris：Édition Gallimard, 2008, p. 29.

[2] Camus, Albert. *Les Justes. Œuvres complètes III*, Paris：Édition Gallimard, 2008, p. 21.

[3] Camus, Albert. *Les Justes. Œuvres complètes III*, Paris：Édition Gallimard, 2008, p. 29.

允许的。而在这里斯切潘与伊万·卡拉马佐夫不同的地方在于，伊万的
"一切都是允许的"仅仅是其反抗逻辑推演到底的结果，仅此而已，而斯切
潘则是进一步将"形而上的反抗"推进到了"历史的反抗"，他的反抗不仅仅
是为了对抗这个世界的不公平，而是要在此基础上建立一个新的公平的世
界。对于斯切潘来说，荣誉与爱都与他无关，在价值序列上排在正义的后
面，只要可以革命成功，就可以建立一个真正正义的世界。而加缪在《反
抗的人》中指出，斯切潘的这种反抗方法，通过对他人的谋杀和自己的死
亡来重新创造一个公正与爱的社会，即将这种希望寄托于未来的方法，实
际上无异于想要扮演上帝的角色。斯切潘的革命理想本质上是想重新创造
一个新的宗教，这一"未来"就是他们的新上帝，"未来是没有上帝的人唯
一的超越性"①。而通过卡里亚耶夫这一角色的犹豫与踌躇，加缪似乎想要
证明他已经意识到了斯切潘理论的本质。卡里亚耶夫自然也同斯切潘拥有
相同的理想，渴望建立一个属于未来的新的国度，但是他同时意识到的
是，为了这一目的而谋杀无辜的人是一件没有合法性的事情。同时，卡里
亚耶夫也隐约感到人本身所拥有的价值，虽然他在第一次失败后并不十分
清楚这种价值具体为何物，只是对斯切潘表示"我们都有一定的价值"②。
而多拉在这一问题上拥有比他们两人更加清醒的意识。多拉不仅仅理解卡
里亚耶夫在第一次谋杀中拒绝行动的理由，并且也同时怀疑谋杀大公本身
就是一件不符合人类价值的事情，多拉向斯切潘表示即使是在破坏中，也
有秩序和尺度。

　　而在卡里亚耶夫第二次谋杀大公成功之后，剧本带来了新的矛盾冲
突。自然，卡里亚耶夫在谋杀大公成功之后，很快就和《局外人》中的莫尔
索一样进入了牢中，不过和莫尔索的冷漠不一样的是，"卡里亚耶夫一直

---

① Camus, Albert. *L'Homme révolté. Œuvres complètes III*, Paris：Édition Gallimard,
2008, p. 203.

② Camus, Albert. *Les Justes. Œuvres complètes III*, Paris：Édition Gallimard, 2008,
p. 22.

在受着良心的煎熬"①。在狱中，加缪复制了陀思妥耶夫斯基《卡拉马佐夫兄弟》中"宗教大法官"的场景，让卡里亚耶夫进行了三场重要的对话。第一场对话的对象是同在监狱中的重刑犯刽子手弗卡。卡里亚耶夫向弗卡表示跟上帝约好了见面，但是上帝并没有出现，言下之意是他作为革命小组的成员，必须要介入这一场关于结束苦难与罪恶的活动中，因此他炸死了大公，为的是正义的目的。弗卡跟卡里亚耶夫表示说，他因为犯了重刑被判二十年，对于卡里亚耶夫这样的死刑犯由他来执行绞刑，绞死一个死刑犯，他就可以减刑一年。卡里亚耶夫质问弗卡是一个刽子手，可是弗卡反问卡里亚耶夫："你呢?"②第二场对话的对象是警察署长斯库拉托夫。斯库拉托夫表示如果可以供出革命小组的其他人，就给他赦免的机会。可是卡里亚耶夫表示他的行动是为了思想，而不是为了生命。警察署长斯库拉托夫表示他对思想不感兴趣，只对人感兴趣，并且直接质问卡里亚耶夫他的思想可以谋杀大公，但是却拒绝谋杀儿童，可是既然这一思想拒绝谋杀儿童，那有什么资格谋杀大公呢? 卡利耶夫并没有对这一问题作答，随之而来的是与大公夫人进行的第三场对话。大公夫人直接指出卡里亚耶夫的正义是不成立的，她向卡里亚耶夫表示，实际上作为具体的人来说，那两个被卡里亚耶夫拯救的小孩并没有什么好心肠，他们甚至不愿意把施舍的东西亲手交给那些穷人，因为害怕碰到穷人的身体；而大公实际上恰恰相反，他喜欢农民，还和农民一起喝酒。大公夫人表示卡里亚耶夫毫无疑问是一个不正义的人。

这三场对话让我们看到，卡里亚耶夫一直所坚持的正义，似乎并不是真正的正义，或者至少是有瑕疵的，尤其是当这种正义与公平放在一起被审视时，它们的矛盾是明显的，让卡里亚耶夫无法回避的，这是他"受着良心的煎熬"的原因。卡里亚耶夫最终的决定是以"一命抵一命"的态度登

---

①　[德]马丁·梅耶著，《阿尔贝·加缪：自由人生》，董璐译，哈尔滨：黑龙江教育出版社2015年版，第180页。

②　Camus, Albert. *Les Justes. Œuvres complètes III*, Paris：Édition Gallimard, 2008, p. 36.

上绞刑台，因为如果他不死，那他就成为了凶手。全剧在多拉知晓了卡里亚耶夫被绞死之后意味深长的痛苦中结束。

在《反抗的人》中，加缪对于这种谋杀革命小组的评论是："他们在接受暴力不可避免的同时，也承认暴力是不正义的。是必须要去做，但又是不能原谅的。"①但是在另外一方面，以卡里亚耶夫为代表的恐怖分子存在的另一个问题是，他们"一方面很珍视人的生命，另一方面对他们自己的生命却又毫不在意，从而发展成为看似崇高的牺牲"②。因此，卡里亚耶夫最终坚持走上绞刑台的做法，虽然在一方面表示他同样同意在任何情况下杀人都是不合理的，但是在他的境况下，他只能采取"一命抵一命"的方式来表示人仅有的尊严。在这种情况下，人的矛盾是被极端放大的，这种在一定意义上与魔鬼向伊万·卡拉马佐夫揭示的"道德的和反逻辑的，或者逻辑的与犯罪的"（vertueux et illogique, ou logique et criminel）③属于同一种性质。如果卡里亚耶夫要遵循逻辑，即坚持思想，那么他无论如何要杀死大公，那么这本身就是不正义的；如果卡里亚耶夫要当下的正义，那么他就是反逻辑的，违背了恐怖小组建立新的王国的正义理想。

对于这部剧本，加缪曾反复地公开强调它的用意。在 1959 年《正义者》在东方剧院（La Comédie D'Est）上演时的"请与刊登"第二版、和美国版《卡利古拉和三个剧本》的前言中，加缪说了相同的内容："如果说所有的一切都是平衡的，对于剧中的问题我持不要行动的观点，那么这是错误的。我只是想要说明行动本身具有尺度。只有当认识到尺度的时候，行动才有可能是善的和正义的，如果越过了尺度，那至少应该接受死亡。"④斯

---

① Camus, Albert. *L'Homme révolté. Œuvres complètes III*, Paris：Édition Gallimard, 2008, p. 206.

② Camus, Albert. *L'Homme révolté. Œuvres complètes III*, Paris：Édition Gallimard, 2008, p. 205.

③ Camus, Albert. *L'Homme révolté. Œuvres complètes III*, Paris：Édition Gallimard, 2008, p. 110.

④ Camus, Albert. *Œuvres complètes III*, Paris：Édition Gallimard, 2008, pp. 58-59.

切潘是那个并没有尺度概念在心的人物，而卡里亚耶夫是那个虽然意识到这一点，但已经为时已晚的人。但无论如何，当他在监狱中认识到这一问题时，他仍旧选择了用死亡来解决这一问题。而多拉成为了全剧中从始至终意识到这一点的唯一一个人，在故事的最后，多拉自愿承担起下一次谋杀行动的责任，这再一次表明了自由与正义的冲突。在《正义者》的最后，多拉也决定跟随卡里亚耶夫的步伐，进行进一步的革命，因为在认识到卡里亚耶夫的"一命换一命"的办法之后，她重新认识了革命的意义。实际上加缪最终用悲剧的办法处理了卡里亚耶夫和多拉两个人，加缪在"请与刊登"第二版中暗示这是他对于古希腊悲剧的偏好所导致的决定，但是虽然如此，"尺度"的含义已经在《正义者》中得到了完整的表述。如果反抗的是必须的，那么则同样有另一种必须，即反抗有一条最低限度：不能杀人。

4.5.2 超越陀思妥耶夫斯基

我们可以看到，在与陀思妥耶夫斯基的对话中，加缪从最初的发现荒诞，一直到建立一种"尺度"的"南方思想"，这其中的每一步中都有陀思妥耶夫斯基的身影出现。可以说，加缪在与陀思妥耶夫斯基的对话和"对抗"中，逐渐提出和修正自己的想法。而"荒诞—反抗—尺度"这一完整的过程，似乎也暗示了陀思妥耶夫斯基的"阶段任务"已经完成。无论如何，加缪在创作生命的最后已经表露出超越陀思妥耶夫斯基的倾向。

加缪和陀思妥耶夫斯基的对话可以分成三个阶段，它们可以分别被称为"发现荒诞""确立自由"和"限制自由"。在第一阶段中，加缪在陀思妥耶夫斯基的《作家日记》中看到了对于自杀的描述，进而将这种描述提取出来，发展成为自己作为一切基础的荒诞。《作家日记》中所描述的自杀，在陀思妥耶夫斯基看来暗示了一种对于上帝信仰的缺失，因而这中自杀背后的荒诞感代表了灵魂崩塌的虚无主义。加缪无疑知道这种作为现象的虚无主义是无法找到出口的，因而他将这种荒诞转而作为自己思想与创作的一个起点，坚持要在这种荒诞中找到出路。

在第二阶段中，加缪将西西弗斯的形象提炼出来，作为面对荒诞代表了自由的正面英雄。西西弗斯将死亡和现世的世界认作两种可以确认的知识，并且将两者的价值视为相等的，由此确立一种绝对自由的反抗观点，并且以此行动。因此西西弗斯是清醒的和快乐的。加缪在这一阶段与陀思妥耶夫斯基的对话集中在《群魔》中的工程师基里洛夫身上。基里洛夫带有虚无主义色彩的格言"一切都很好"被加缪当作是自由反抗的最佳体现，从而不顾基里洛夫这一角色在陀思妥耶夫斯基笔下原本的形象。进而斯塔夫罗金和伊万·卡拉马佐夫作为基里洛夫的精神遗产继承人，以其所宣扬的"一切都是允许的"，被加缪认作是自由与快乐的典型形象。

在"荒诞系列"结束之后，欧洲局势的变化让加缪感到以西西弗斯、莫尔索等人为代表的孤独反抗形象实则有道德上的缺陷，而伊万·卡拉马佐夫的"一切都是允许的"无疑是让欧洲流血事件获得合法性的原因。本身作为纳粹直接受害者的加缪开始重新反思伊万·卡拉马佐夫的反抗，并且试图在荒诞的世界中找到一种新的伦理价值。同样，陀思妥耶夫斯基认为革命的虚无主义与自杀的虚无主义属于同一个问题，如果没有对上帝的信仰，即会自杀，也会杀人，欧洲革命注定会失败，社会的正义和人的尊严也无法保存。但是加缪仍然坚持荒诞的基础，开始重新审视伊万·卡拉马佐夫的反抗。加缪得出的结论是，欧洲的问题并不是因为丢失了对上帝的信仰才导致的，其中的关键原因在于伊万·卡拉马佐夫在反抗的过程中没有保持反抗原有的本真性。伊万最初的反抗是要求一种社会正义，而在他反抗的过程中这种社会正义被篡改成了一种试图代替原本上帝角色的行使正义的权力。因此对于正义的追求僭越成了"一切都是允许的"，从而才导致虚无主义。另外，"一切都是允许的"同样被欧洲革命劫持，赋予暴力运动合法性。

因此，在加缪与陀思妥耶夫斯基的整个对话中，加缪看到了两种绝对。第一种绝对是对上帝的绝对臣服，这意味放弃荒诞这一基础，并且放弃反抗这一人的根本生存方式。在加缪看来，将一切希望寄托在上帝所保障的永生上，首先是一件超出知识之外的事情，其次上帝本身就是一个始终造成不公平与非正义的绝对力量。第二种绝对是伊万·卡拉马佐夫的

"一切都是允许的"所象征的拥有绝对自由的反抗。反抗的初衷是为了维护社会的公平和人与人之间的正义，但是绝对的自由则会破坏这种反抗的初衷。所以，加缪提出被称为"南方思想"的概念，以"尺度"的要求来面对两种"绝对"。"尺度"的概念被加缪比喻成一个强有力的钟摆，钟摆的摆动正是代表了生命的运动，而钟摆的两级则是两种绝对。反抗的要义，就是在这两种绝对中间摆动，而不要去触碰那两端的绝对。

我们看到，虽然在这整个过程里都有陀思妥耶夫斯基紧密的参与，但是无论如何，加缪最终既没有听从陀思妥耶夫斯基的回到上帝的方法，也没有一味迷恋陀思妥耶夫斯基笔下的人物，而是在这中间走出了自己的道路。这条处于运动中的、不走向极端的、带有古希腊色彩的"尺度"道路，无疑表示加缪已经正式走上了超越陀思妥耶夫斯基的道路。事实上，加缪在留下来的资料中已经透露出摆脱陀思妥耶夫斯基、进而更靠近托尔斯泰的意图。正如在他的第三个关于"爱"的写作计划所提示的那样，如果对于陀思妥耶夫斯基来说，人与人之间的相爱必须要依靠上帝与永生才可以有可能，但爱对于加缪来说，则必须是一种根植于人间的爱。事实上，加缪最迟在 1955 年已经表露过要用一种"托尔斯泰式"的气息来替代"陀思妥耶夫斯基式"的"阴影"①，而加缪在未竟稿《第一个人》中也确实已经强烈透露出这种气息来，只是加缪最终并没有完成这部作品。无论如何，加缪在《反抗的人》前言中再次强调："重要的事情并不是回到事物的本源，而是在世界是如此的情况下，知晓人应该如何行动。"②加缪与陀思妥耶夫斯基的长达 20 年的对话，表明了加缪一直在为这种行动的方法做努力，而这正是"南方思想"的精义。

---

① 在 1955 年加缪给罗杰·马丁·杜·加尔的全集序言中表示："除了一些例外，陀思妥耶夫斯基的概念已经被这个时代宣布过时了，他只留下了一些遗产阴影……我们作家的真正使命，也许是在吸收了《群魔》之后，写出一部《战争与和平》"，见 Camus，Albert. *Préface aux Oeuvres complètes de Martin du Gard. Œuvres complètes III*，Paris：Édition Gallimard，2008，pp. 956-957.

② Camus，Albert. *L'Homme révolté. Œuvres complètes III*，Paris：Édition Gallimard，2008，p. 79.

第五章　结语

5.1 "南方思想"的得与失

通过对"团结"与"尺度"两个维度各自的论述，我们已经可以看到它们在加缪创作中的发展路线。对于第一个维度"团结"来说，加缪从最初的一种朴素快乐主义出发，进而认识到人的本质是自由，并且认为摒弃意义是一种形而上的快乐。但是很快加缪发现这种孤独的个人快乐并不能行得通，无论是个人的生活，还是人类的命运，都需要处于与他者的对话与交流之中才能展开，而简单的形而上自由，只能造成虚无的结局。因此加缪开始意识到人的命运处在一种共享的团结之中，只有在团结的意义上，反抗才能够进行，不至造成灾难。对于第二个维度"尺度"来说，认识到荒诞的意义，在于使人通过逻辑获得一种此世的行动自由，而这种自由如果不加以限制，便造成了二十世纪欧洲的危险。无论是个人的反抗，还是欧洲的革命，都在一种不加限制的自由观中进行，由此造成遍布整个欧洲的虚无主义。在这种情况下，加缪将反抗运动加之以条件，希望其回到古希腊的思想中，形成一种拥有"尺度"的运动。

我们可以回到加缪用以描述反抗的比喻：反抗是一座以巨大力量不停摆动的钟摆。钟摆的一极代表了放弃反抗与听天由命，另一极代表了反抗的"一切都是允许的"，这两极各自代表了两种"绝对"、两种过度。我们需要有一种"相对的思想"，让钟摆始终在轴心的控制下虽然是大幅度地，但是并不走向过度地始终摆动。而钟摆摆动的范围，即是我们人类所共享的团结命运，人的价值在这种摆动中得以体现。

从最初意识到死亡，进而发展到荒诞，在朴素的对于快乐的追求中找到一种建立属于自己的自由方式，这是加缪最初的创作动力。而加缪所身处的20世纪欧洲是如此特殊的时代，一系列的经历也让加缪不得不摆正自己原初的创作冲动。人类具有共同命运，人类运动需要行动准则，人类必须在人类整体的层面上找到属于人类的价值。因此，"团结"和"尺度"虽然在本书中各自可以找到一条发展的线索，但是在加缪的思想矩阵中，它们无疑是属于无法分割的一体的，两者共同构成了"南方思想"，如地中海的海浪与阳光一样，代表了人类永恒前进的运动。

加缪的"南方思想"当然具有和西西弗斯同样的问题。西西弗斯的问题在于他是一个理想的孤独反抗形象，然而具体到人，西西弗斯的反抗是难以达成的，也正因此，我们只能"想象"西西弗斯是快乐的。"南方思想"同样如此，"团结"与"尺度"不仅仅从加缪的意义上是必要的，从人类文明的发展境况来看，亦已经凸显出其必要性。可是如同西西弗斯的问题一样，人类不会永远团结，也不会永远注意尺度。钟摆总是难以避免地在某些时候摆向过度。"南方思想"可以一劳永逸地克服虚无主义吗？这是加缪留给我们的问题。

5.2 展望"南方思想"

当然加缪无论是文学创作还是思辨理论，其自身的矛盾与瑕疵无法避免。然而正如评论家彼得·邓伍迪（Peter Dunwoodie）所说，问题不在于赞同或否定加缪，而在于理解构成加缪立场的历史环境①。加缪在第一次世界大战的氛围中长大，紧接着在创作的最佳岁月遭遇了第二次世界大战，

① Dunwoodie, Peter. *Negotiation or Confrontation? Camus*, *Memory and the Colonial Chronotope*. in *Albert Camus in the 21ˢᵗ Century: A Reassessment of His Thinking at the Down of the New Millennium*, edited by Christine Margerrison, Mark Orme and Lisa lincoln, Editions Rodopi B. V., Amsterdam – New York: 2008, p. 60.

而"二战"结束之后欧洲继续进行着意识形态的战争。如果以这样的视角来看待加缪，他则是一个在灾难中成长和写作的艺术家。在"一战"中失去父亲，在"二战"中成为流亡身份，在冷战中同时遭遇两派的排挤，时代的暴力和动荡造就了加缪，而人类当中既永恒又见于生活的概念则是加缪永远关注的主题：阿尔及利亚的阳光与阴影、人的快乐与反抗、对于人本身价值的追寻。

加缪所关心的主题与概念无疑是繁多的，荒诞、反抗、自由、激情、流放、公平、团结、尺度、革命、上帝、自然、道德、快乐、希望等。在这一系列关键词中，我们似乎无法找到一个最为核心的词语来概括加缪的全部创作。如果强以为之的话，那也将是笼统与粗略的。而正是这种种主题与概念集结在加缪身上所造成的那种张力与紧绷，造就了加缪一生的创作。"南方思想"诚然可以在我们的论文中追溯到加缪的全部创作中去，但这亦是一种单一且片面的做法，加缪一生的创作犹如孕育了他的地中海，在不停歇的运动与生成中象征着生命的意义，若是截取任何一个片段，都将是不完整的。可以说，这既是加缪创作的特点，亦是生命本身的特点。

"南方思想"固然是一种带有理想主义气息的追求，它是脆弱的，但又是坚定的，如同加缪短暂且纷乱的 44 年人生所展现给我们的那种不停歇又充满矛盾的精进精神。在写完"荒诞系列"和"反抗系列"时，加缪问了自己相同的问题："我可以自由了吗？"在 20 多年的创作生涯过后，这似乎仍旧是没有答案的问题。但也正是因为没有答案，加缪才需要不停地自问这一问题。自由应当永远不是一个可以获得绝对答案的问题，任何企图一劳永逸的做法所获得的答案，都将是短见的、片面的、迟滞的。而获得自由的唯一方法，即是如加缪的钟摆比喻那样，也如地中海的海浪那样，是一种生生不息的、永无停歇的反抗运动。正是在这种没有止境的运动状态下，我们可以设想加缪的下一系列创作。

加缪在"荒诞系列"中从荒诞得出了反抗的结论，而到了"反抗系列"中则修正反抗的结论，得出了以"尺度"和"团结"为要义的"南方思想"作为最终结论。按照这种思路，加缪的下一个系列将从"尺度"开始。对于"荒诞系列"和"反抗系列",加缪分别以西西弗斯和普罗米修斯命名,在日记中加缪向我们透露了下一个系列的计划,他将命名之为"涅墨西斯"。对于这位带着复仇和报应前来的古希腊女神,加缪对她有两个期待:一、涅墨西斯是有尺度的女神,"一切过度行为都将被无情摧毁"①;二、她是爱的女神,"只有爱的过度才是唯一可取的事情"②。我们可以设想加缪会将绝对的"尺度"作为另一种过度,而真正重要的事情在于属于人类自身的爱。也许这同样不会是加缪艺术道路上的终点,然而我们可以理解加缪之"爱"对于人类价值的含义,如同法国南部卢马兰加缪的墓碑上所刻的文字:在这里我领悟了人们所说的光荣,那就是无拘无束爱的权利。

人是否可以靠自己而创造出他的价值?对于这个加缪所最为关心的问题,他的答案无疑是肯定的、确凿的,无论留给人类的问题是多么艰难困苦。

---

① Camus, Albert. *Carnets. Œuvres complètes II*, Paris: Édition Gallimard, 2008, p. 1082.

② Camus, Albert. *Carnets. Œuvres complètes IV*, Paris: Édition Gallimard, 2008, p. 1161.

参 考 文 献

加缪原著：

1. Camus, Albert. *Œuvres complétes*, *Tome I*, Paris：Édition Gallimard, 2008.

2. Camus, Albert. *Œuvres complétes*, *Tome II*, Paris：Édition Gallimard, 2008.

3. Camus, Albert. *Œuvres complétes*, *Tome III*, Paris：Édition Gallimard, 2008.

4. Camus, Albert. *Œuvres complétes*, *Tome IV*, Paris：Édition Gallimard, 2008.

5. Camus, Albert. *Essais*, éd. R. Quilliot et L. Faucon, Paris：Gallimard, coll. Bibliothéque de la Pléiade, 1965.

6. Camus, Albert. *Théâtre*, *récits*, *nouvelles*, éd. R. Quilliot, Paris：Gallimard, coll. Bibliothéque de la Pléiade, 1962.

7. Camus, Albert. *Camus at Combat*：*writing* 1944-1947. Princeton University Press, 2007.

8. Camus, Albert, et Grenier, Jean. *Correspondance* 1932-1960, Paris：Gallimard, 1981.

9. ［法］阿尔贝·加缪：《加缪全集·小说卷》，柳鸣九译，上海：上海译文出版社 2010 年版。

10. ［法］阿尔贝·加缪：《加缪全集·散文卷 I-II》，柳鸣九译，上海：上海译文出版社 2010 年版。

11. ［法］阿尔贝·加缪:《加缪全集·戏剧卷》,柳鸣九译,上海:上海译文出版社 2010 年版。

12. ［法］阿尔贝·加缪:《理性与神秘:新柏拉图主义与同时代思想》,朱佳琪,叶仁杰译,上海:上海人民出版社 2020 年版。

13. ［法］阿尔贝·加缪:《快乐的死》,梁若瑜译,上海:上海文艺出版社 2019 年版。

14. ［法］阿尔贝·加缪:《加缪手记·第一卷》,黄馨慧译,杭州:浙江大学出版社 2016 年版。

15. ［法］阿尔贝·加缪:《加缪手记·第二卷》,黄馨慧译,杭州:浙江大学出版社 2016 年版。

16. ［法］阿尔贝·加缪:《加缪手记·第三卷》,黄馨慧译,杭州:浙江大学出版社 2016 年版。

专著:

1. Archambault, Paul. *Camus' Hellenic Sources*. Chapel Hill: University of North Carolina Press, 1972.

2. Bastien, Sophie. *Caligula et Camus: interférences transhistoriques*. Amsterdam and New York: Rodopi, 2006.

3. Bloom, Harold. *Albert Camus*, New York: Chelsea House Publishers, 1989.

4. Brée, Germaine. *Camus*, New Brunswick: Rutgers University Press, 1959.

5. Brée, Germaine. *Albert Camus*. Columbia: Columbia University Press, 1964.

6. Brée, Germaine. *Camus: A Collection of Critical Essays*. Twentieth Century Views Seies. 1962.

7. Carroll, David. *Camus the Algerian: Colonialism, Terrorism, Justice*, New York: Columbia University Press, 2007.

8. Chavanes, François. *Albert Camus*：'*Il Faut Vivre Maintenant*' *Questions Posées Au Christianisme Par l'œuvre d'Albert Camus*, Paris：Cerf, 1990.

9. Chavanes, François. *Albert Camus*：*Un message d'espoir*, Paris：Cerf, 1996.

10. Connolly, Julian. *Dostoevsky's The Brothers Karamazov*. Bloomsbury Publishing USA, 2013.

11. Cruickshank, John. *Albert Camus and the Literature of Revolt*, London：Oxford University Press, 1959.

12. Daniel, Jean. *Avec Camus*, Paris：Gallimard, 2006.

13. Davison, Ray. *Camus*：*the Challenge of Dostoevsky*, New York：University of Exeter Press, 1997.

14. Descartes, René. *Oeuvres et lettres de Descartes*, Paris：Gallimard, 1953.

15. Dostoevsky, Fyodor. *A Writer's Diary*, translated and annotated by Kenneth Lantz, Illinois：Northwestern University Press, 1993.

16. Dunwoodie, Peter. *Une histoire ambivalente*：*le dialogue Camus-Dostoïevski*. Nizet, 1996.

17. Foley, John. *Albert Camus*：*From the Absurd to Revolt*, London：Acumen Publishing, 2008.

18. Foxlee, Neil, David. *Albert Camus's Mediterranean Culture*. Bern：International Academic Publishers, 2010.

19. Gay-Crosier, Raymond. *Albert Camus*：*paradigmes de l'ironierévolte et négation affirmative*, Toronto, Paratexte, 2000.

20. Golomb, Jacob. *In Search of Authenticity*：*from Kierkegaard to Camus*, London：Routledge, 2016.

21. Gourfinkel, Nina. *Dostoïevski*：*notre contemporain*, Paris：FeniXX, 1961.

22. Grenier, Jean. *Albert Camus*（*souvenirs*）, Paris, Gallimard, 1987.

23. Grenier, Roger. *Albert Camus-soleil et ombre*, Paris, Gallimard, 1991.

24. Hermet, Joseph. *Albert Camus et le christianisme*, Paris: Beauchesne, 1976.

25. Hooten Wilson, Jessica. *Walker Percy, Fyodor Dostoevsky, and the Search for Influence*. The Ohio State University Press, 2017.

26. Hughes, Edward. *The Cambridge companion to Camus*, Cambridge. New York: Cambridge University Press, 2007.

27. Isaac, Jeffrey. *Arendt, Camus, and modern rebellion*. Yale University Press, 1992.

28. Judt, Tony. *The Burden of Responsibility*, Chicago and London: The University of Chicago Press, 1998.

29. Judt, Tony. *The burden of responsibility*. University of Chicago Press, 2008.

30. King, Adele (ed). *Camus's L'Etranger: Fifty Years On*, London: Macmillan, 1992.

31. King, Adele. *Albert Camus*, London: Haus Publishing, 2010.

32. Lenzini, José. *Les derniers jours de la vie d'Albert Camus*, Paris: Actes Sud, 2009.

33. Lévi-Valensi, Jacqueline. *Albert Camus ou la naissance d'un romancier* (1930-1942), Paris: Gallimard, 2006.

34. Lottman, Herbert. *Albert Camus: a biography*, Corte Madrea, California: Gingko Press, 1997.

35. Majault, Joseph. *Camus: Révolte et Liberté*, Paris: Editions du Centurion, 1965.

36. Martinsen, Deborah A. and Olga Maiorova. *Dostoevsky in context*. Cambridge University Press, 2016.

37. McBride, Joseph. *Albert Camus: Philosopher and Littrateur*. Springer, 2016.

38. McCarthy, Patrick. *Camus' The Stranger*, Cambridge: Cambridge University Press, 1988.

39. Mélançon, Marcel. *Albert Camus: analyse de sa pensée*, Editions Universitaires, 1976.

40. Mochulsky, Konstantin. *Dostoevsky: His life and work*. Princeton University Press, 1971.

41. Nagel, Thomas. *Mortal Questions*, Cambridge: Cambridge University Press, 1979.

42. O'brien, Connor Cruise. *Albert Camus*, New York: Viking Press, 1970.

43. Onimus, Jean. *Albert Camus and Christiantity*. Translated by Emmett Parker. Alabama: University of Alabama Press, 1970.

44. Pattison, George and Thompson, Diane Oenning. *Dostoevsky and the Christian Tradition*, Cambridge University Press, 2001

45. Pattison, George. *Dostoevsky and the Christian Tradition*. Cambridge University Press, 2001.

46. Payette, Jean-François etOlivier Lawrence, *Camus: Nouveaux Regards sur sa Vie et son Oeuvre*, Québec: Presses de L'Université du Québec, 2007.

47. Peace, Richard. *Dostoevsky an Examination of the Major Novels*, Cambridge University Press, 1971.

48. Protevi, John. *The Edinburgh Dictionary of Continental Philosophy*, Edinburgh: Edinburgh University Press, 1988.

49. Quilliot, Roger. *La Mer et les prisons*, Paris: Gallimard, 1970.

50. Sagi, Abraham, and Avi, Sagi. *Albert Camus and the Philosophy of the Absurd*. Rodopi, 2002.

51. Sharpe, Matthew. *Camus, philosophe: To return to our beginnings*. Brill, 2015.

52. Sherman, David. *Albert Camus*, London: Blackwell Publishing, 2009.

53. Sleasman, Brent C. *Albert Camus's philosophy of communication*: *making sense in an age of absurdity*, New York: Cambria Press, 2011.

54. Solomon, Robert C. *Dark Feelings*, *Grim Thoughts*: *Experience and Reflection in Camus and Sartre*, New York: Oxford University Press, 2006.

55. Springzen, David. *Camus*: *A Critical Examination*, Temple University Press, 1988.

56. Stokle, Norman. *Le combat d'Albert Camus*, Québec: Presses de L'Université Laval, 1970.

57. Terras, Victor. *Reading Dostoevsky*. University of Wisconsin Press, 1998.

58. Todd, Olivier. *Albert Camus*, *une vie*, Paris, Gallimard, 1996.

59. Wellek, René(ed). *Dostoevsky*: *a collection of critical essays*. Pickle Partners Publishing, 2018.

60. Zaretsky, Robert. *A Life Worth Living*: *Albert Camus and the Quest for Meaning*, London: The Belknap Press of Harvard University Press, 2013.

61. [法]安德烈·纪德:《关于陀思妥耶夫斯基的六次讲座》,余中先译,北京:人民文学出版社 2019 年版,第 88 页。

62. [法]奥利维耶·托德:《加缪传》,黄晞耘、何立、龚觅译,北京:商务印书馆 2010 年版。

63. [英]大卫·E·科珀:《存在主义》,孙小玲、郑剑文译,上海:复旦大学出版社 2012 年版。

64. 丁大同:《加缪》,昆明:云南教育出版社 2010 年版。

65. 黄晞耘:《重读加缪》,北京:商务印书馆 2011 年版。

66. [美]理查德·坎伯:《加缪》,杨淑学译,北京:中华书局 2002 年版。

67. 李元:《加缪的新人本主义哲学》,上海:上海社会科学院出版社 2007 年版。

68. 柳鸣九:《〈存在〉文学与文学中的〈存在〉》,北京:社会科学文献出版社 1997 年版。

69. [美]罗纳德·阿隆森:《加缪和萨特:一段传奇友谊及其崩解》,

章乐天译，上海：华东师范大学出版社 2004 年版。

70. [德]马丁·梅耶著，《阿尔贝·加缪：自由人生》，董璐译，哈尔滨：黑龙江教育出版社 2015 年版。

71. [法]玛莎·塞里著，《20 岁的加缪：最初的战斗》，余看译，北京：清华大学出版社 2020 年版。

72. [法]让·华尔：《存在主义简史》，马清槐译，北京：商务印书馆 1962 年版。

73. [美]斯坦利·罗森：《虚无主义：哲学反思》，马津译，上海：华东师范大学出版社 2019 年版。

74. [美]唐纳德·A. 克罗斯比：《荒诞的幽灵》，张红军译，北京：社会科学文献出版社 2020 年版。

75. [俄]陀思妥耶夫斯基：《地下室手记：陀思妥耶夫斯基中篇小说选》，曾思艺等译，上海：上海三联书店 2015 年版。

76. [俄]陀思妥耶夫斯基：《鬼》，娄自良译，上海：上海译文出版社 2015 年版。

77. [俄]陀思妥耶夫斯基：《卡拉马佐夫兄弟》，荣如德译，上海：上海译文出版社 2015 年版。

78. [美]W. 考夫曼：《存在主义：从陀思妥耶夫斯基到沙特》，陈鼓应、孟祥森、刘崎译，北京：中华书局 2020 年版。

79. 王洪琛：《加缪的思想世界》，桂林：广西师范大学出版社 2011 年版。

80. [美]威廉·巴雷特：《非理性的人：存在主义哲学研究》，段德智译，上海：上海译文出版社 2004 年版。

81. [美]伊丽莎白·豪斯：《加缪，一个浪漫传奇》，李立群、刘启升译，北京：中国人民大学出版社 2012 年版。

82. 张颖：《存在主义时代的理论与艺术》，北京：文化艺术出版社 2020 年版。

期刊论文：

1. Abbou, André, *Le théâtre de la démesure*, *Albert Camus et le théâtre*, Actes du colloque tenu à Amiens en 1988, . éd. J. Lévi-Valensi, Paris, Imec, 1992, pp. 171-76.

2. Abbou, André. *Les envers d'un échec*, étude sur le théâtre d'Albert Camus, （1969）, pp. 340-342.

3. Amoia, Alba, *Albert Camus's "Exile" and "The Kingdom"*, Dalhousie French Studies, Vol. 19, Exile and Transcendence （Fall-Winter 1990）, pp. 43-50.

4. Anderson, Kirsteen H. R. *Justification and Happiness in Camus's La mort heureuse*, Forum for Modern Language Studies. Vol. 20. No. 3. Oxford Academic, pp. 228-246.

5. Aubyn, F. C. St. *A Note on Nietzsche and Camus*, Comparative Literature, Vol. 20, No. 2 （Spring, 1968）, pp. 110-115.

6. Behrens, Ralph. *Existential "Character-Ideas" In Camus' The Misunderstanding*, Modern Drama 7. 2, 1964, pp. 210-212.

7. Benoît, Jean-Louis. *Dostoïevski, Camus et le Grand Inquisiteur : au-delà d'un mythe*, Cause Commune, No. 4 automne-hiver 2008, pp. 177-186.

8. Berthold, Daniel. *Kierkegaard and Camus : either/or?*, International Journal for Philosophy of Religion, Vol. 73, No. 2 （April 2013）, pp. 137-150.

9. Brody, Ervin C. *Dostoevsky's Kirilov in Camus's Le Mythe de Sisyphe*. The Modern Language Review （1975）, pp. 291-305.

10. Brody, Ervin C. *Dostoevsky's presence in Camus' early works*, Neohelicon 8. 1 （1980）, pp. 77-118.

11. Caraway, James E. *Albert Camus and the Ethics of Rebellion*, Mediterranean Studies, Vol. 3, Spain & the Mediterranean （1992）, pp. 125-136.

12. Curtis, Jerry L. *The absurdity of rebellion*, Man and World 5. 3 （1972）, pp. 335-348.

13. Darzins, John. *Transparence in Camus and kafka*, Yale French Studies, 1960, No. 25, Albert Camus, pp. 98-103.

14. Davis, Colin. *Camus's Skeptical Trial: From la Mort Heureuse to l'Étranger*, The Romanic Review 101, No. 3, pp. 343-350.

15. Davison, Ray. *Camus's Attitude to Dostoevsky's Kirilov and the Impact of the Engineer's Ideas on Camus's Early Work*, Orbis Litterarum (1975), 30, pp. 225-240.

16. Feibleman, James K. *Camus and the Passion of Humanism*, The Kenyon Review, Vol. 25, No. 2 (Spring, 1963), pp. 281-292.

17. Foy, James L. and Stephen J. Rojcewicz Jr. *Dostoevsky and suicide*, Confinia psychiatrica 22. 2 (1979), pp. 65-80.

18. Frank, Joseph. *Nihilism and "Notes from Underground"*, The Sewanee Review 69. 1 (1961), pp. 1-33.

19. Furlaud, Nicole Racine. *Le Premier "Combat" de Camus*, Vingtième Siècle, Revue d'histoire, No. 16(Oct. -Dec. , 1987), pp. 110-112.

20. Gordon, Jeffrey. *Nagel or Camus on the Absurd?*, Philosophy and Phenomenological Research, Vol. 45, No. 1 (Sep. , 1984), pp. 15-28.

21. Hall, H. Gaston. *Aspects of the Absurd*, Yale French Studies, No. 25, Albert Camus (1960), pp. 26-32.

22. Hardré, Jacques. *Camus' Thoughts on Christian Metaphysics and Neoplatonism.* Studies in Philology 64. 1 (1967), pp. 97-108.

23. Hochberg, Herbert. *Albert Camus and the Ethic of Absurdity*, Ethics, Vol. 75, No. 2 (Jan. , 1965), pp. 87-102.

24. Hollahan, Eugene. *The Path of Sympathy: Abstraction and Imagination in Camus' La Peste*, Studies in the Novel 8. 4 (1976), pp. 377-393.

25. Idinopulos, Thomas A. *The Mystery of Suffering in the Art of Dostoevsky, Camus, Wiesel, and Grünewald*, Journal of the American Academy of Religion, Vol. 43, No. 1 (Mar. , 1975), pp. 51-61.

26. James Arnold. *Camus' Dionysian Hero: Caligula in* 1938, South Atlantic Bulletin, Vol. 38, No 4, 1973, pp. 45-53.

27. Jolivet, Ph. *Le motif de la peste chez Albert Camus (La Peste* 1947, *Etat de siège* 1948). Orbis Litterarum 13. 2 (1958), pp. 163-168.

28. Krapp, John. *Time and Ethics in Albert Camus's The Plague*, University of Toronto Quarterly 68. 2 (1999), pp. 655-76.

29. Lanzillotta, Lautaro Roig. *Albert Camus, Metaphysical Revolt, Gnosticism and Modern Cinema*, Gnosis: Journal of Gnostic Studies 5. 1 (2020), pp. 45-70.

30. Lenzini, José. *Albert Camus dans la Postérité de la Méditerranée*, La pensée de midi, 2000/1 No. 1, pp. 94-99.

31. Longstaffe, Moya. *A Happy Life and a Happy Death: The Quest of Camus's Etranger*, The French Review, Vol. 64, No. 1(Oct. , 1990), pp. 54-68.

32. Marek, Joseph C. *L'absence de Dieu et la révolte: Camus et Dostoïevski.* La Revue de l'université Laval 6 (1956), pp. 490-510.

33. Matherne, Beverly M. *Hope in Camus' The misunderstanding*, Western Journal of Communication (includes Communication Reports) 35. 2 (1971), pp. 74-87.

34. Ohana, David. *Mediterranean humanism.* Israel and Its Mediterranean Identity. Palgrave Macmillan, New York, 2011, pp. 49-75.

35. Peyre, Henri. *Camus the pagan.* Yale French Studies 25 (1960), pp. 20-25.

36. Politzer, Heinz. *Franz Kafka and Albert Camus: Parables for our Time*, Chicago Review, Vol. 14, No. 1(Spring 1960), pp. 47-67.

37. Richardson, Luke. *Sisyphus and Caesar: the Opposition of Greece and Rome in Albert Camus' Absurd Cycle*, Classical Receptions Journal Vol 4. Iss. I (2012), pp. 66-89.

38. Sharkey, James M. *Camus' Aesthetic of Rebellion*, South Atlantic Bulletin, Vol. 38, No. 4 (Nov. , 1973), pp. 79-81.

39. Shaw, Daniel. *Absurdity and Suicide*: *A Reexamination*, *Philosophy Research Archives*, Vol. XI, March, 1986, pp. 209-223.

40. Strauss, George. *A Reading of Albert Camus' La Mort Heureuse*, Neophilologus 59. 2 (1975), pp. 199-212.

41. Strem, G. G. *The Theme of Rebellion in the works of Camus and Dostoievsky*, Revue de littérature comparée40. 2 (1966), pp. 246.

42. Viggiani, Carl A. *Camus' L'Etranger*, PMLA, Dec. , 1956, Vol. 71, No. 5(Dec. , 1956), pp. 865-887.

43. Vincent, Julie. *Le Mythe de Kirilov*: *Camus*, *Dostoievski et les traducteurs*. Comparative Literature Studies (1971), pp. 245-253.

44. Warren, Thomas H. *On the Mistranslation of La Mesure in Camus's Political Thought*, Journal of the History of Philosophy, Volume 30, Number 1, January 1992, pp. 123-130.

45. Wasiolek, Edward. *Dostoevsky*, *Camus and Faulkner*: *Transcendence and Mutilation*, Philosophy and Literature, Volume 1, Number 2, Spring 1977, pp. 131-146.

46. West, John K. *Political or Personal*: *The Role of the Chenoua Landscape in Camus's La Mort heureuse*, French Review 73. 5(2000), pp. 834-844.

47. Woodward, Ashley. *Camus and nihilism*. Sophia 50. 4 (2011), pp. 543-559.

48. Zaretsky, Robert. *The Tragic Nostalgia of Albert Camus*, *Historical Reflections/Réflexions Historiques*, Vol. 39, No. 3, Nostalgia in Modern France: Bright New Ideas about a Melancholy Subject (WINTER 2013), pp. 55-69.